NOTA 10

PORTUGUÊS DO BRASIL

Nível Elementar
A1/A2

Ana Dias | Silvia Frota

Coordenação Científica
Valneide Luciane Azpiroz

Universidade de Caxias do Sul

DA MESMA EDITORA:

EDIÇÃO E DISTRIBUIÇÃO

SEDE

Rua D. Estefânia, 183, r/c Dto. – 1049-057 Lisboa
Tel: +351 213 511 448 * Fax: +351 213 522 684
Revenda: revenda@lidel.pt
Exportação: depinternational@lidel.pt
Venda *online*: livraria@lidel.pt
Marketing: marketing@lidel.pt
Projetos de Edição: edicoesple@lidel.pt

LIVRARIA

Av. Praia da Vitória, 14 – 1000-247 Lisboa
livraria@lidel.pt

Copyright © setembro 2015
Lidel - Edições Técnicas, Lda.
ISBN: 978-989-752-059-4

Conceção de *layout* e Paginação: Pedro Santos
Impressão e acabamento: Printer Portuguesa – Indústria Gráfica, Lda.
Depósito legal: 397324/15

Capa: José Manuel Reis

Fotografias e ilustrações: Vários (ver páginas 279-280)

CD ÁUDIO

Vozes: Alzira Cristina Neves, Ana Cristina de Oliveira Dias, Célia Vilela, Frederico Nunes, Pedro Costa e Thiago Nunes
Execução Técnica: Armazém 42
Duplicação: MPO (Portugal) Lda.
℗&© 2015 - Lidel
Ⓛ SPA
Todos os direitos reservados

Todos os nossos livros passam por um rigoroso controlo de qualidade, no entanto, aconselhamos a consulta periódica do nosso *site* (www.lidel.pt) para fazer o *download* de eventuais correções.

 Reservados todos os direitos. Esta publicação não pode ser reproduzida, nem transmitida, no todo ou em parte, por qualquer processo eletrónico, mecânico, fotocópia, digitalização, gravação, sistema de armazenamento e disponibilização de informação, sítio *Web*, blogue ou outros, sem prévia autorização escrita da Editora, exceto o permitido pelo CDADC, em termos de cópia privada pela AGECOP – Associação para a Gestão da Cópia Privada, através do pagamento das respetivas taxas.

Apresentação

Nota 10 é um manual de português do Brasil como língua estrangeira para o nível elementar que visa auxiliar e facilitar o processo de aprendizagem de estudantes que iniciam seu estudo da língua portuguesa.

O conceito-base de desenvolvimento do *Nota 10* é o da aprendizagem progressiva. O aluno vai passo a passo sendo conduzido pelas regras de uso da nova língua, acumulando conhecimento de forma gradual, dinâmica e sempre contextualizada.

Nota 10 está organizado em 14 unidades, cada uma delas abordando um tema específico cujo objetivo é preparar o estudante para situações reais de comunicação. Cada unidade está dividida em cinco seções. Em **Vamos Lá?**, apresenta-se o tema da lição por meio de atividades lúdicas. Na seção **Descobrindo**, são introduzidas situações de comunicação em contextos relacionados com o tema. Na seção **Em Foco**, o estudante explora as regras de funcionamento da língua e aprofunda seu vocabulário. Na seção **1,2,3...Ação!**, é preciso resolver tarefas individualmente, em pares ou em grupo, recorrendo-se ao conteúdo já aprendido: falar sobre a família e amigos; simular um jantar em um restaurante; explicar o que sente ao médico; definir um itinerário para uma viagem no Brasil; ir às compras; fazer apresentações. A seção **Dica do Dia** encerra a unidade com informações sobre o Brasil e a cultura brasileira.

Nota 10 também inclui uma unidade sobre o português europeu com o objetivo de sensibilizar o estudante para algumas diferenças lexicais, gramaticais e fonológicas entre as duas variantes.

Ao final, o manual inclui um apêndice gramatical e um apêndice lexical bilingues (português / inglês), além de exercícios complementares e das transcrições e soluções de todos os exercícios. Inclui um CD.

Ana Dias

Silvia Frota

Estrutura das unidades

Vamos Lá?

Nesta seção, o aluno é motivado para o tema da unidade através de diferentes tipos de atividades.
Os objetivos são apresentados em português e em inglês.

Descobrindo

Coloca o aluno em contato com várias situações de comunicação relacionadas ao tema. Apresenta uma síntese das funções linguísticas mais importantes.
Inclui exercícios de fonética.

Em foco

Esta seção retoma os conteúdos gramaticais e lexicais da unidade. O aluno tem a oportunidade de aprofundar e aplicar seus conhecimentos através de exercícios diversos.

1, 2, 3...Ação!

O objetivo desta seção é levar o aluno a interagir com seus colegas e com o professor através de simulações e dramatizações relacionadas com o tema da unidade.

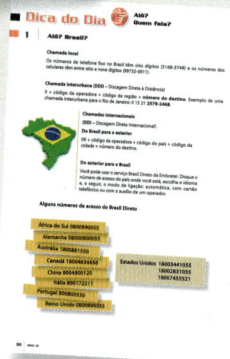

Dica do Dia

Apresenta um tópico cultural relacionado com o tema da unidade e favorece a reflexão tanto sobre a cultura brasileira como a cultura de origem dos alunos.

Sumário

UNIDADE 0 [11]	UNIDADE 1 [19] **OI! TUDO BEM?**	UNIDADE 2 [31] **QUE LUGAR MARAVILHOSO!**
Objetivos: • Apresentar-se • Comunicar na sala de aula **Conteúdos:** • Alfabeto • Saudações • Instruções • Objetos da sala de aula	**Objetivos:** • Cumprimentar alguém • Apresentar outras pessoas • Trocar informações pessoais	**Objetivos:** • Localizar pessoas, coisas e lugares • Trocar informações sobre lugares
	Vamos Lá? Bom dia!	**Vamos Lá?** Regiões do Brasil
	Descobrindo • Este é João, meu colega. • Eu sou do Rio. E você? • Quem são eles? **Pronunciando e escrevendo:** • Números de 0 a 100	**Descobrindo** • Brasil, Brasil… • Minhas origens • O que há no Brasil? **Pronunciando e escrevendo:** • Letra *a*
	Em Foco **Gramática:** • Artigos definidos • Presente do indicativo (1) • Preposições *de* e *em* • Gênero e número (nacionalidades e profissões) • Interrogativos **Vocabulário:** • Países e nacionalidades • Profissões • Números	**Em Foco** **Gramática:** • Presente do indicativo (2) • *Ser / estar* (1) • Preposições de lugar • Locuções prepositivas • Indefinidos (1) **Vocabulário:** • Serviços e infraestruturas • Na cidade
	1, 2, 3…Ação! • Quem são eles?	**1, 2, 3…Ação!** • Oi, pessoal! • É uma cidade…
	Dica do Dia • Alô? Quem fala?	**Dica do Dia** • O Brasil em números

UNIDADE 3 43	**UNIDADE 4** 55	**UNIDADE 5** 67
SEU PRIMO É UM GATO!	**TODO O SANTO DIA**	**QUE COMIDINHA BOA!**
Objetivos: • Falar da família e amigos • Expressar preferências • Descrever pessoas • Escrever um perfil	**Objetivos:** • Perguntar e dizer as horas • Trocar informações sobre horários • Falar de rotinas diárias	**Objetivos:** • Pedir comida no restaurante • Ler um cardápio • Encomendar uma pizza por telefone • Trocar informações sobre comida e restaurantes
Vamos Lá?	**Vamos Lá?**	**Vamos Lá?**
• Em família	• Calendário	• Vai um rodízio de pizza?
Descobrindo	**Descobrindo**	**Descobrindo**
• Amo minha família. • Do que você gosta?	• Que dia é hoje? • A que horas abre a padaria? • Como é sua rotina diária?	• Bom dia, um misto-quente, por favor. • Boa tarde, sejam bem-vindos. • Margherita, boa noite. Em que posso ajudar?
Pronunciando e escrevendo: • Letra *e*	**Pronunciando e escrevendo:** • Letra *i*	**Pronunciando e escrevendo:** • Sons nasais
Em Foco	**Em Foco**	**Em Foco**
Gramática: • Gênero e número dos adjetivos • Concordância do adjetivo com o nome • *Ser / estar* (2) • Possessivos **Vocabulário:** • Descrições • Família	**Gramática:** • Presente do indicativo (3) • Preposições de tempo • Advérbios de frequência • Crase • Verbos reflexivos **Vocabulário:** • Rotinas	**Gramática:** • Formação do plural • *Precisar* + infinitivo • *Ter de* + infinitivo • *Ir* + infinitivo • Nomes contáveis e não contáveis **Vocabulário:** • Comida e bebida
1,2,3...Ação!	**1,2,3...Ação!**	**1,2,3...Ação!**
• Perfis • Figura mistério • Minha família é…	• Estilos de vida • Verdade ou mentira?	• Um jantar surpresa • No restaurante
Dica do Dia	**Dica do Dia**	**Dica do Dia**
• Mosaico cultural brasileiro	• Horários brasileiros	• Pratos típicos brasileiros

UNIDADE 6 `79` O VERÃO ESTÁ CHEGANDO!	**UNIDADE 7** `91` BOAS COMPRAS!	**UNIDADE 8** `103` VIRE À ESQUERDA E SIGA EM FRENTE.
Objetivos: • Falar sobre o tempo • Convidar pessoas • Aceitar e recusar convites • Planejar um programa com alguém	**Objetivos:** • Fazer compras • Trocar dinheiro • Pechinchar na feira • Comparar coisas e preços	**Objetivos:** • Dar e pedir direções • Alugar um carro • Pedir e dar informações sobre viagens • Descrever um itinerário
Vamos Lá? • Como está o tempo?	**Vamos Lá?** • Oba, presentinhos!	**Vamos Lá?** • Sinais de trânsito
Descobrindo • Dá praia no final de semana? • Você está a fim de tomar uma cervejinha?	**Descobrindo** • Você é econômico ou gastador? • Qual é a cotação? • Qual é seu número? • Negócio fechado!	**Descobrindo** • Onde posso achar um ponto de táxi? • Alugando um carro
Pronunciando e escrevendo: • Letra *u*	**Pronunciando e escrevendo:** • Letra *o*	**Pronunciando e escrevendo:** • Letra *h*
Em Foco **Gramática:** • *Estar* + gerúndio • Presente do indicativo (4) • *Saber / conhecer* • *Conseguir / poder* **Vocabulário:** • Tempos livres	**Em Foco** **Gramática:** • Demonstrativos variáveis • Comparações **Vocabulário:** • Roupas • Cores • Formas	**Em Foco** **Gramática:** • Imperativo • *por* + artigos **Vocabulário:** • Meios de transporte • No posto de gasolina
1,2,3…Ação! • Como vai estar o tempo no domingo? • Você está a fim de um programinha?	**1,2,3…Ação!** • O brasileiro adora uma comprinha. • Vamos às compras!	**1,2,3…Ação!** • Passeios • Descobrindo destinos no Brasil
Dica do Dia • Programa	**Dica do Dia** • Feiras cariocas	**Dica do Dia** • Metrô do Rio de Janeiro

UNIDADE 9 — 115	UNIDADE 10 — 127	UNIDADE 11 — 139
ENFIM, FÉRIAS!	**QUANTO É O ALUGUEL?**	**É HORA DA MALHAÇÃO!**
Objetivos: • Falar sobre as férias • Sugerir, concordar, discordar • Trocar informações sobre hotéis • Reservar um hotel	**Objetivos:** • Procurar uma casa • Descrever casas • Ler e comparar anúncios	**Objetivos:** • Falar sobre esportes • Descrever uma academia • Descrever eventos no passado
Vamos Lá?	**Vamos Lá?**	**Vamos Lá?**
• Férias!	• Lar doce lar	• Atletas em ação
Descobrindo	**Descobrindo**	**Descobrindo**
• Dicas de férias • Hotel Paraíso, em que posso ajudá-lo?	• Procurando apartamento na cidade. • Aluguel de temporada	• Um, dois, três. Flexione, insista... • Como foi a malhação? • Fome de bola
Pronunciando e escrevendo:	**Pronunciando e escrevendo:**	**Pronunciando e escrevendo:**
• Ditongos orais	• Letras c e ç	• Letra q
Em Foco	**Em Foco**	**Em Foco**
Gramática: • Pretérito perfeito simples do indicativo (1) • Pronomes oblíquos átonos (objeto direto) (1)	**Gramática:** • Pretérito perfeito simples do indicativo (2) • Pronomes oblíquos átonos (objeto direto) (2)	**Gramática:** • Pretérito imperfeito do indicativo • Preposições + pronomes • *Há quanto tempo / Desde quando*
Vocabulário: • Viagens	**Vocabulário:** • Partes da casa • Mobiliário • Reformas	**Vocabulário:** • Esportes
1, 2, 3...Ação!	**1, 2, 3...Ação!**	**1, 2, 3...Ação!**
• Sugestões de viagem • Onde nos hospedamos?	• Bairros paulistanos • Qual é o preço do apartamento? • Pesquisando	• Você se lembra? • Pesquisa esportiva
Dica do Dia	**Dica do Dia**	**Dica do Dia**
• Pantanal	• Condomínios	• Capoeira

UNIDADE 12 — 151	UNIDADE 13 — 163	UNIDADE 14 — 175
A QUE HORAS É A CONSULTA?	**HOJE É DIA DE TRABALHO!**	**GOSTARIAS DE CONHECER OUTROS PAÍSES LUSÓFONOS?**
Objetivos: • Falar sobre saúde • Marcar uma consulta • Ler bulas, avisos e panfletos referentes à saúde pública	**Objetivos:** • Falar sobre trabalho • Fazer uma entrevista • Falar, utilizando o discurso indireto	**Objetivos:** • Reconhecer algumas diferenças entre o português europeu e o português do Brasil
Vamos Lá?	**Vamos Lá?**	**Vamos Lá?**
• Corpo humano	• Organograma	• Lusofonia
Descobrindo	**Descobrindo**	**Descobrindo**
• Como está sua saúde? • Como você está se sentindo? • No médico	• Procurando emprego • Trabalho em equipe	• Porque é que aprendes português? • Onde é que vocês fizeram o curso? • Países lusófonos
Pronunciando e escrevendo: • Letra *l*	**Pronunciando e escrevendo:** • letra *s*	**Pronunciando e escrevendo:** • Português europeu
Em Foco	**Em Foco**	**Em Foco**
Gramática: • Verbo *doer* • Pronomes oblíquos átonos (objeto indireto) • Pretérito perfeito composto do indicativo • Indefinidos (2) • Particípios passados regulares e irregulares	**Gramática:** • Pretérito mais-que-perfeito composto do indicativo • Discurso direto e indireto • Pronomes relativos invariáveis	**Gramática:** • Futuro do pretérito
Vocabulário: • Saúde	**Vocabulário:** • No trabalho	**Vocabulário:** • Português europeu *vs* português do Brasil
1, 2, 3...Ação!	**1, 2, 3...Ação!**	**1, 2, 3...Ação!**
• Cuidando da saúde • Consultas	• Parabéns, você foi promovido! • É hora de decidir	• Solte a língua!
Dica do Dia	**Dica do Dia**	**Dica do Dia**
• Remédios caseiros	• Todo dia é dia de *Happy-Hour*.	• As minhas palavras

EXERCÍCIOS EXTRA	187
TRANSCRIÇÕES	217
SOLUÇÕES	223
APÊNDICE GRAMATICAL	235
APÊNDICE LEXICAL	255
LISTA DE FAIXAS ÁUDIO	277

Unidade 0

1 | **Quais das palavras seguintes você associa ao Brasil?**
Which of the following words do you associate with Brazil?

café	banana
praia	cinema
aeroporto	samba
Carnaval	futebol
tango	índio

Nesta unidade, você vai aprender a:	*In this unit, you will learn how to:*
• Apresentar-se • Comunicar na sala de aula	• *Introduce yourself* • *Communicate in the classroom*

2

Hoje é o primeiro dia de aulas. Leia e ouça os diálogos na sala de aula.
Today is the first day of classes. Read and listen to the conversations in the classroom.

A

Sandra: Bom dia. Meu nome é Sandra. E o seu?
Marcos: Meu nome é Marcos. Prazer.
Sandra: Igualmente.

B

Carlos: Oi. Meu nome é Carlos. E o seu?
João: Eu me chamo João, muito prazer.
Carlos: O prazer é meu.

C

Mariano: Boa tarde. Qual é o seu nome?
Sônia: Meu nome é Sônia. E o seu?
Mariano: Mariano. Muito prazer.
Sônia: Igualmente.

3

Complete o diálogo com seu colega. Usem seus nomes.
Complete the conversation with your classmate. Use your names.

Aluno A: Boa tarde. _____ é _____ nome?
Aluno B: _____. E o _____?
Aluno A: _____
Aluno B: Muito Prazer.
Aluno A: _____

4

Pratique o diálogo acima com seu colega.
Practice the conversation above with your classmate.

Cumprimentando *Greeting*	Perguntando e dizendo o nome *Asking and saying the name*
Oi! Bom dia. Boa tarde. Boa noite.	Qual é [o] seu nome? Meu nome é… Eu me chamo…

5  **Leia e ouça o diálogo na biblioteca.**
Read and listen to the conversation in the library.

John:	Qual é seu nome?
Tatiana:	Tatiana.
John:	Desculpe, não entendi. Poderia repetir, por favor?
Tatiana:	Tatiana.
John:	Como se escreve "Tatiana"?
Tatiana:	tê-á-tê-i-á-ene-á.

6 **Ouça e repita as letras do alfabeto.**
Listen and repeat the letters of the alphabet.

A a (á)	H h (agá)	O o (ô)	V v (vê)
B b (bê)	I i (i)	P p (pê)	W w (dáblio)
C c (cê)	J j (jota)	Q q (quê)	X x (xis)
D d (dê)	K k (cá)	R r (erre)	Y y (ípsilon)
E e (ê)	L l (ele)	S s (esse)	Z z (zê)
F f (efe)	M m (eme)	T t (tê)	
G g (gê)	N n (ene)	U u (u)	

7 **Ouça e complete os endereços dos *sites* brasileiros abaixo.**
Listen and fill in the blanks in the Brazilian website addresses below.

w____w.g1.gl____bo.co____

www.u____l.____om.br

www.____e____ra.com.br

www.____lanalto.____ov.____r

www.____tf.____u____.br

www.s____s____sp.or____.br

8

Ouça e leia as palavras. Preste atenção ao som das consoantes destacadas.
Listen and read the words. Listen carefully to the sound of the consonants in bold.

C
Carlos, Marcos, Curitiba, escrever
Cecília, Fabrício

Ç
França, aço, açúcar

D
Daniela, Denise
Diana

G
Gabriel, Rodrigo, Gustavo
Gisele, Jorge

H
Helena, Heloísa

L
Lígia, Luísa
Almeida, Gil

Q
Joaquim, Henrique

R
Ronaldo, Correia
Isadora

S
Simone, Jéssica, Carlos
Heloísa

T
Teresa
Tatiana

X
máximo
Alexandre
táxi
exemplo

Z
Zulmira, Azevedo
Beatriz

9 Leia os diálogos.
Read the conversations.

Gabriel:	Bom dia!
Mary:	O que significa "bom dia"?
Gabriel:	*Good morning.*
Mary:	E "boa tarde"?
Gabriel:	*Good afternoon.*

Aluno:	Como se diz "*book*"?
Professor:	Livro.
Aluno:	Como se escreve?
Professor:	ele-i-vê-erre-ô.
Aluno:	Obrigado.

10  Relacione as perguntas com as respostas. Em seguida, ouça e confirme.
Match the questions with the answers. Next, listen and check.

1. Como se diz "aula" em Inglês?
2. Como se escreve seu nome?
3. Como se diz "*dictionary*" em português?
4. Como se diz isto?
5. Como se diz "*good evening*" em português?

a. Caderno.
b. *Lesson*.
c. á-ene-á.
d. Boa noite.
e. Dicionário.

Comunicando na sala de aula *Communicating in the classroom*	Agradecendo *Thanking*
O que significa…? Como se pronuncia…? Como se escreve…? Como se diz …? Não entendi. Poderia repetir, por favor?	Obrigado. (*men*) Obrigada. (*women*)

15

11 **Leia e ouça os diálogos.**
Read and listen to the conversations.

12 **Pergunte ao seu professor como se diz o que você vê na sala de aula e marque as palavras na lista.**
Ask your teacher how to say what you see in your classroom and mark the words on the list.

- ☐ caneta
- ☐ borracha
- ☐ planta
- ☐ mesas
- ☐ relógio
- ☐ computador

- ☐ lápis
- ☐ caderno
- ☐ apontador
- ☐ janela
- ☐ cadeira
- ☐ jornal

13 **Pergunte ao seu professor o significado das palavras que você não marcou.**
Ask your teacher the meaning of the words that you have not checked.

14  **Ouça e leia as instruções na sala de aula.**
Listen and read the instructions in the classroom.

 LEIA

 OUÇA

 RELACIONE

 SIMULE

 OLHE

 APRESENTE

 SELECIONE

 ESCREVA

 TRABALHE EM PARES

 COMPLETE

 ANALISE

 PESQUISE

15 Complete as instruções com palavras da caixa.
Complete the instructions with words from the box.

1. Olhe _____
2. Ouça _____
3. Trabalhe _____
4. Escreva _____
5. Selecione _____
6. Complete _____
7. Leia _____
8. Relacione _____
9. Simule _____

| a frase |
| o texto |
| para o quadro |
| A com B |
| em pares |
| o áudio |
| seu nome |
| a situação |
| a opção correta |

16 Trabalho de grupo: um aluno faz a mímica de uma das instruções acima e os colegas tentam adivinhar qual é.
Group work: one student mimes one of the instructions above and the other students try to guess which one it is.

17 Ouça e complete as palavras.
Listen and fill in the words.

Tch___ ___
A___é l___g___
A___é m___i___
___té a___an___ã!

Despedindo-se
Saying goodbye
Tchau.
Até mais.
Até logo.
Até amanhã.

18 Despeça-se de seus colegas.
Say goodbye to your classmates.

Unidade 1

Oi! Tudo bem?

Vamos lá?

1 | **Bom dia!**

🎧 **Ouça e leia os diálogos.**
Listen and read the conversations.

A
- Paulo: Bom dia, seu José. Como vai o senhor?
- José: Muito bem, *Seu* Paulo. E o senhor?
- Paulo: Vou levando. Tenha um bom dia!
- José: Igualmente.

B
- Giovana: Olá, dona Ana. Como vai a senhora?
- Ana: Eu vou bem, obrigada. E você?
- Giovana: Tudo ótimo. Até mais tarde!
- Ana: Até mais!

C
- José: Oi, André. Tudo bem?
- André: Sim, tudo bem. E você?
- José: Também.
- André: Que bom!

2 | **Relacione os diálogos com as imagens.**
Match the conversations with the pictures.

Nesta unidade, você vai aprender a:	In this unit, you will learn how to:
• Cumprimentar alguém • Apresentar outras pessoas • Trocar informações pessoais	• *Greet people* • *Introduce others* • *Exchange personal information*

Descobrindo

1 Este é João, meu colega.

A **Leia e ouça o diálogo.**
Read and listen to the conversation.

Bruno:	Sandra, este é João, meu colega e esta é Fabíola.
Sandra:	Tudo bem?
João:	Prazer.
Fabíola:	Prazer em conhecê-la.
Bruno:	João é português, mas mora no Brasil.
Sandra:	Onde você mora?
João:	Moro em Belo Horizonte.
Fabíola:	Você também trabalha lá?
João:	Não, trabalho em São Paulo.
Bruno:	João dirige uma empresa de informática.

Apresentações
Introductions

A:	Este é João.
B:	Muito prazer.
C:	Igualmente.
A:	Esta é Andreia.
B:	Oi, tudo bem?
C:	Muito prazer.
A:	Estes são Rui e Carlos.
B:	Prazer.

B **Complete o texto sobre João.**
Complete the text about João.

João é _____
Ele mora _____
Ele trabalha _____
Ele dirige _____

C **Trabalhe em pares: o aluno A apresenta Manuel e o aluno B apresenta Pedro e Maria.**
Work in pairs: student A introduces Manuel and student B introduces Pedro and Maria.

Nome: Manuel
Sobrenome: Gomes
Nacionalidade: espanhol

Nomes: Pedro e Maria
Sobrenome: Almeida
Nacionalidade: argentinos

2 | Eu sou do Rio. E você?

A  **Leia e ouça o diálogo.**
Read and listen to the conversation.

A: De onde você é?
B: Eu sou do Rio. E você?
A: Sou de Santa Catarina. O que você faz?
B: Sou professora. E você?
A: Sou jornalista. Você vive no Rio?
B: Não, vivo em Curitiba. E você?
A: Moro em São Paulo.

B | **Pratique o diálogo acima com seu colega.**
Practice the conversation above with your partner.

C | **Numere as frases do diálogo na ordem correta.**
Number the sentences of the conversation in the right order.

☐ Eu moro em Niterói.
☐ Não, trabalho no Rio.
☐ Sou de São Paulo.

[1] De onde o senhor é?
☐ Onde o senhor mora?
☐ Também trabalha em Niterói?

D **Ouça o diálogo e confira.**
Listen to the conversation and check.

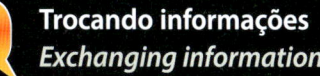 **Trocando informações**
Exchanging information

Origem / *Origin*
A: De onde você é?
B: Sou de [Manaus].

Profissão / *Profession*
A: O que você faz?
B: Sou [jornalista].

Residência / *Address*
A: Onde você vive?
B: Vivo em [Curitiba].

Idade / *Age*
A: Quantos anos você tem?
B: Tenho [20] anos.

E | **Faça perguntas para as respostas seguintes.**
Ask questions for the following answers.

1. _____ ?
   Catarina.
2. _____ ?
   Sou de Salvador.
3. _____ ?
   Moro em Curitiba.
4. _____ ?
   Tenho 20 anos.
5. _____ ?
   Sou estudante.

21

3 | Quem são eles?

A | **Olhe para a fotografia. Tente adivinhar as opções corretas.**
Look at the picture. Try to guess the right options.

Meu nome é Andreia Gomes.

Sou **brasileira / sueca / japonesa** e tenho **15 / 28 / 52** anos.

Sou de **Boston / Tóquio / Mato Grosso**, mas vivo em São Paulo.

Sou professora de ginástica e estudo línguas.

Sou **solteira / casada / divorciada** e tenho um filho. Ele tem 2 anos.

B  **Ouça o áudio e confira suas respostas.**
Listen to the CD and check your answers.

C | **Andreia fala sobre alguns amigos. Leia as frases e identifique-os.**
Andreia talks about some friends. Read the sentences and identify them.

1. Marion é sueca. Ela tem 40 anos. Ela é advogada. Ela fala sueco e inglês.

2. Mark é americano. Ele é de Boston. Ele tem 46 anos. Ele é economista.

3. Mary e Becky são inglesas. Elas são de Londres. Elas são estudantes.

4. Hans é alemão. Ele é médico. Ele trabalha em Berlim. Ele tem 63 anos.

5. Manuel é mexicano. Ele tem 30 anos. Ele é encanador.

6. Pierre é francês. Ele tem 60 anos. Ele mora em Paris e é cozinheiro.

Pronunciando e escrevendo

Números de 0 a 100

A **Ouça e repita os números.**
Listen and repeat the numbers.

Quantos anos você tem?
Tenho 24 anos.

Qual é seu número de telefone?
É 9168-3749.

0 zero	6 seis	12 doze	18 dezoito
1 um	7 sete	13 treze	19 dezenove
2 dois	8 oito	14 catorze	20 vinte
3 três	9 nove	15 quinze	21 vinte **e** um
4 quatro	10 dez	16 dezesseis	22 vinte **e** dois
5 cinco	11 onze	17 dezessete	29 vinte **e** nove

30 trinta	50 cinquenta	70 setenta	90 noventa
40 quarenta	60 sessenta	80 oitenta	100 cem

B **Ouça e circule os números corretos.**
Listen and circle the correct numbers.

a) 3 / 13
b) 2 / 12
c) 14 / 40
d) 7 / 17
e) 15 / 50
f) 20 / 21
g) 63 / 73

C **Leia os números de telefone.**
Read the phone numbers.

3865-2179
0800-7053226
9168-3749
3306-5647

D **Escreva os números por extenso. Em seguida, ouça e confira.**
Write the numbers in full. Next, listen and check.

0 zero
7 _____
8 _____
15 _____

20 _____
30 _____
35 _____
41 _____

55 _____
63 _____
71 _____
99 _____

EM FOCO

1 | De onde você é?

A | **Complete com os nomes dos países.**
Complete with the names of the countries.

Reino Unido · Portugal · Alemanha · Brasil
Estados Unidos · Itália · Argentina · Espanha

Os Estados Unidos | A _____ | A _____

A _____ | O _____ | _____

A _____ | O _____

Artigos definidos
Definite articles

o Reino Unid**o**
a Alemanh**a**
os Estad**os** Unid**os**
as Filipin**as**
Portugal

B | **Complete as frases com *de, do, da, dos* ou *das*.**
Complete the sentences with de, do, da, dos or das.

Países	Cidades
Eu sou **dos** Estados Unidos.	Sou **de** Nova Iorque.
Yuri é _____ Rússia.	Ele é _____ Moscou.
Mary é _____ Reino Unido.	Ela é _____ Londres.
Susan e eu somos _____ Canadá.	Nós somos _____ Montreal.
Mike e Kevin são _____ Filipinas.	Eles são _____ Manila.
Maria e Ana são _____ Brasil.	Elas são _____ Rio de Janeiro.
Vocês são _____ Portugal?	Vocês são _____ Lisboa?

C | **Complete as frases com as formas do verbo ser.**
Complete the sentences with the forms of the verb ser.

Ser / To be

(eu) sou
(você) é
(ele) ⎫
(ela) ⎭ é
(nós) somos
(vocês) são
(eles) ⎫
(elas) ⎭ são

SER	
Eu _____ americana.	Nós _____ portugueses.
Você é brasileiro?	Vocês são alemães?
Ele _____ italiano.	Eles são espanhóis.
Ela _____ francesa.	Elas _____ angolanas.

Nacionalidades / Nationalities

Fill in the table with the nationalities.

Masculino singular	Feminino singular	Masculino plural	Feminino plural
american**o** brasileir**o** portugu**ês** _____ alem**ão**	american**a** _____ portugu**esa** ingl**esa** _____ _____	american**os** _____ portugu**eses** _____ espanh**óis** alem**ães**	american**as** _____ portugu**esas** _____ espanh**olas** alem**ãs**
belga			_____

2 | **Quantos anos você tem?**

A | **Complete o texto com as formas do verbo ter.**
Complete the text with the forms of the verb ter.

Ter / To have

Meu nome é Neuza, _____ 26 anos e sou de Minas. Sou arquiteta. Trabalho em Belo Horizonte. Meu marido se chama Luís. Ele _____ 40 anos. Ele é empresário. Ele dirige uma empresa em Campinas. Nós _____ dois filhos.

(eu) tenho
(você) tem
(ele) ⎫
(ela) ⎭ tem
(nós) temos
(vocês) têm
(eles) ⎫
(elas) ⎭ têm

B | **Responda às perguntas sobre o texto.**
Answer the questions about the text.

1. Quantos anos Neuza tem?
2. De onde ela é?
3. Onde ela trabalha?
4. Quantos filhos ela tem?

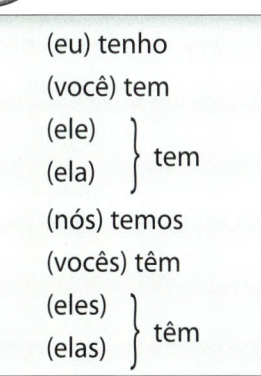

25

3 O que você faz?

A O que eles fazem? Complete as frases com o verbo *ser* e as palavras das caixas.
What do they do for a living? Complete the sentences with the verb ser and the words inside the boxes.

> cirurgião
> médicos
> estudantes
> juiz
> veterinária
> dentista

Eu _____

Eles _____

Vítor _____

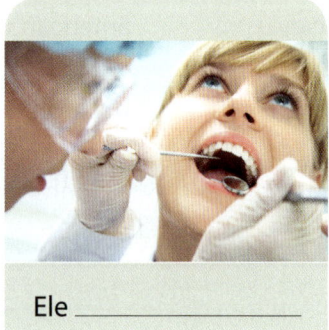
Ele _____

Ana é veterinária.

Eles _____

Profissões / *Professions*

Fill in the table with the professions.

Masculino singular	Feminino singular	Masculino plural	Feminino plural
fotógrafo	_____	fotógrafos	fotógrafas
professor	professora	professores	_____
juiz	juíza	juízes	juízas
_____	cirurgiã	cirurgiões	cirurgiãs
jornalista		jornalistas	
estudante		_____	

26 | NOTA 10

4 | Onde você trabalha? Onde você vive?

A | Complete a tabela com as formas dos verbos regulares.
Fill in the table with the forms of the regular verbs.

Presente do indicativo (verbos regulares) / *Present simple (regular verbs)*

	Trabalhar	Viver	Dirigir
(eu)	_____	_____	dirijo
(você)	trabalha	vive	dirige
(ele / ela)	_____	_____	_____
(nós)	trabalhamos	vivemos	dirigimos
(vocês)	trabalham	_____	_____
(eles / elas)	trabalham	vivem	dirigem

B | Trabalhe em pares: um aluno começa uma frase e um colega termina.
Work in pairs: a student starts a sentence and a classmate finishes it.

1. Eu	abrir	uma empresa
2. O intérprete	falar	em Belo Horizonte
3. Nós	estudar	na faculdade
4. Juca	escrever	no tribunal
5. O senhor Paulo	viver	a porta
6. Os fotógrafos	tirar	fotografias
7. A juíza	trabalhar	livros
8. O empresário	dirigir	inglês e francês

1. *Eu abro a porta.*
2. _____
3. _____
4. _____
5. _____
6. _____
7. _____
8. _____

em + artigos definidos / *em + definite articles*

Estudo **em** Brasília.
Você estuda **na** faculdade de Campinas?
Eles moram **nas** montanhas.
Juca trabalha **no** Rio de Janeiro.
Nós vivemos **nos** Estados Unidos.

1, 2, 3...AÇÃO!

1 | Quem são eles?

A 🎧 **Ouça as apresentações e relacione-as com as fotografias.**
Listen to the introductions and match them with the pictures.

1. ☐   2. ☐   3. ☐   4. ☐

B | **Complete os textos de acordo com as informações que você ouviu.**
Complete the texts according to the information you heard.

Texto 1

Estes são Thomas e Ingrid. Eles são _____. Thomas tem _____ anos e Ingrid tem _____. Eles são _____. Moram e _____ em Berlim.

Texto 2

Este é Douglas. Ele é _____, de Nova Iorque. Ele mora e trabalha no _____.

Ele é _____. Douglas tem uma namorada _____. Ela se chama Paula.

Texto 3

Esta é Mariza. Ela é _____. Mariza é _____. Ela mora e trabalha em _____. Ela é _____ e tem um filho.

C **Ouça novamente e confira seus textos.**
Listen again and check your texts.

D **Como você imagina Edson e Adriana? Discuta com seus colegas.**
How do you imagine Edson and Adriana? Discuss it with your classmates.

Qual é a nacionalidade de Edson?

De onde Adriana é?

Quantos anos eles têm?

Qual é a profissão de Edson?

O que Adriana faz?

Países

Angola   Argentina   Austrália   Brasil
Canadá   Chile   Eslovénia   Grécia
Peru   Rússia

Nacionalidades

alemão   português   americano   brasileiro
japonês   italiano   chileno   canadense
russo   grego

Profissões

psicólogo   cantor   professor   fotógrafo
encanador   jornalista   cabeleireiro
empresário   enfermeiro

E **Ouça o que Adriana diz sobre ela própria e o marido e tome notas. Em seguida, compare com sua versão.**
Listen to what Adriana says about herself and her husband. As you listen, take notes. Then, compare those with your version.

Dica do Dia  Alô? Quem fala?

1 | Alô? Brasil?

Chamada local

Os números de telefone fixo no Brasil têm oito dígitos (3168-3749) e os números dos celulares têm entre oito e nove dígitos (99732-0911).

Chamada interurbana (DDD – Discagem Direta à Distância)

0 + código da operadora + código da região + **número do destino**. Exemplo de uma chamada interurbana para o Rio de Janeiro: 0 15 21 **2579-2468**.

Chamadas internacionais

(**DDI** – Discagem Direta Internacional)

Do Brasil para o exterior

00 + código da operadora + código do país + código da cidade + número do destino.

Do exterior para o Brasil

Você pode usar o serviço Brasil Direto da Embratel. Disque o número de acesso do país onde você está, escolha o idioma e, a seguir, o modo de ligação: automática, com cartão telefônico ou com o auxílio de um operador.

Alguns números de acesso do Brasil Direto

África do Sul 0800990055

Alemanha 08000800055

Austrália 1800881550

Canadá 18004636656

China 8004900125

Itália 800172211

Portugal 800800550

Reino Unido 0800890055

Estados Unidos 18003441055
                18002831055
                18007455521

30 | NOTA 10

Unidade 2

Que lugar maravilhoso!

Vamos lá?

1 Regiões do Brasil

A O Brasil está dividido em cinco regiões. Identifique-as.
Brazil is divided into five regions. Identify them.

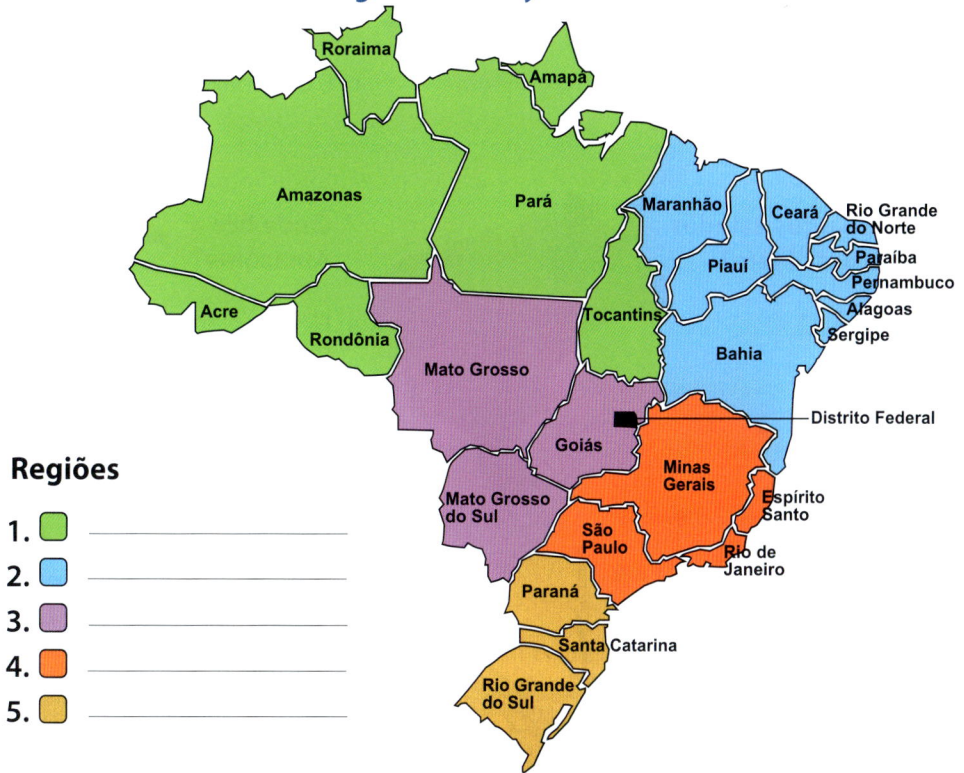

Regiões

1. 🟩 _____
2. 🟦 _____
3. 🟪 _____
4. 🟧 _____
5. 🟨 _____

Nesta unidade, você vai aprender a:	In this unit, you will learn how to:
• Localizar pessoas, coisas e lugares • Trocar informações sobre lugares	• *Locate people, places and things* • *Exchange information about places*

Descobrindo

1 | Brasil, Brasil...

A | **O que você sabe sobre o Brasil? Faça o teste!**
What do you know about Brazil? Take the test.

1. Qual é a capital do Brasil?

a. É Brasília.
b. É o Rio de Janeiro.
c. É São Paulo.

5. Qual é o esporte mais popular?

a. É o basquetebol.
b. É o futebol.
c. É o golfe.

2. Qual é a moeda corrente?

a. É o peso.
b. É o real.
c. É o cruzeiro.

6. Qual é a festa mais popular?

a. É o *Rock in Rio*.
b. É o Natal.
c. É o Carnaval.

3. Quantos estados o Brasil tem?

a. Tem 42.
b. Tem 26.
c. Tem 22.

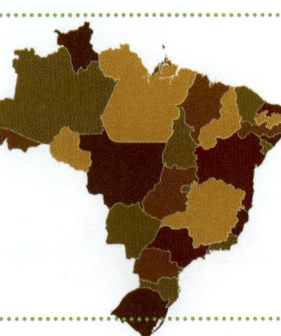

7. Onde fica a Amazônia?

a. Fica no Norte.
b. Fica no Nordeste.
c. Fica no Sul.

4. O que é a caipirinha?

a. É uma bebida.
b. É uma festa.
c. É um prato.

8. O que é o samba?

a. É uma comida.
b. É uma canção.
c. É um estilo de música.

B |  **Ouça o diálogo e confira suas respostas.**
Listen to the conversation and check your answers.

2 | Minhas origens

A

O Brasil está dividido em 26 estados e 1 distrito federal. Leia os textos e identifique 3 deles.
Brazil is divided into 26 states and 1 federal district. Read the texts and identify 3 of them.

(A) _____

(B) _____

(C) _____

Marina Vargas (SP)

O estado de São Paulo tem 41 milhões de habitantes e fica na Região Sudeste. Tem os estados de Minas Gerais a norte e a nordeste, o Paraná a sul, o Rio de Janeiro a leste e Mato Grosso do Sul a oeste. São Paulo é a capital financeira do Brasil. É uma cidade muito cosmopolita e um polo cultural importante. Tem muitos centros culturais, cinemas, museus e galerias de arte.

Carla Fagundes (BA)

Sou de Salvador, a capital do estado da Bahia que fica ao sul da Região Nordeste e faz divisa com oito estados.
Minha cidade é maravilhosa: tem monumentos coloniais, casinhas coloridas e igrejas.
O centro histórico de Salvador é Patrimônio Cultural da Humanidade.

João Silveira (AM)

Sou de Manaus, a capital do Amazonas, o maior estado do Brasil. Manaus é o centro econômico da Região Norte e fica no centro da maior floresta tropical do mundo: a Amazônia. Manaus tem muito comércio, monumentos e universidades. Fica a 3.500 quilômetros de Brasília.

B **Faça perguntas sobre os textos.**
Ask questions about the texts.

Como é...?   O que tem...?   Onde é... / Onde fica...?

C **Ouça e leia os diálogos.**
Listen and read the conversations.

Diálogo 1 Ana e Paulo estão vendo fotografias.

Ana: Onde é isso?
Paulo: É no Nordeste.
Ana: Como se chama a praia?
Paulo: Se chama Jericoacoara.
Ana: Que lindo!
Paulo: É, sim.

Diálogo 2 Ao telefone.

Sandro: Alô?
Rodrigo: Oi, Sandro! Tudo bem?
Sandro: Tudo. E com você?
Rodrigo: Tudo ótimo.
Sandro: Você está em São Paulo?
Rodrigo: Não, estou na Bahia.

D **Ouça a continuação do segundo diálogo e assinale as opções corretas.**
Listen to the follow-up of the second conversation and mark the right answers.

1. Sandro está
   ☐ a. em Minas Gerais.
   ☐ b. em São Paulo.
   ☐ c. na Bahia.

2. Minas Gerais fica na região
   ☐ a. Norte.
   ☐ b. Sul.
   ☐ c. Sudeste.

3. Susana está
   ☐ a. perto de São Paulo.
   ☐ b. longe de São Paulo.
   ☐ c. em São Paulo.

Localizar
Locating

A: Onde você está?   A: Onde é a Amazônia?
B: Estou na Amazônia.   B: É no Norte.

E **Trabalhe em pares: o aluno A faz duas perguntas e o aluno B responde. Em seguida, trocam.**
Work in pairs: student A asks two questions and student B answers. Then, switch.

1.
Aluno A: Nelson
Aluno B: Ceará / Região Nordeste

2.
Aluno B: Margarida
Aluno A: Santa Catarina / Região Sul

34 | NOTA 10

3 | O que há no Brasil?

A | **Leia o texto sobre o Brasil.**
Read the text about Brazil.

No Brasil, há caipirinha, feijoada, samba, Carnaval, água de coco, artesanato, capoeira, bossa nova, poesia, berimbau, candomblé, baianas, areia branca, água cristalina, papagaios, florestas e jacarés. O Brasil tem festa, sol, mar, verde e azul. O Brasil é alegria!

B | **Complete as perguntas com palavras do texto.**
Complete the questions with words from the text.

O que é …

1. _____? É uma religião.
2. _____? É um prato nacional.
3. _____? É um estilo de música.
4. _____? É um jogo.
5. _____? É um instrumento.

Pronunciando e escrevendo

Letra a

 Ouça e repita as palavras abaixo. Preste atenção aos sons da letra a.
Listen and repeat the words below. Pay attention to the sounds of the letter a.

estado	habitante
cidade	canto
há	financeiro
mato	ambos
capital	irmã

EM FOCO

1 | O que há...? / O que tem...?

A | **Gustavo fala sobre o Rio de Janeiro. Leia a opinião dele.**
Gustavo talks about Rio de Janeiro. Read his opinion.

"Vivo no Rio desde 2008 e gosto muito. O Rio tem praias maravilhosas.

Moro na Zona Sul, no Leblon. Meu bairro é caro, mas é seguro e as infraestruturas são boas. **Há** muitas delegacias de polícia.

O Rio é uma cidade vibrante com muitas opções noturnas. **Há** bares, botequins, discotecas e muitas festas. É uma cidade muito cultural, tem museus e galerias de arte."

B | **Complete o quadro com palavras do texto acima.**
Fill in the table with words from the text above.

Comer e beber	Serviços	Natureza	Lazer
_____	hospitais	florestas	estádios de futebol
lanchonetes	bancos	mar	teatros
padarias	hotéis	_____	_____
restaurantes	clínicas	rios	galerias de arte
_____	_____	selva	_____

C | **Trabalhe em pares: siga o exemplo e pratique com seu colega.**
Work in pairs: follow the example and practice with your classmate.

O que há no seu bairro?

Há um parque.

Há museus.

Há uns barzinhos legais.

Há uma discoteca.

Há / *There is; there are*

The verb **haver** indicates existence and it is frequently replaced by the verb **ter** in spoken Portuguese in colloquial contexts:

Há / **Tem** uma lanchonete.

D | **Pense no lugar onde você vive e marque as frases que são verdadeiras para você.**
Think about the place where you live and mark the sentences which are true for you.

1. Fica perto de **algumas** praias.
2. Não há **nenhum** estádio de futebol lá.
3. Perto da minha casa tem **muitas** lojas e restaurantes.
4. Tem **bastante** atividade noturna.
5. Infelizmente, não há **nenhuma** área verde.
6. A cidade tem **muitos** supermercados.
7. No centro, há **vários** monumentos.
8. É uma cidade ruim. Há **pouca** segurança.

Quantificadores / *Quantifiers*

Read the rule and complete it with examples from the sentences in D.

Indefinite quantifiers agree in gender and number with the nouns that follow:
nenhum estádio, _____

_____

Please notice the difference between the use of **muito** *before adjectives*[1] *and nouns*[2]. *In the first case it is invariable:*

[1] A cidade é **muito** bonita e **muito** central.
[2] A cidade tem **muito** comércio e **muita** vida cultural.

E | **Circule as alternativas corretas.**
Circle the right options.

" Na minha cidade não há **nenhum / nenhuns / nenhuma** shopping, mas há **muito / muitas / muita** lojas legais. Também há **vários / várias** bares e **alguns / algum / algumas** restaurantes interessantes."

F | **Trabalhe em pares: cada aluno faz e responde a três perguntas sobre sua cidade usando palavras das caixas.**
Work in pairs: each student asks and answers three questions about his city using words from the boxes.

algum	muitos	poucos
nenhum	bastante	vários

praia	parque	hospital
comércio	cinema	estádio

2 | Juca está perto de Tocantins.

A | **Confira o vocabulário abaixo.**
Check the vocabulary below.

ao lado de	atrás de	em frente de	entre
em cima de	embaixo de	perto de	longe de
dentro de	fora de	em	por cima de

B | **Olhe para o mapa da página 31 e corrija as frases falsas.**
Look at the map on page 31 and correct the false sentences.

1. A Amazônia é ao lado do Rio de Janeiro.

2. O estado do Paraná é perto do Acre.

3. O Paraná fica na região Sul.

4. O estado de Rondônia fica ao lado de Mato Grosso do Sul.

5. Tocantins fica entre a Bahia e Mato Grosso.

Ser e estar / *To be*

Permanent location
O hospital **é** perto do hotel.

Temporary location (people and objects)
Onde **está** Ana?
Os livros **estão** na sala.

C | **Faça e responda a perguntas sobre a imagem. Use os verbos *ser* e *estar*.**
Ask and answer questions about the picture. Use the verbs ser *and* estar.

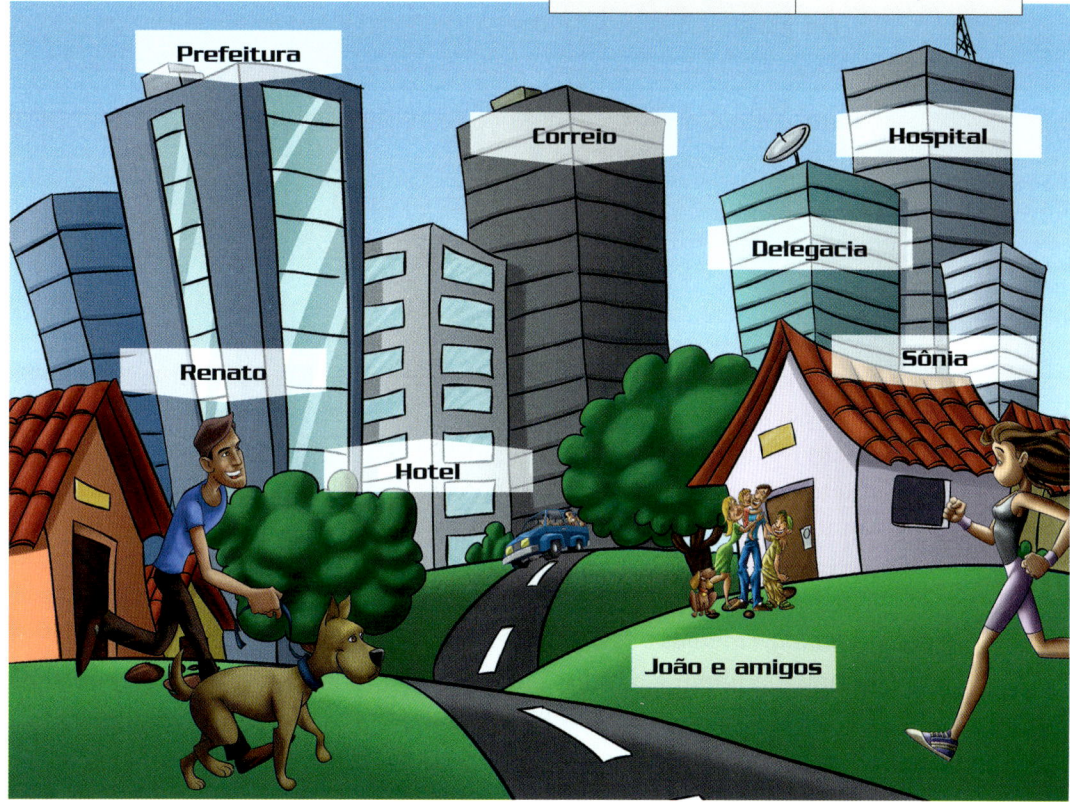

Onde é a prefeitura?

É **ao lado do** hotel.

Estar / *To be*	
(eu) estou	(nós) estamos
(você) está	(vocês) estão
(ele) (ela) } está	(eles) (elas) } estão

Prefeitura — Correio — Hospital — Delegacia — Sônia — Renato — Hotel — João e amigos

D | **Descreva a imagem.**
Describe the picture.

Manuel — Vilma — Zeca — José

E | **Trabalhe com o grupo: um aluno escolhe um objeto e diz onde ele está sem dizer o nome. Os outros alunos têm de adivinhar o que é.**
Group work: a student chooses one object and says where it is without saying its name. The other students have to guess what it is.

39

1, 2, 3...AÇÃO!

1 | Oi, pessoal!

A | **Susana se mudou para outra cidade. Leia o *e-mail* que ela enviou para os amigos.**
Susana has moved to another city. Read the e-mail that she sent to her friends.

De	susana.35@gmail.com
Para	fabiomendes@gmail.com; mariaclara@hotmail.com; verafrota@gmail.com
Assunto	Novo endereço

Oi, pessoal!

Como vão vocês?

Agora, vivo em Curitiba, na região Sul. Estou a 1.312 km de Brasília e a 848 km do Rio de Janeiro.

Gosto muito de viver aqui. A cidade é linda e organizada, a qualidade de vida é muito boa e o sistema de transportes é eficiente. Há muitos parques e áreas verdes, mas há poucos parquinhos para as crianças.

Moro em uma zona nobre da cidade, meu bairro se chama Santa Felicidade. Temos tudo perto de casa: farmácia, terminal de ônibus, supermercados, *shopping*, cinemas e restaurantes.

Curitiba também é interessante porque é multicultural. Vivem muitos italianos, alemães, poloneses e japoneses aqui.

Abração,
Susana

B | **Responda às perguntas sobre o *e-mail* de Susana.**
Answer the questions about Susana's e-mail.

1. Susana vive perto do Rio de Janeiro?

2. Como é a cidade?

3. O que há em Curitiba?

4. Como é o bairro onde Susana mora?

2 | É uma cidade...

A **Ouça e complete o quadro com informações sobre as cidades.**
Listen and complete the chart with information about the cities.

Cidade: _____

Localização e características
_____
_____
_____
_____
_____

Atrações turísticas
Igrejas (séculos XVI, XVII e XVIII).

Cidade: _____

Localização e características
_____
_____
_____
_____
_____

Atrações turísticas
Pão de Açúcar, Jardim Botânico, bairro de Santa Teresa, praias de Copacabana, Leblon e Ipanema.

B **Compare suas notas com as dos seus colegas.**
Compare your notes with those of your classmates.

C **Fale sobre um lugar de que você gosta.**
Talk about a place that you like.

Ficha técnica

Nome

População

Localização

Características

Atrações turísticas

Unidade 2 — Que lugar maravilhoso! 1, 2, 3...Ação!

41

Dica do Dia — O Brasil em números

1 Números

A **Leia os números.**
Read the numbers.

100	Cem
101	Cento e um
1.200	Mil e duzentos
1.310	Mil trezentos e dez
2.400	Dois mil e quatrocentos
3.500	Três mil e quinhentos
4.655	Quatro mil seiscentos e cinquenta e cinco
5.702	Cinco mil setecentos e dois
6.888	Seis mil oitocentos e oitenta e oito
7.999	Sete mil novecentos e noventa e nove
10.000	Dez mil
1.000.000	Um milhão
10.340.290	Dez milhões trezentos e quarenta mil duzentos e noventa

B **Leia as informações em voz alta.**
Read the information out loud.

População brasileira

Região Norte	15 864 454
Região Nordeste	53 081 950
Região Centro-Oeste	14 058 094
Região Sudeste	80 364 410
Região Sul	27 386 891
Total	190 755 799

Fonte: IBGE, Censo demográfico (2010)

Unidade 3

Seu primo é um gato!

Vamos lá?

1 **Em família**

A 🎧 25 **Você vai ouvir Edson descrevendo sua família. Escreva os nomes dos parentes dele nas caixas abaixo.**
You will hear Edson describing his family. Write the names of his family members in the boxes below.

B **O que você se lembra da descrição de Edson?**
What do you remember about Edson's description?

Nesta unidade, você vai aprender a:	In this unit, you will learn how to:
• Falar da família e amigos	• *Talk about family and friends*
• Expressar preferências	• *Express preference*
• Descrever pessoas	• *Describe people*
• Escrever um perfil	• *Write a profile*

Descobrindo

1 Amo minha família.

A Use seu dicionário e escreva as palavras da caixa no local correto.
Use your dictionary and write the words from the box in the right place.

mãe / pai
irmã / _____
filha / _____
avó / _____
tia / _____
prima / _____
sobrinha / _____
cunhada / _____
sogra / _____
nora / _____

cunhado
sobrinho
genro
tio
sogro
~~pai~~
irmão
filho
avô
primo

B Esta é a família de Beatriz. Olhe para o diagrama.
This is Beatriz's family. Look at the diagram.

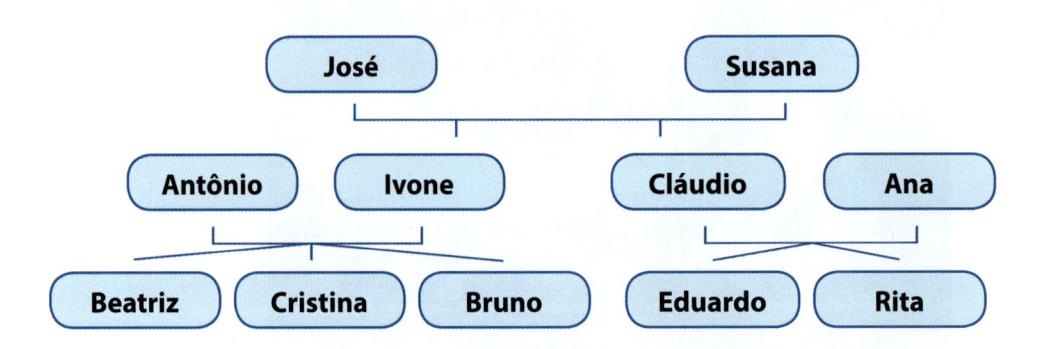

```
        José ——————————— Susana
         |                   |
   Antônio — Ivone      Cláudio — Ana
      |                      |
Beatriz  Cristina  Bruno   Eduardo  Rita
```

C Assinale as opções corretas.
Circle the right answers.

1. Antônio é	a. cunhado de José.	b. marido de Ivone.	c. irmão de Cláudio.
2. Cristina é	a. prima de Eduardo.	b. prima de Bruno.	c. filha de Susana.
3. José é	a. pai de Ana.	b. sogro de Antônio	c. neto de Eduardo.
4. Cláudio é	a. avô de Cristina.	b. pai de Ivone.	c. tio de Cristina.
5. Eduardo e Rita são	a. irmãos.	b. primos.	c. cunhados.

D **Ouça Beatriz falando sobre sua família. Em seguida, relacione as descrições com as fotografias.**
Listen to Beatriz talking about her family. Then, match the descriptions with the pictures.

Diálogo A

1

Sandra: Quem é esse moço?
Beatriz: Este é meu primo Eduardo.
Sandra: Bonito, ele! Tem namorada?
Beatriz: Não tem, não. Ele é um pouco tímido.
Sandra: Ele tem um sorriso lindo.
Beatriz: Tem, sim.
Sandra: Ele é um gato!

Diálogo B

2

Beatriz: Estes são meus pais.
Sandra: O que eles fazem?
Beatriz: Minha mãe é médica e meu pai é arquiteto.
Sandra: Onde sua mãe trabalha?
Beatriz: Trabalha num hospital no Rio.

Diálogo C

3

Beatriz: Esta é Cristina, minha irmã. Ela aqui está loira, mas ela é morena.
Sandra: Quem é ele?
Beatriz: É o namorado dela. Ele é um cara legal.
Sandra: Sua irmã é alta como você?
Beatriz: É. Ela mede 1,76.
Sandra: Ela parece uma modelo.
Beatriz: Ela está um pouco magra, mas ela é linda.

E **Olhe para as fotos dos exercícios A e D. Descreva as pessoas.**
Look at the photos in exercises A and D. Describe the people.

> Como é Cristina?
> Ela é linda!

Descrevendo pessoas
Describing people

É ...	Tem ...
bonito/a; feio/a	olhos [grandes / pequenos / verdes / azuis / castanhos]
alto/a; baixo/a	cabelo [curto / comprido / castanho / louro]
moreno/a; loiro/a; ruivo/a	
gordo/a; magro/a	

2 Do que você gosta?

A O Português e o Inglês partilham alguns cognatos (palavras com a mesma origem e significado e forma semelhantes). Encontre alguns deles na lista abaixo.
Portuguese and English share some cognates (words with the same origin and similar meaning and form). Find some of them on the list below.

- dançar
- cinema
- teatro
- arte
- política
- redes sociais
- fotografia
- ler
- pintar
- TV
- nadar
- esporte
- ópera
- chocolate
- rock
- samba
- viajar
- música
- cozinhar
- futebol
- praia
- museus

B Complete o quadro sobre suas preferências com palavras do exercício A e compartilhe a informação com o grupo.
Fill in the chart about your preferences with words from exercise A and share the information with the group.

Adoro...	Gosto de...	Detesto...	Não me interesso por...

C Faça perguntas aos seus colegas para descobrir o que vocês têm em comum.
Ask your classmates questions to find out what you have in common.

- Eu adoro chocolate. E você?
- Eu também!
- Vocês gostam de dançar?
- Eu adoro!
- Eu não gosto.

D **Leia e ouça Laura e Marcos falando sobre suas preferências.**
Read and listen to Laura and Marco talking about their preferences.

Marta:	O que vocês gostam de fazer em seu tempo livre?
Laura:	Adoro ler. Também gosto de cinema.
Marcos:	Pratico esportes.
Marta:	Vocês saem para dançar?
Laura:	Claro! Eu adoro dançar.
Marcos:	Eu também.
Marta:	Vocês se interessam por arte?
Laura:	Eu me interesso.
Marcos:	Eu não me interesso muito.

E **Ouça a continuação da entrevista e marque as frases verdadeiras.**
Listen to the follow-up of the interview and mark the true sentences.

1. Laura não gosta de viajar.
2. Marcos detesta redes sociais.
3. Marcos se interessa por futebol.
4. Marcos e Laura adoram samba.
5. Laura gosta de cozinhar.

Expressar preferência
Expressing preference

Adoro dançar.	Detesto doces.
Gosto de ler.	Não gosto de ler.
Gostamos de chocolate.	Ele detesta ópera.
Eu me interesso por música.	Eu não me interesso por política.

Pronunciando e escrevendo

Letra e

Ouça e repita as palavras abaixo.
Listen and repeat the words below.

é	você	idade	sentar
café	fechar	tapete	tempo
leve	cinema	tarde	empresa
panela	ler	arte	entre

47

EM FOCO

1 | Como é Vilma?

A | **Quem é quem? Relacione as descrições com as fotografias.**
Who is who? Match the descriptions with the pictures.

Carla
Carla é baixa e gordinha. Tem cabelo preto. É morena e tem olhos verdes. Ela é muito legal e otimista.

Beto
Beto é ruivo, tem cabelo crespo e olhos castanhos. Ele usa óculos. Ele é um cara meio tímido e um pouco pessimista.

Zé
Zé é alto e musculoso. Ele tem cabelo e olhos castanhos. Ele é sociável e inconstante.

Vilma
Vilma é loira. Ela é alta e elegante. Ela tem cabelo liso e olhos azuis. Ela é uma garota muito popular.

Adjetivos / *Adjectives*

Adjectives agree in gender and number with the noun they modify:

Vilma é loira. Ela é alta e elegante. Ela tem cabelo liso.
Beto é ruivo. Ele tem cabelo crespo.

Adjectives ending in -ar, -e, -eta, -ista, -l, -m or -z in the masculine keep the same form in the feminine:

Ela é muito legal.
Ana é egoísta.
Ele é muito sociável.
Jorge é pessimista.

B **Leia os perfis e corrija os erros.**
Read the profiles and correct the mistakes.

Nome: Gisele
Idade: 29
Qualidades: leal, divertido, extrovertida e preguiçoso.
Defeitos: perfeccionista e tímida.
Interesses: música, literatura e pintura.

Nome: André
Idade: 32
Qualidades: liberal, otimista, aventureira e fiel.
Defeitos: inconstante e desligado.
Interesses: esportes e música.

C **Complete as colunas com palavras das caixas.**
Fill in the columns with words from the boxes.

	👍	👎	
~~arrogante~~ divertido/a sociável trabalhador/a otimista mentiroso/a egoísta		arrogante	dedicado/a antipático/a infiel preguiçoso/a charmoso/a desligado/a sincero/a

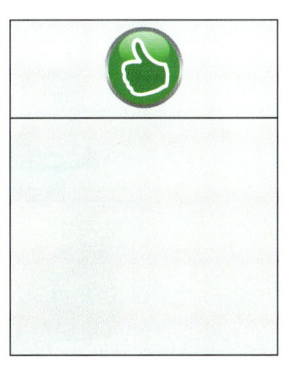

49

2 | Marcos é otimista, mas agora está triste.

A | **Leia o texto sobre Ivete.**
Read the text about Ivete.

Esta é Ivete. Ela frequenta uma academia em São Paulo. Ela está contente. A academia é grande e os professores são simpáticos e profissionais.

Ser e estar / *To be*

Read the rules below and add examples from the text in A.

The verb estar *is used to describe temporary and changeable states or conditions:*
_____

The verb ser *is used to express essential qualities:* _____
_____

B | **Complete as frases com os verbos *ser* e *estar*.**
Complete the sentences with the verbs ser *and* estar.

1. O celular _____ quebrado.
2. A casa _____ grande. 
3. O cachorro _____ cansado. 
4. O copo _____ cheio. 
5. O carro _____ branco. 
6. Os biscoitos _____ deliciosos.

3 | Como é sua família?

A | **Jurema está falando sobre sua família. Leia o diálogo.**
Jurema is talking about her family. Read the conversation.

A: Sou uma garota com sorte. Tenho uma família maravilhosa e um namorado lindo.
B: Você já conhece os pais dele?
A: Claro! E ele conhece os meus.
B: Que bom!

Possessivos / *Possessives*
Fill in the table below.

(eu)	(o) _____ irmão	(a) **minha** irmã	(os) **meus** irmãos	(as) **minhas** irmãs
(você)	(o) **seu** primo	(a) **sua** prima	(os) _____ primos	(as) **suas** primas
(nós)	(o) **nosso** neto	(a) _____ neta	(os) **nossos** netos	(as) **nossas** netas
(vocês)	(o) _____ pai	(a) **sua** mãe	(os) **seus** tios	(as) **suas** cunhadas

(ele)	o pai **dele**	a tia **dele**	os primos **dele**	as primas **dele**
(ela)	o avô **dela**	a avó **dela**	os avós **dela**	as avós **dela**
(eles)	o irmão **deles**	a irmã **deles**	os irmãos **deles**	as irmãs **deles**
(elas)	o tio **delas**	a tia **delas**	os tios **delas**	as tias **delas**

B | **Complete os espaços no texto com os possessivos.**
Fill in the blanks in the text with the possessives.

_____ nome é Paulo e tenho dois filhos. _____ mulher se chama Bruna. O pai _____ é brasileiro e a mãe _____ é alemã. Bruna tem uma irmã mais velha. Ela se chama Ana. Ela vive nos Estados Unidos com o marido e os filhos _____. Eu tenho um irmão caçula. Ele se chama Thiago e tem 31 anos. Ele é divorciado. O filho _____ vive com _____ ex-cunhada.

1, 2, 3...AÇÃO!

1 | Perfis

A | **Ronaldo está procurando amigos na internet. Leia seu perfil.**
Ronaldo is looking for friends online. Read his profile.

Meu nome é Ronaldo. Sou argentino, divorciado e tenho 30 anos. Sou modelo.
Gosto de praticar esportes e de sair com meus amigos. Sou extrovertido e simpático. Sou alto e musculoso. Tenho um cachorro.
Meu defeito? Não consigo deixar de fumar.

B | **Ouça algumas pessoas falando sobre o Ronaldo. Complete as frases.**
Listen to some people talking about Ronaldo. Complete the sentences.

"Ronaldo é _____. Ele é _____ e estudioso."

"Ronaldo é um amigão. Ele é um cara _____ e _____."

"Meu irmão tem bom astral, mas é muito _____."

C | **Leia os perfis abaixo. Quem é mais compatível com Ronaldo? Discuta com o grupo.**
Read the profiles below. Who is more compatible with Ronaldo? Discuss it with the class.

Oi, meu nome é Jacqueline. Sou francesa e tenho 37 anos. Sou comissária de bordo.
Adoro viajar, ir ao cinema e sair para jantar com amigos. Também gosto de ficar em casa. Sou uma pessoa alegre e um pouco tímida. Moro sozinha e tenho um gatinho de estimação.

Eu me chamo Nívia. Sou brasileira, solteira e tenho 23 anos. Sou estudante.
Adoro ler e escrever. Não bebo nem fumo. Sou um pouco fechada, mas gosto de fazer amigos. Pratico ioga e sou vegetariana. Sou baixa e magra, tenho cabelos lisos e escuros e olhos castanhos.

2 Figura mistério

A — **Quem são eles? O que eles fazem? Do que eles gostam? Use sua imaginação e escreva seus perfis com um colega.**
Who are they? What do they do for a living? What do they like? Use your imagination and write their profiles with a classmate.

_____
_____
_____
_____
_____
_____
_____
_____
_____
_____
_____
_____
_____

B — **Leia os perfis em voz alta.**
Read the profiles out loud.

3 Minha família é…

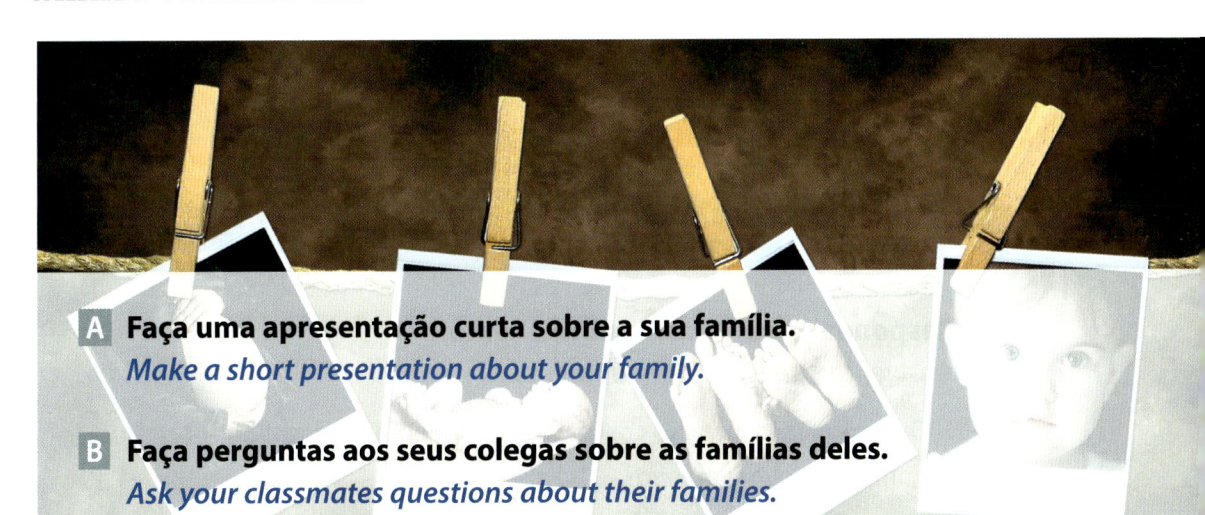

A **Faça uma apresentação curta sobre a sua família.**
Make a short presentation about your family.

B **Faça perguntas aos seus colegas sobre as famílias deles.**
Ask your classmates questions about their families.

Dica do Dia — Mosaico cultural brasileiro

1 Como é o brasileiro?

A — **O Brasil é um país multicultural com mais de 190 milhões de pessoas. Leia o texto sobre a diversidade brasileira.**
Brazil is a multicultural country with more than 190 million people. Read the text about Brazilian diversity.

Herança cultural multiétnica

As origens do povo brasileiro são diversificadas. No Nordeste, sobretudo na Bahia, as raízes africanas são muito visíveis na religião, na gastronomia e na cultura. No Norte, a influência indígena é bastante forte. No Sudeste e no Sul, há um verdadeiro mosaico cultural com muitos brasileiros descendentes de italianos, japoneses, alemães e portugueses.

País de muitas religiões

Segundo dados do IBGE, a maioria dos brasileiros (64%) declara-se católica. Os restantes seguem outras religiões (protestantismo, budismo, judaísmo, espiritismo e islamismo). Uma minoria segue o animismo afro-brasileiro, o candomblé, o tambor-de-mina e a umbanda.

Sempre cabe mais um

O brasileiro tem coração mole e um jeitinho bem especial. É prestativo, solidário e hospitaleiro. Gosta de conviver. Adora estar com a família e com os amigos. É muito caloroso no sorriso e no abraço.

Tire o pé do chão

A semana é para trabalhar, mas o final de semana é de folia. Os brasileiros amam sua música e a lista de gêneros é extensa (bossa nova, pagode, chorinho, forró, sertanejo, samba e axé).

B — **Responda às perguntas sobre o texto.**
Answer the questions about the text.

1. Quais são as influências culturais mais evidentes no Brasil?
2. Como é o povo brasileiro?

Unidade 4

Todo o santo dia

Vamos lá?

1 | Calendário

A | **Olhe para o calendário e responda às perguntas.**
Look at the calendar and answer the questions.

1. Que dia da semana é hoje?
2. Em que mês estamos?
3. Que dia é hoje?

SEGUNDA	TERÇA	QUARTA	QUINTA	SEXTA	SÁBADO	DOMINGO
	1	2	3	4	5	6
7	8	9	10	11	12	13
14	15	**16**	17	18	19	20
21	22	23	24	25	26	27
28	29	30	31			

JANEIRO
FEVEREIRO
MARÇO
ABRIL
MAIO
JUNHO
JULHO
AGOSTO
SETEMBRO
OUTUBRO
NOVEMBRO
DEZEMBRO

Nesta unidade, você vai aprender a:	In this unit, you will learn how to:
• Perguntar e dizer as horas	• *Ask and tell the time*
• Trocar informações sobre horários	• *Exchange information about schedules*
• Falar de rotinas diárias	• *Talk about daily routines*

Descobrindo

1 | **Que dia é hoje?**

A 🎧 **Ouça e leia os diálogos.**
Listen and read the conversations.

NA CASA DE GISELE

Gisele: Nossa! Estou atrasada!
Bruna: Que horas são?
Gisele: São sete e quinze.
Bruna: Você tem reunião hoje?
Gisele: Tenho, sim. Começa às nove horas!
Bruna: Então, você ainda tem tempo.
Gisele: Não tenho, não. Estou em cima da hora! Tchau!

NA EMPRESA

Carla: Bom dia, Vilma.
Vilma: Bom dia, Carla.
Carla: Onde está a Gisele? Tenho que falar com ela sobre a reunião de hoje.
Vilma: Acho que ela não está na empresa.
Carla: Como não? Ela é sempre pontual.
Vilma: É, geralmente, ela pega o ônibus das sete e chega na empresa bem cedo.
Carla: Vai ver perdeu a hora!

Perguntando e dizendo as horas
Asking and telling the time

Que horas são?

01:00	É uma hora.	12:00	É meio-dia.
01:10	É uma e dez.	16:40	São quatro e quarenta.
02:15	São duas e quinze.		São vinte para as cinco.
05:30	São cinco e trinta.	00:00	É meia-noite.
	São cinco e meia.		

56 | NOTA 10

B | **Escreva as horas por extenso.**
Write the time in full.

12:20   São doze e vinte. / É meio-dia e vinte.

13:15   _____

18:25   _____

20:30   _____

22:45   _____

00:00   _____

01:05   _____

2 | A que horas abre a padaria?

A | **Ouça o diálogo e complete o texto.** (32)
Listen to the conversation and complete the text.

Os *shoppings* abrem às _____ e fecham às _____.
Aos domingos e feriados, funcionam das _____ às 20 h.
O horário de atendimento dos bancos é das _____ às _____. Os Correios funcionam, normalmente, das 8 h às 17 h. Os restaurantes e os bares têm horários flexíveis. Alguns ficam abertos durante a noite.

B | **Troque informações com seus colegas sobre os horários do exercício A.**
Exchange information with your classmates about the schedules in exercise A.

A que horas abrem os bancos?

Abrem às 10 h.

Trocando informações sobre horários
Exchanging information about schedules

A: A que horas abrem as lojas?
B: Abrem às [10 h].
A: A que horas você almoça?
B: Almoço ao meio-dia. E você?
A: Almoço à uma.

Unidade 4 — Todo o santo dia / Descobrindo

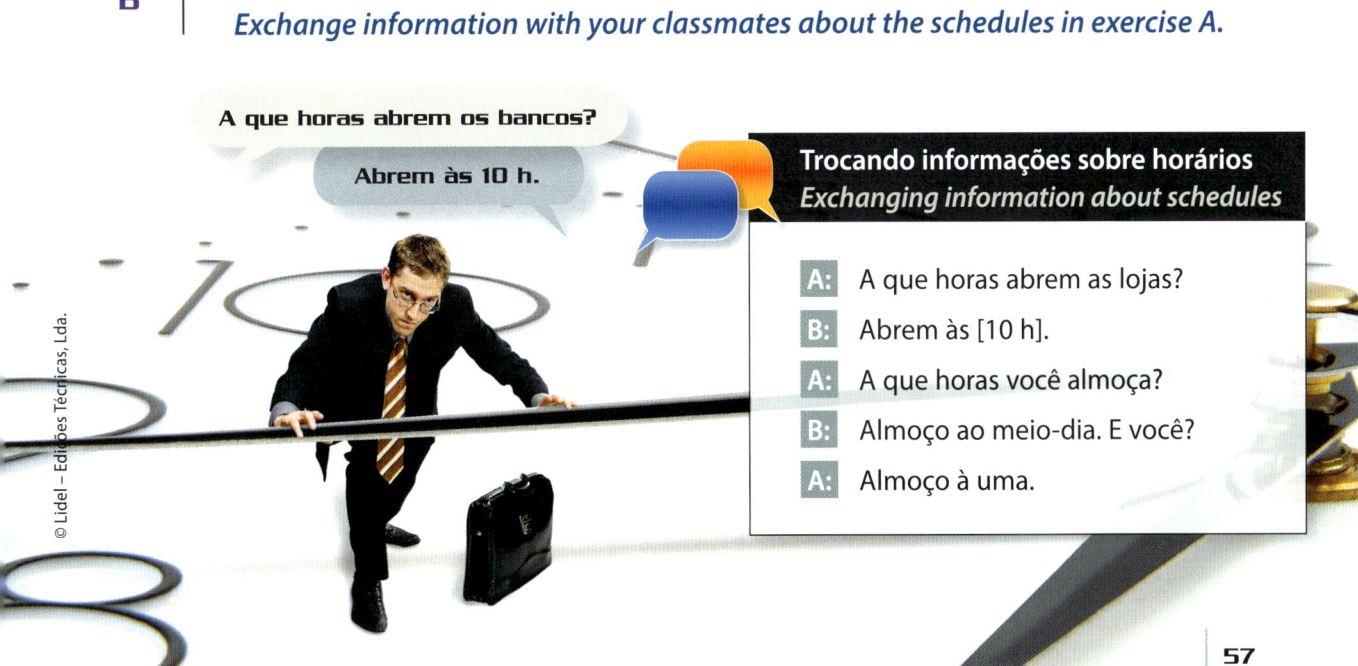

57

3 | Como é sua rotina diária?

A | **Associe as rotinas às fotografias.**
Match the routines with the pictures.

jantar   ir para o trabalho   dormir
tomar o café da manhã   levantar-se   escovar os dentes

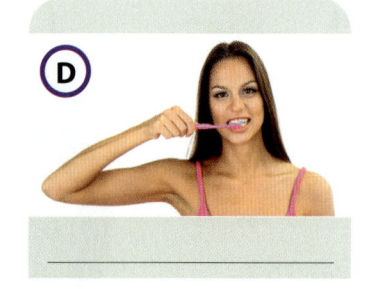

A	B	C
acordar	_____	tomar banho

D	E	F
_____	_____	_____

G	H	I
trabalhar	almoçar	ir à academia

J	K	L
_____	acessar a internet	_____

B 🎧 **Ana fala sobre sua semana. Ouça e marque as respostas corretas.**
Ana talks about her week. Listen and mark the right answers.

1. A que horas Ana se levanta?
   - a. Às 6h15.
   - b. Às 6h30.
   - c. Às 6h45.

2. Como Ana vai para o trabalho?
   - a. Pega o ônibus.
   - b. Vai a pé.
   - c. Vai de carro.

3. A que horas ela começa a trabalhar?
   - a. Às 7h30.
   - b. Às 8 h.
   - c. Às 8h30.

4. Quanto tempo ela tem para almoçar?
   - a. Trinta minutos.
   - b. Uma hora.
   - c. Duas horas.

5. Quando Ana vai à academia?
   - a. Às terças-feiras.
   - b. Às quintas-feiras.
   - c. Todos os dias.

6. O que Ana faz à noite durante a semana?
   - a. Vê televisão.
   - b. Sai com amigos.
   - c. Acessa a internet.

7. Quando Ana fala com o namorado?
   - a. Todos os dias.
   - b. Dia sim, dia não.
   - c. Só aos domingos.

8. A que horas Ana se deita?
   - a. Às 21h10.
   - b. Às 22h15.
   - c. Às 23h30.

Pronunciando e escrevendo

Letra i

🎧 **Ouça e repita as palavras abaixo.**
Listen and repeat the words below.

comercial	domingo
assistir	quinta
minha	sim
divertir-se	importante

EM FOCO

1 Como é sua semana?

A — **Leia sobre a semana de Thiago.**
Read about Thiago's week.

Geralmente, eu **me levanto** cedo, **leio** o jornal e tomo o café da manhã com minha mulher e meu filho. **Saímos** de casa às 6h30, deixamos nosso filho no colégio e **vamos** para o trabalho. De manhã, trabalho das 8 h até as 12 h. Às 13 h, **saio** para almoçar. Normalmente, **vou** a um restaurante. Retorno às 14 h e termino às 17 h. Quando chego a casa, ajudo meu filho com as tarefas da escola. Normalmente, jantamos às 20 h porque minha mulher gosta de assistir à novela das 21 h. Eu prefiro relaxar. Às vezes, um amigo **vem** e ficamos batendo papo.

Presente do indicativo: verbos irregulares / *Present simple: irregular verbs*

	Ir	Sair	Ler	Ver	Vir
(eu)	vou	saio	leio	vejo	venho
(você)	vai	sai	lê	vê	vem
(ele / ela)	vai	sai	lê	vê	vem
(nós)	vamos	saímos	lemos	vemos	vimos
(vocês)	vão	saem	leem	veem	vêm
(eles / elas)	vão	saem	leem	veem	vêm

B — **Relacione as duas partes das frases. Em seguida, fale sobre sua rotina.**
Match the two halves of the sentences. Then, talk about your routine.

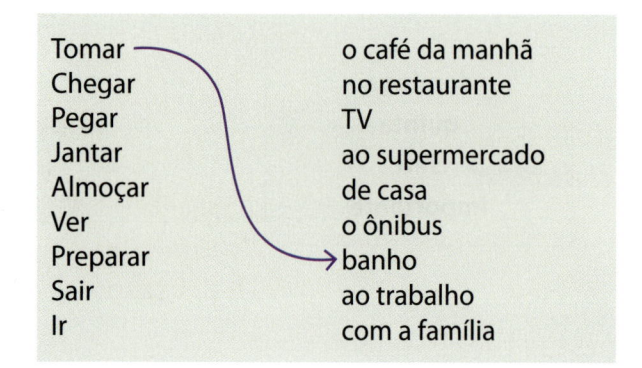

Tomar	o café da manhã
Chegar	no restaurante
Pegar	TV
Jantar	ao supermercado
Almoçar	de casa
Ver	o ônibus
Preparar	banho
Sair	ao trabalho
Ir	com a família

60 NOTA 10

Verbos reflexivos / *Reflexive verbs*

The following reflexive verbs are very frequent. Translate them into English.
Then, discuss the differences between the two languages.

levantar-se	to get up	lembrar-se	_____
despir-se	_____	esquecer-se	_____
barbear-se	_____	deitar-se	_____
lavar-se	_____	divertir-se	_____

Follow the example and conjugate the verb vestir-se.

sentar-se   **vestir-se**

(eu) me sento   Eu me visto
(você) se senta   _____
(ele) se senta   _____
(nós) nos sentamos   _____
(vocês) se sentam   _____
(eles) se sentam   _____

C **Complete o texto sobre Fábio com os verbos entre parênteses no presente.**
Complete the text about Fábio with the forms of the verbs between brackets in the simple present.

Eu _____ (levantar-se) entre as sete e as oito da manhã. _____ (tomar) um café bem forte e _____ (sentar-se) em frente do computador. _____ (escrever) até o meio-dia. À tarde, eu _____ (concentrar-se) na revisão do texto. À noite, raramente _____ (sair). Às vezes, _____ (convidar) amigos para jantar.

D **Fale com seus colegas sobre Fábio.**
Talk about Fábio with your classmates.

> A que horas Fábio acorda?

> Às sete.

2 | Com que frequência...?

A | **Responda ao questionário sobre suas rotinas.**
Answer the questionnaire about your routines.

1. **O despertador toca. O que você faz?**
   - a. Eu me levanto.
   - b. Durmo mais um pouco.
   - c. Às vezes, eu me levanto logo.

2. **Quantas vezes por semana você acorda cedo?**
   - a. Todos os dias.
   - b. Quase nunca.
   - c. Nunca.

3. **Você sai para jantar durante a semana?**
   - a. Raramente saio.
   - b. Saio, sim.
   - c. Só saio aos domingos.

4. **Você acessa o facebook no trabalho?**
   - a. Acesso todos os dias.
   - b. Só acesso pela manhã.
   - c. Nunca acesso.

5. **Quando você vai ao supermercado?**
   - a. Vou todos os dias.
   - b. Vou aos sábados.
   - c. Vou às sextas à noite.

6. **Com que frequência você pratica esporte?**
   - a. Nunca pratico.
   - b. Pratico com frequência.
   - c. Pratico de vez em quando.

7. **Em que dias você cozinha?**
   - a. Sempre cozinho.
   - b. Quase nunca cozinho.
   - c. Só cozinho aos finais de semana.

8. **Você vê televisão?**
   - a. Só vejo à noite.
   - b. Nunca vejo.
   - c. Vejo com frequência.

Expressões de tempo / *Time expressions*

First, circle all frequency adverbs and time expressions in exercise A. Then, answer the following questions.

1. Where are the adverbs **nunca** *and* **sempre** *placed in the sentences?*
2. Does the same happen to other adverbs and time expressions?

B | **Marque as frases que são verdadeiras para você. Corrija as outras.**
Mark the sentences which are true to you. Correct the others.

1. Eu nunca trabalho de manhã.
2. Eu sempre pego o ônibus ou o metrô durante a semana.
3. Raramente saio com meus amigos.
4. Às vezes, acesso a internet na casa de algum amigo.
5. Eu sempre me levanto cedo.
6. De vez em quando, vou à academia à tarde.

3 | Você vai à academia hoje?

A | **Leia o diálogo.**
Read the conversation.

A: Você vai **à** academia hoje?
B: Não, hoje vou **para** casa.
A: Como você vai para lá?
B: Vou **no** ônibus das seis.
A: Eu vou **de** carro. Quer uma carona?

Preposições / *Prepositions*

Transportation:
1. **de:** Eu vou **de** carro e Luís vai **de** trem.
2. **no(s) / na(s):** Vou **no** carro da Mônica e Sandro vai **no** trem das seis.

Final destination:
1. **a:** Você vai **à** academia?
2. **para:** Vou **para** casa.

B | **Complete as frases com as preposições da caixa.**
Complete the sentences with the prepositions from the box.

   à   ao   na   de (2x)   para (2x)   no (2x)

1. Como você vai _____ a escola?
2. Você hoje vai _____ trem ou _____ ônibus?
3. Vocês vão _____ carro da Rita?
4. A que horas você retorna _____ a empresa?
5. Você vai _____ moto do Sandro?
6. Quando eles vêm _____ Rio?
7. Você vai _____ praia à noite?
8. Fábio também vem _____ trem das oito?

1, 2, 3...AÇÃO!

1 | Estilos de vida

A — **O que eles fazem? Identifique as profissões.**
What do they do for a living? Identify the professions.

A _____ B _____ C jornalista D advogado E comissária de bordo

F _____ G _____ H policial I garçonete J _____

B — **Quem disse o quê? Relacione as frases abaixo com as figuras no exercício A.**
Who said what? Match the sentences below with the pictures in exercise A.

1. "Eu viajo muito. Os meus horários variam o tempo todo. Já estou acostumada com as diferenças de fuso."

2. "Eu adoro meu trabalho. Pesquiso, faço entrevistas, escrevo reportagens, participo da reunião da pauta e edito textos e manchetes."

3. "Eu trabalho mais de 40 horas por semana. Atendo clientes, estudo casos, analiso os processos, escrevo petições e participo de audiências. Quando é necessário, recorro das sentenças."

C **Você vai ouvir duas pessoas falando sobre suas rotinas diárias. Identifique suas profissões.**
You are going to listen to two people talking about their daily routines. Identify their professions.

D **Leia as transcrições abaixo e confirme suas opções.**
Read the transcriptions below and check your answers.

Texto A

"Eu acordo todos os dias às quatro da manhã, pego o ônibus das seis e chego à lanchonete às sete. Meus dias lá são sempre iguais. Limpo as mesas, anoto os pedidos e sirvo os clientes. No final do expediente, ainda ajudo a lavar a louça e a varrer o chão. Quando chego a casa, estou mesmo cansada. É uma vida dura, mas não está fácil para ninguém."

Texto B

"Tomo o café da manhã às sete. Depois, pego o carro no estacionamento e vou para o trabalho. Chego à clínica, tomo um cafezinho e bato um papo com meus colegas. Geralmente, a gente só começa a ver os pacientes às oito da manhã.

Não tenho horário certo para sair. O oficial é às seis, mas nunca termino antes das oito. Também dou consultas aos finais de semana."

3 | Verdade ou mentira?

A **Escreva três frases verdadeiras e duas falsas sobre sua rotina.**
Write three true sentences and two false sentences about your routine.

_____
_____
_____
_____

B **Leia o seu texto e verifique se os seus colegas conseguem descobrir as frases falsas.**
Read your text out loud and check if your classmates can guess the false statements.

Dica do Dia

Horários brasileiros

1 Que horas são em Brasília?

A **Leia o texto sobre os fusos horários brasileiros.**
Read the text about the Brazilian time zones.

Fusos horários do Brasil

O Brasil possui mais de 4 mil quilômetros de extensão no sentido leste-oeste e conta com quatro fusos horários, três no território continental e um nas ilhas.

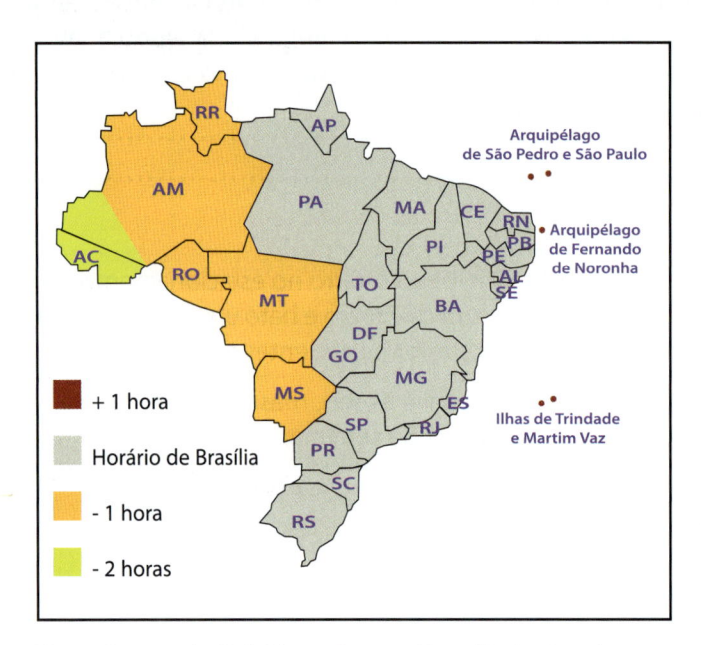

Horário de inverno

O primeiro fuso engloba os arquipélagos de São Pedro e São Paulo, Fernando de Noronha e as ilhas Trindade e Martim Vaz. Tem menos duas horas do que o fuso horário padrão (UTC/GMT) e mais uma hora em relação ao de Brasília.

O segundo fuso tem três horas a menos e inclui o Distrito Federal (onde fica a sede do governo), todos os estados das regiões Nordeste, Sul e Sudeste e os estados de Goiás, do Tocantins, do Amapá e do Pará. É a hora oficial do Brasil.

Mato Grosso do Sul, Mato Grosso, Rondônia, Roraima e parte do Amazonas estão no terceiro fuso, com quatro horas a menos.

O quarto fuso horário inclui o Acre e alguns municípios do Amazonas. Tem cinco horas a menos do que o fuso padrão e menos duas horas do que o de Brasília.

Horário de verão

Em outubro, os estados das regiões Sul, Sudeste e Centro-Oeste e o Distrito Federal adiantam seus relógios em 1 hora até fevereiro. As datas dos ajustes de horário podem variar de um ano para o outro, mas são sempre fixadas em um final de semana.

Fonte consultada: Observatório Nacional. Acesso a 10 de agosto de 2014 [http://pcdsh01.on.br].

B **Responda às perguntas sobre o texto.**
Answer the questions about the text.

1. Quantos fusos horários o Brasil tem?
2. Seu país também tem um horário de verão? Quando muda a hora?

Unidade 5
Que comidinha boa!

Vamos lá?

1 **Vai um rodízio de pizza?**

A Você gosta de pizza? Qual é sua pizza favorita?
Do you like pizza? What is your favorite pizza?

B 🎧 36 Ouça a entrevista na pizzaria. Em seguida, responda às perguntas.
Listen to the interview at the pizzeria. Then, answer the questions.

1. O que os brasileiros celebram no dia 10 de julho?
2. Qual é a cidade da pizza?
3. O que é o rodízio de pizza?
4. Quais são as pizzas mais populares na pizzaria?

Nesta unidade, você vai aprender a:	In this unit, you will learn how to:
• Pedir comida no restaurante • Ler um cardápio • Encomendar uma pizza por telefone • Trocar informações sobre comida e restaurantes	• *Order food at the restaurant* • *Read a menu* • *Order a pizza on the phone* • *Exchange information about food and restaurants*

Descobrindo

1 | **Bom dia. Um misto-quente, por favor.**

A | **Como é seu café da manhã?**
What do you have for breakfast?

Tomo…

café

leite

chá

café com leite

suco de fruta

Como…

fruta

cereais

iogurte

pão com queijo

torrada com geleia

pão com manteiga

B | **Ouça e leia o diálogo na padaria.**
Listen and read the conversation at the bakery.

Garçom:	Bom dia. O que vão pedir hoje?
Mário:	Bom dia. Um misto-quente, por favor.
Garçom:	E você?
Susana:	Eu quero um pão com manteiga na chapa.
Garçom:	E para beber?
Susana:	Que tipo de sucos vocês têm?
Garçom:	Laranja, maracujá, goiaba e morango.
Susana:	Eu quero um suco de maracujá, por favor.
Mário:	Para mim, um café com leite, por favor.
Garçom:	Algo mais?
Susana:	Não, só isso.

(meia hora depois)

Mário:	Garçom, a conta, por favor.
Garçom:	São 15 reais.

Pedidos
Orders

Garçom / Waiter

O que vão pedir?

E para beber?

Algo mais?

São [vinte] reais.

Cliente / Client

Quero [um suco], por favor.

A conta, por favor

C | **Responda às perguntas.**
Answer the questions.

1. O que eles pedem para comer e beber?
2. Como é o café da manhã em seu país?

2 | Boa tarde, sejam bem-vindos.

A | Leia as informações sobre o restaurante. Em seguida, marque as frases corretas.
Read the information about the restaurant. Then, mark the right sentences.

RESTAURANTE ALECRIM
Comida tradicional brasileira

Lotação máxima: 200 pessoas
Faixa de preço: R$ 60,00 - R$ 100,00
Horário: Domingo a quinta 11 h-23 h / Sexta e sábado até as 2 h.
Cartões de crédito: Master Card, Visa

1. É um restaurante grande.
2. Tem estacionamento.
3. Está aberto até tarde.
4. Aceita cartão de crédito.
5. Serve comida japonesa.

B | Ouça o diálogo no restaurante e assinale os pedidos no cardápio.
Listen to the conversation at the restaurant and mark the orders on the menu.

ENTRADAS
Salada R$ 10,00
Carpaccio R$ 17,00

CARNES
Filé grelhado R$ 28,00
Filé à milanesa R$ 28,50

AVES
Frango à passarinho R$ 25,00
Estrogonofe de frango R$ 26,00

PEIXES
Isca de peixe R$ 29,00
Moqueca R$ 32,00

MASSAS
Espaguete ao sugo R$ 23,00
Canelone de ricota R$ 24,50

ACOMPANHAMENTOS
Arroz branco R$ 7,00
Farofa R$ 7,50

SOBREMESAS
Salada de frutas R$ 5,00
Sorvete de baunilha R$ 7,00

BEBIDAS
Água R$ 3,00
Refrigerante R$ 3,50
Suco de abacaxi R$ 5,00

C **Ouça o diálogo novamente e complete os espaços no texto.**
Listen to the conversation again and fill in the blanks in the text.

A: Bom dia, sejam bem-vindos.
B: Bom dia, mesa para duas pessoas, por favor.
A: Aceitam entradas?
B: Não, obrigado. _____
A: Temos filé grelhado e canelone de ricota.
B: _____ o filé.
C: _____ um espaguete ao sugo.
A: E para beber?
B: Eu vou tomar uma coca-cola. E você?
C: Eu quero um suco de abacaxi com hortelã.

(30 minutos depois)

A: Vão querer sobremesa?
B: Não, obrigado.
C: Eu vou! Um sorvete de baunilha com calda de amora.

D **Identifique os itens na mesa com seu colega.**
Identify the items on the table with your classmate.

○ copo de água   ○ faca
○ xícara   ○ prato raso
○ pires   ○ taça de vinho
○ prato fundo   ○ garfo
○ colher de sopa

E **Complete as frases com as palavras da caixa. Em seguida, ouça e confira.**
Complete the sentences with words from the box. Then, listen and check.

| pão |
| copo |
| conta |
| filé |
| colher |

1. O _____ está quebrado. Poderia trazer outro, por favor?
2. O _____ está frio. Pode esquentar, por favor?
3. Está faltando uma _____ na mesa.
4. Poderia trazer mais _____, por favor?
5. Há um erro na _____.

3 | Margherita, boa noite. Em que posso ajudar?

A **Sandra está encomendando uma pizza por telefone. Ouça o diálogo e selecione as opções corretas.**
Sandra is ordering a pizza on the phone. Listen to the conversation and mark the right options.

1. Sandra pede
   - a. uma pizza grande e uma pequena.
   - b. uma pizza grande e uma média.
   - c. duas pizzas grandes.

2. A pizza grande é
   - a. de atum.
   - b. uma marguerita.
   - c. uma napolitana.

3. O tempo de espera é
   - a. de 48 minutos.
   - b. de 30 minutos.
   - c. de 1 hora.

4. Sandra vai pagar
   - a. com cartão de crédito.
   - b. em dinheiro.
   - c. com cheque.

Encomendar por telefone
Ordering on the phone

Garçom	Cliente
O que vai ser?	Eu quero fazer um pedido.
Vai querer…?	Eu quero [uma napolitana].
Qual é o endereço para entrega?	Qual é o tempo de entrega?
Vai precisar de troco?	Qual é a promoção de hoje?

Pronunciando e escrevendo

Sons nasais

Ouça e repita as palavras.
Listen and repeat the words.

pagam	pães	bem	feijões	muito
compram	mães	cem	camarões	
macarrão	cães	tem	guarnições	
limão	alemães	comem	fogões	
pão	capitães	fazem	limões	

Unidade 5 — Que comidinha boa! Descobrindo

71

EM FOCO

1 Você faz uma alimentação saudável?

A **Responda às perguntas sobre seus hábitos alimentares.**
Answer the questions about your eating habits.

1. Você gosta de verduras e frutas?
2. Com que frequência você consome açúcares, manteiga, sal e refrigerantes?
3. Quantos litros de água você bebe diariamente?
4. Você inclui leite, queijo ou iogurte em seu café da manhã?
5. O que você prefere? Peixe ou carne?

B **Leia as recomendações abaixo com os grupos de alimentos.**
Read the recommendations below concerning the food groups.

1. Cereais integrais (arroz, pães e massas): maioria das refeições
2. Frutas, verduras e legumes: 3 a 5 vezes ao dia
3. Arroz, peixe, frutos do mar, carnes magras e ovos: 1 a 2 vezes ao dia
4. Leguminosas e oleaginosas: 1 a 2 vezes ao dia
5. Leite e derivados: 3 vezes ao dia
6. Açúcares, doces, sal, refrigerantes e refinados: consumo esporádico
7. Manteiga, carnes vermelhas gordas: consumo esporádico

C **Trabalhando com um grupo pequeno, faça perguntas para saber como são os hábitos alimentares de seus colegas.**
Working with a small group, ask questions to find out your classmates' eating habits.

2 | Preciso comprar fruta.

A | **Leia o diálogo no supermercado.**
Read the conversation at the supermarket.

Atendente: Pois não?

Cliente: Quero dois cachos de uvas, um quilo de tomates e dois maços de espinafres.

Atendente: Mais alguma coisa?

Cliente: Não, é só isso.

Números / *Numbers*

Numbers 1 and 2 and multiples of 100 agree in gender with the noun they modify.

1 pé = **um pé**	2 pés = **dois pés**
1 garrafa = **uma** garrafa	2 latas = **duas** lat**as**
200 quilos = duzent**os quilos**	200 caixas = duzent**as** caix**as**

B | **Complete a lista de compras com palavras da caixa.**
Complete the shopping list with words from the box.

10 _____ de vinho	garrafas	gramas	3 _____ de uvas
100 _____ de queijo	quilo	litro	2 _____ de espinafre
2 _____ de cerveja	dúzia	vidro	meia _____ de ovos
1 _____ de sardinha	caixas	maços	1 _____ de alface
1 _____ de batatas	pé	pacotes	1 _____ de leite
2 _____ de açúcar	lata	cachos	1 _____ de geleia

Precisar + Infinitivo / Ter de + Infinitivo

Precisar + infinitive *To need*	Você **precisa beber** mais água.
Ter de + infinitive *Have to*	**Tenho de comprar** verduras.

C | **O que você precisa comprar esta semana? Compartilhe sua lista com o grupo.**
What do you need to buy this week? Share your list with the group.

3 Como vai ser o almoço?

A | **Leia o diálogo com seu colega.**
Read the conversation with your classmate.

Gabriela: Como **vai ser** seu almoço de aniversário?
Sílvia: **Vou começar** com umas caipirinhas.
Gabriela: Legal. Qual **vai ser** o prato principal?
Sílvia: Meus primos **vão preparar** o churrasco.
Gabriela: Delícia! Quem **vai fazer** as compras? Você precisa de ajuda?
Sílvia: Não, obrigada. No sábado que vem, o Carlão e o Rodrigo **vão** ao açougue, a Jurema **vai** ao supermercado e eu **vou** à padaria.

Expressando o futuro / *Expressing the future*

Complete the sentences with the verbs between brackets in the future.

(eu)	_____	_____ uma caipirinha. (beber)
(você)	_____	_____ feijoada? (preparar)
(ele / ela)	**vai**	**pedir** dois sucos de laranja.
(nós)	_____	_____ um cafezinho. (tomar)
(vocês)	_____	à lanchonete amanhã? (ir)
(eles / elas)	_____	ao restaurante na sexta à noite? (ir)

B | **Siga o exemplo e complete as tarefas.**
Follow the example and complete the tasks.

Antes do jantar		Durante e depois do jantar	
assar	a carne	enxugar	a louça
cozinhar	→ as batatas	pôr e tirar	a comida
preparar	a salada	lavar	a mesa
descascar ⤴	as bebidas	servir	a cozinha
temperar	o arroz	limpar	as panelas
fazer	os legumes	arear	a pia

C | **Você vai organizar um jantar com seus colegas. Decidam quem vai fazer o quê.**
You are going to organize a dinner with your classmates. Discuss who is going to do what.

4 | Preparando caipirinha.

A | **Leia a receita e coloque em ordem as instruções.**
Read the recipe and put the instructions in the right order.

Caipirinha
(2 pessoas)

2 colheres de sopa de açúcar
2 limões Tahiti
2 doses de cachaça (50 ml cada)
10 pedras de gelo

Modo de preparo

___ Misturar tudo muito bem.
___ Socar até obter dois dedos de líquido.
___ Colocar meio limão em cada copo com a polpa para cima.
___ Completar o copo com gelo.
___ Despejar a cachaça.
1 **Cortar os limões.**
___ Juntar 1 colher de sopa de açúcar.
___ Enfeitar o copo com limão fatiado.

Plural de nomes e adjetivos / *Plural of nouns and adjectives*

Fill in the table with the plural of the words on the left.

Endings	Singular	Plural
-a / -e / -i / -o / -u + -s	dose copo	
-ão → -ões → -ães	lim**ão** p**ão**	 p**ães**
-l → -is → -eis	fun**il** fác**il**	fun**is** fác**eis**
-m → -ns	pudi**m**	pudi**ns**
-r / -s / -z + -es	colhe**r**	

B | **Escreva as palavras no plural.**
Write the words in the plural.

feijão _____ difícil _____ bar _____
guaraná _____ pastel _____ camarão _____
licor _____ hambúrguer _____ quindim _____

1, 2, 3...AÇÃO!

1 | Um jantar surpresa

A | **Responda às perguntas.**
Answer the questions.

1. Qual é sua comida preferida?
2. O que você gosta mais de beber?
3. Que tipo de restaurantes você prefere?

B | 🎧 42 **Você vai ouvir as respostas de três brasileiros. Marque suas preferências com um visto na coluna correta.**
You will hear the answers of three Brazilian people. Mark their preferences with a check in the right column.

	Alexandra	Rodrigo	Paulo
Rodízio de pizza			
Massas			
Comida caseira			
Cozinha exótica			
Pizzarias			
Bons vinhos			
Cerveja			
Refrigerantes			
Ambientes aconchegantes			
Restaurantes caros			
Restaurantes com preço fixo			

C O aniversário de Alexandra é na próxima semana. Leia as informações sobre os restaurantes e decida qual é o melhor lugar para celebrar a ocasião.
Alexandra's birthday is next week. Read the information about the restaurants and decide which is the best place to celebrate the occasion.

SAMURAI
Restaurante especializado em comida japonesa. Oferece boas opções de menus combinados (*sushis* e *sashimis*) e *temakis*. O cardápio traz também uma variada oferta de saquês. Experimente!

Aberto todos os dias, das 11 h às 23 h. Aceita todos os cartões de crédito.

TRATTORIA
Tradicional cantina italiana. Oferece 12 tipos de massa e 6 molhos diferentes. Há também uma generosa seleção de vinhos e de sobremesas típicas. Peça seu doce preferido.

Aberto de terça-feira a domingo, das 12 h às 22 h. Não aceita cartões de crédito.

LANCHONETE DA CIDADE
Casa especializada em lanches e petiscos. A lanchonete da cidade oferece sanduíches em pães especiais e maionese caseira. Há também boas opções de bebidas geladas: frapês e *milkshakes*. Prove o *milkshake* de café.

Aberto todos os dias, das 12 h às 2 h. Aceita VISA e Mastercard.

GALETO
Comida caseira e tradicional. Os pratos de frango são a especialidade da casa. Os principais acompanhamentos são: farofa, maionese, polenta e vinagrete. Há também uma boa variedade de saladas e sucos naturais. Escolha o seu.

Aberto todos os dias, das 10 h às 23 h. Aceita todos os cartões.

2 No restaurante

A Trabalhe com seus colegas e crie um cardápio inesquecível.
Work with your classmates and create an unforgettable menu.

B Siga as instruções abaixo e simule a situação com dois colegas.
Follow the instructions below and role-play the situation with two classmates.

1) O Aluno A é o garçom.
2) Os alunos B e C são os clientes:

- Usem o cardápio do exercício A.
- Façam perguntas sobre os pratos.
- Façam os pedidos.
- Apresentem reclamações.
- Peçam a conta.

Dica do Dia

Pratos típicos brasileiros

1 | O que é que leva uma feijoada?

Churrasco
Moqueca
Feijoada

A | **Complete os textos e identifique os pratos.**
Complete the texts and identify the dishes.

A: _____

Vai uma _____ ?
Para a _____ à moda baiana, você precisa de azeite de dendê, leite de coco, peixe, frutos do mar, pimentão, tomate, cebola, alho e coentro.

B: _____

Domingo é dia de _____ !
As carnes preferidas do _____ brasileiro são: picanha, alcatra, maminha, costela, cupim e linguiça. Acompanhamentos: pão francês, pão de alho, farofa, arroz branco, vinagrete, mussarela e cebola assada no espeto e salada de alface.

C: _____

Sábado é dia de _____ !
A _____ é o prato brasileiro mais popular. Leva feijão preto, carne seca, paio, chouriço, calabresa e carne de porco. Serve-se com arroz branco, farinha de mandioca, torresminho, couve refogada com alho, laranja, molho de pimenta e banana à milanesa.

B | **Descreva um prato típico do seu país.**
Describe a typical dish of your country.

78 | NOTA 10

Unidade 6

O verão está chegando!

Vamos lá?

1 Como está o tempo?

A **Relacione as frases sobre o tempo com as imagens.**
Match the sentences about the weather with the pictures.

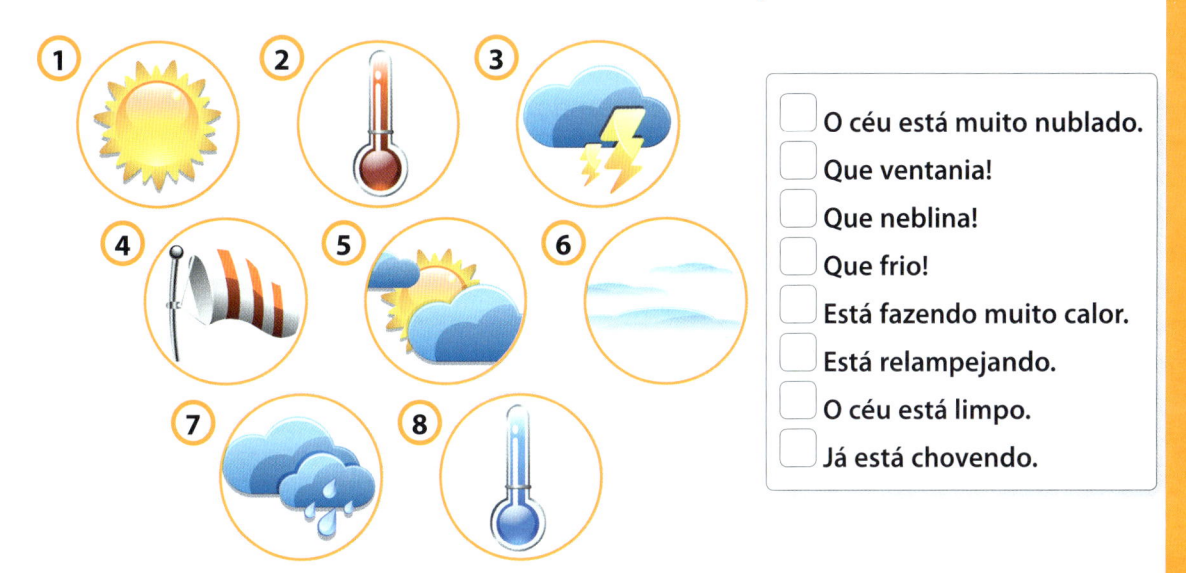

1. ☀️
2. 🌡️
3. ⛈️
4. 🌬️
5. ⛅
6. ☁️
7. 🌧️
8. 🌡️

- ☐ O céu está muito nublado.
- ☐ Que ventania!
- ☐ Que neblina!
- ☐ Que frio!
- ☐ Está fazendo muito calor.
- ☐ Está relampejando.
- ☐ O céu está limpo.
- ☐ Já está chovendo.

B **Olhe pela janela. Como está o tempo hoje?**
Look out the window. How is the weather today?

Nesta unidade, você vai aprender a:	In this unit, you will learn how to:
• Falar sobre o tempo • Convidar pessoas • Aceitar e recusar convites • Planejar um programa com alguém	*• Talk about the weather* *• Invite people* *• Accept and decline invitations* *• Plan a day out with someone*

Descobrindo

1 | Dá praia no final de semana?

A 🎧 **Ouça Jurema, Paulo e Hans falando sobre o tempo no Rio de Janeiro.**
Listen to Jurema, Paulo and Hans talking about the weather in Rio de Janeiro.

Jurema: Meu Deus do céu! Que calor!

Paulo: Você sabe qual é a máxima para hoje?

Jurema: 38 °C! Mas logo mais vai chover.

Hans: Chove muito no Rio no verão?

Jurema: Chove, sim. Às vezes, até tem inundação.

Paulo: Hans, você já sabe o que vai fazer em julho?

Hans: Ainda não sei. Quero muito conhecer o Nordeste, mas também tenho interesse no Sul. Como é o inverno lá?

Jurema: São duas regiões bem diferentes. O Nordeste é quente e seco.

Paulo: No Sul, você tem o oposto. É a região com a temperatura média mais baixa do Brasil. Em algumas cidades pode inclusive nevar.

Hans: Você está brincando! Neve no Brasil?

Paulo: Não estou brincando. Na Serra Gaúcha, pode fazer temperaturas abaixo de zero.

Hans: Jura? Mas por que é tão diferente assim?

Paulo: Porque muitos municípios da região estão localizados a mais de 1.000 metros de altitude.

Hans: Bom saber. Estou morrendo de calor. Vocês não querem tomar uma água de coco bem gelada?

Paulo: Falou! Depois, vou surfar. Você quer vir?

Hans: Não sei surfar, Paulo.

Paulo: Não tem problema. Eu te ensino!

B 🎧 **Ouça as perguntas sobre o diálogo. Em seguida, responda.**
Listen to the questions about the conversation. Then, answer.

1. _____
2. _____
3. _____
4. _____

C **Ouça a reportagem em Cuiabá e assinale as frases corretas.**
Listen to the news report in Cuiabá and mark the right answers.

1. Como está o tempo em Cuiabá?
   - a. Está chovendo e faz frio.
   - b. Está calor.
   - c. Está ventando muito.

2. Cuiabá é uma das cidades
   - a. mais quentes do Brasil.
   - b. mais úmidas do Brasil.
   - c. menos secas do Brasil.

3. A previsão para o final de semana
   - a. é de temperaturas amenas.
   - b. é de chuva.
   - c. é de sol forte e chuva ao final do dia.

Falando sobre o tempo
Talking about the weather

A: Como está o tempo?
B: Está calor.

A: Quantos graus está fazendo?
B: [28 °C].

A: A temperatura vai subir?
B: Não, vai baixar.

A: Qual é a previsão?
B: Vai chover.

D **O que você faz quando está muito calor?**
What do you do when it is very hot?

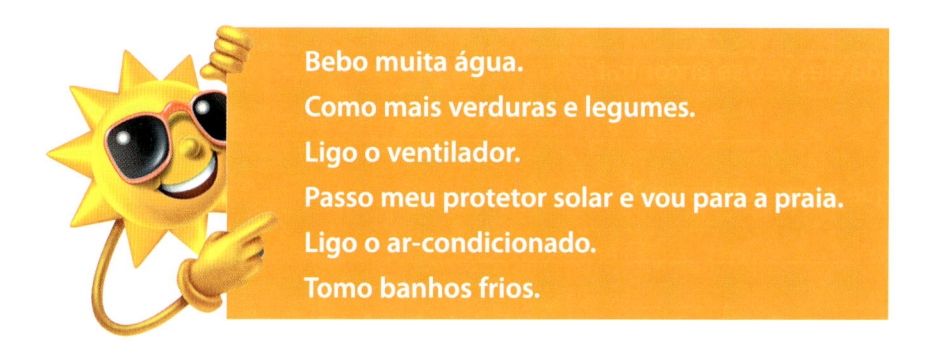

Bebo muita água.
Como mais verduras e legumes.
Ligo o ventilador.
Passo meu protetor solar e vou para a praia.
Ligo o ar-condicionado.
Tomo banhos frios.

E **Leia as frases sobre o clima brasileiro.**
Read the sentences about the Brazilian climate.

1. A temperatura média anual é de 30 °C.
2. O verão começa em dezembro e termina em março.
3. Só neva na região Sul.
4. A diferença entre as estações do ano não é grande.
5. No verão, a temperatura máxima pode ultrapassar os 40 °C.

F **Como é o clima no seu país?**
How is the climate in your country?

Unidade 6 — O verão está chegando! Descobrindo

81

2 Você está a fim de tomar uma cervejinha?

A **Ouça e leia o diálogo.**
Listen and read the conversation.

Sandra: Oi, estou ligando para te convidar para sair.
Jorge: Que pena. Hoje, não vai dar. Estou estudando.
Sandra: E amanhã?
Jorge: Pode ser.
Sandra: Onde a gente se encontra?
Jorge: Que tal no bar do Juca? Você conhece?
Sandra: Conheço, mas não sei como chegar lá.
Jorge: Eu pego você. Às nove está bom?
Sandra: Perfeito. Beijo.
Jorge: Outro!

B **Responda às perguntas sobre o diálogo.**
Answer the questions about the conversation.

1. Por que Sandra telefona para Jorge?
   _____

2. Onde eles vão se encontrar?
   _____

3. A que horas combinam?
   _____

C **Relacione as frases de Jorge com as de Paula. Em seguida, ouça e confirme.**
Match Jorge's sentences with Paula's. Then, listen and check.

1. Vai ter um *show* de forró.	a. Quero. Onde vai ser?
2. No sábado. Você quer ir?	b. Legal.
3. Num clube na Barra.	c. Vou levar meu namorado.
4. Claro!	d. Podemos ir juntos para lá?
5. Que tal às oito?	e. Tchau. Um abraço.
6. Às 20h30 é melhor?	f. É um pouco cedo.
7. Você pode levar alguém.	g. Oba! Quando?
8. Tudo bem.	h. A que horas combinamos?
9. Tchau.	i. É. Combinado.

Convites
Invitations

Convidando / *Inviting*	Aceitando / *Accepting*	Recusando / *Declining*
Você quer ir [ao museu]?	Legal!	Que pena.
Que tal [uma praia]?	Falou!	Não vai dar.
Você está a fim de [um cineminha]?	Vamos nessa.	Não estou a fim.
	Ótimo.	Não posso.
	Pode ser.	Talvez outro dia.

D | **Siga as instruções e simule as situações com seu colega.**
Follow the instructions and role-play the situations with your classmate.

Aluno A convida e **Aluno B** recusa
Exposição de fotografia do Rio antigo / domingo / entrada grátis

Aluno B convida e **Aluno A** aceita
Festa de música brasileira / sábado 23 h-3 h / casa de *show* em Copacabana

Pronunciando e escrevendo

Letra u

Ouça e repita as palavras abaixo.
Listen and repeat the words below.

chuva	que	uns
música	quero	nunca
úmido	quinta	um
surfar	aqui	mundo
sul	por quê	cumprimento

EM FOCO

1   O que você está fazendo?

A   **Leia o texto sobre Mariano.**
Read the text about Mariano.

Mariano trabalha muito de segunda a sexta. Hoje, ele está feliz. É sábado, **está fazendo** um calorão e ele pode aproveitar o final de semana.

Neste momento, ele **está curtindo** a praia e **descansando**.

Presente contínuo / *Present progressive*

Find examples of the present progressive in text A. Then, complete the table below.

descansar	
fazer	
curtir	

B   **O que está acontecendo? Descreva as imagens abaixo.**
What is happening? Describe the pictures below.

1. ele / tomar sol / ouvir música
2. eles / namorar
3. eu / assistir a um filme
4. nós / celebrar
5. Paulo / surfar

84   NOTA 10

2 | O que está na agenda?

A | **Leia as informações abaixo.**
Read the information below.

> O **Biruta Rio** oferece um excelente cardápio musical com samba e gafieira com apresentações ao vivo. Ingresso: R$ 20,00.
>
> O **Museu do Futebol** conta a história do esporte e a história das Copas do Mundo. Os áudios e os vídeos garantem momentos de muito entretenimento. Horário: Terça a domingo, das 10 h às 17 h. Permanência no museu até as 18 h.
>
> **Passeios de bicicleta na Zona Sul**. R$ 10,00. Para mais informações acesse: www.mobilicidade.com.br/bikerio
>
> **MNBA (Museu Nacional de Belas Artes)**. Horário: Terça a sexta, das 10 h-18 h. Sábado, domingo e feriados, das 12 h-17 h. Grátis.
>
> Localizado no Bairro Jardim Botânico, o **Parque Lage** tem áreas para piquenique, parques infantis, cavernas artificiais e trilhas. Excelente para passar um dia tranquilo. Horário: Diariamente das 8 h às 18 h.
>
> **Cine Santa Teresa**. Em exibição: "Colegas". Sessões: 15h20, 17h20, 19h20 e 22 h. Legendado.

B | **Complete as perguntas sobre os textos acima. Em seguida, responda.**
Fill in the questions about the texts above. Then, answer.

1. _____ é o ingresso para o Biruta Rio?
2. _____ que horas o MNBA está aberto aos feriados?
3. _____ é o preço do passeio de bicicleta?
4. _____ tipo de música toca na Biruta Rio?
5. _____ filme está passando no Cine Santa Teresa?

3 | Você sabe onde é o bar?

A | **Leia o diálogo.**
Read the conversation.

Renato: Vou dar um passeio de bicicleta no feriado. Quem quer ir comigo?
Susan: Aonde você vai?
Renato: Estou pensando em ir até o Arpoador. Você **conhece**?
Susan: **Conheço,** mas não **sei** como chegar lá.
Bruna: Eu **sei**, mas não vai dar para mim. É que não **sei** andar de bicicleta!

Saber / Conhecer	
Saber *To have the knowledge of*	1. Você **sabe** onde é Copacabana? 2. **Sei** o horário do filme.
Saber + infinitive *To know how to do something*	1. Nós não **sabemos** nadar. 2. Você **sabe** dirigir?
Conhecer *To be acquainted with someone or something*	1. Você **conhece** o Rio? 2. Não **conheço** os bares. 3. Eles não **conhecem** meu irmão.

B

Descubra o que você e seus colegas têm em comum. Faça perguntas com os verbos *conhecer* e *saber*.

Find out what you and your classmates have in common. Ask each other questions with the verbs conhecer *and* saber.

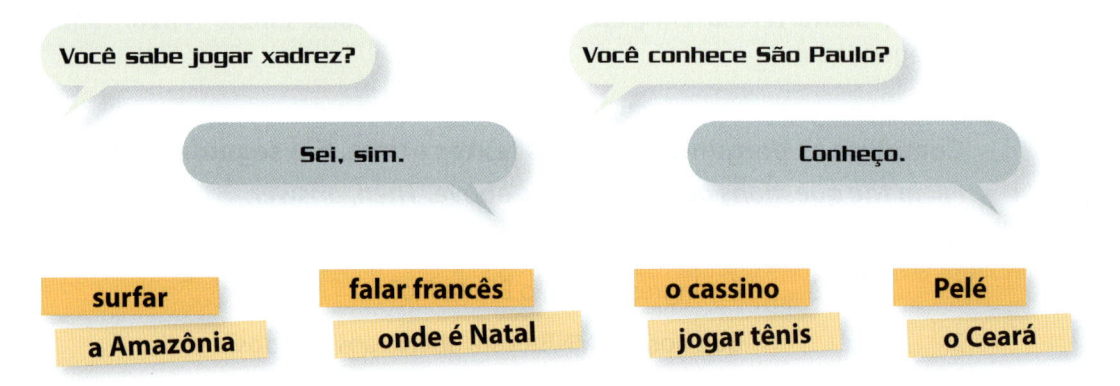

Você sabe jogar xadrez?

Sei, sim.

Você conhece São Paulo?

Conheço.

- surfar
- a Amazônia
- falar francês
- onde é Natal
- o cassino
- jogar tênis
- Pelé
- o Ceará

4 | Posso ir com você?

A

Relacione as perguntas com as respostas.
Match the questions with the answers.

1. Posso estacionar ali?
2. Você consegue ler as legendas?
3. Vocês conseguem chegar às 20 h?
4. Eu não consigo chegar a tempo. E você?
5. Eles podem ir à exposição?

a. Consigo.
b. Eu também não.
c. Podem.
d. Conseguimos.
e. Pode.

Conseguir / Poder

Conseguir *To have the ability to* *To manage*	Não consigo comer tanto quanto você. Nós conseguimos chegar às 19 h.
Poder *Permission* *Requests*	Posso entrar? Você pode comprar os ingressos?

B | **Siga o exemplo e pratique com seu colega.**
Follow the example and practice with your classmate.

Você pode ir ao cinema hoje? — Posso.

- comprar os ingressos
- acessar a internet em seu celular
- correr durante uma hora
- ler as legendas dos filmes
- ir para a balada duas noites seguidas
- dormir dez horas

Presente do indicativo: verbos irregulares / Present simple: irregular verbs

Some verbs are irregular in the first person and / or third person singular.

Conseguir: consigo / consegue / conseguimos / conseguem
Dizer: digo / diz / dizemos / dizem
Fazer: faço / faz / fazemos / fazem
Querer: quero / quer / queremos / querem
Poder: posso / pode / podemos / podem
Saber: sei / sabe / sabemos / sabem
Trazer: trago / traz / trazemos / trazem

C | **Complete as perguntas com os verbos entre parênteses no presente. Em seguida, responda.**
Complete the questions with the verbs between brackets in the present. Then, answer.

1. Que tempo _____ no inverno? **(fazer)**
2. Você _____ ir à festa? **(poder)**
3. Eles _____ onde é o bar? **(saber)**
4. Ele _____ as bebidas? **(trazer)**
5. Você _____ jantar? **(querer)**
6. Ela _____ bem do bar? **(dizer)**

1, 2, 3...AÇÃO!

1 | Como vai estar o tempo no domingo?

A **Ouça a previsão do tempo para o final de semana e selecione o resumo correto.**
Listen to the weather forecast for the weekend and select the right summary.

A
O final de semana começa quente e úmido, mas o tempo deve virar já no início da tarde de sábado. Não há previsão de chuva, mas a sensação vai ser de frio durante todo o dia.

O domingo amanhece com céu nublado, mas a temperatura sobe. Há previsão de chuva para o final do dia.

B
A previsão para o final de semana é de tempo bom, com temperaturas amenas. No sábado, deve chover de manhã, mas o sol reaparece forte no início da tarde.

O domingo começa nublado, mas o sol surge ainda de manhã. O ar seco prevalece e não há previsão de chuva.

2 | Você está a fim de um programinha?

A **São Paulo é uma cidade muito interessante. Leia as dicas.**
São Paulo is a very interesting city. Read the tips.

Museu da Língua Portuguesa

Inaugurado em 2010, o museu oferece uma verdadeira descoberta da Língua Portuguesa.

Entre as atrações, destacam-se as projeções simultâneas de filmes, um mapa interativo do Brasil com os falares dos brasileiros e uma sala com um jogo etimológico interativo que permite conhecer suas origens e significados.

Horários: De terça a domingo, das 10 h às 18 h.

Mexe, Mexe

Mistura de restaurante e danceteria, a **Mexe, Mexe** é uma referência na noite paulistana. A programação da casa é variada com ritmos para todos os gostos: axé, funk, lambada, techno e música baiana.

Horário: De terça-feira a domingo, das 19 h às 4 h. Faixa de preço até R$ 35,00.

Parque do Ibirapuera

O Ibirapuera oferece muitas atrações.

Infraestruturas: Fundação Bienal, o Museu Afro Brasil, MAM (Museu de Arte Moderna), a OCA (palco de mostras temporárias), campo de futebol de saibro, pista de corrida, *playgrounds*, quadras poliesportivas, aparelhos de ginástica e bicicletário com aluguel de bicicletas.

Horário de funcionamento: Diariamente, das 5 h às 24 h.

Pinacoteca do Estado

Horário: Aberto de terça-feira a domingo, das 10 h até as 18 h (última admissão às 17 h). Entrada livre aos domingos.

B | **Trabalhe com dois colegas. Siga as instruções e simule a situação.**
Work with two classmates. Follow the instructions and role-play the situation.

Aluno A	Aluno B	Aluno C
▶ Pede informações sobre a previsão do tempo para domingo.	▶ Dá informações sobre o estado do tempo.	▶ Comenta o estado do tempo.
▶ Convida os colegas para um dos programas do exercício A.	▶ Não pode ir. Justifica-se.	▶ Sugere outro programa e justifica sua escolha.
▶ Aceita. Pede informações sobre hora e local.		▶ Combina hora e lugar.

Dica do Dia

Programa

1   Campos do Jordão

A   **Leia o texto sobre Campos do Jordão e escolha o melhor título.**
Read the text about Campos do Jordão and choose the best title.

1. Campos do Jordão: a "Suíça Brasileira"
2. Campos do Jordão: a cidade do Sol
3. Campos do Jordão: inverno à moda brasileira

A 1.700 metros de altitude e cercada pelas montanhas da Serra da Mantiqueira, a cidade de Campos do Jordão, no interior do Estado de São Paulo, é conhecida como a "Suíça Brasileira". A arquitetura de inspiração europeia, a gastronomia, o festival de música erudita e as baixas temperaturas, especialmente no inverno, parecem justificar esse apelido.

Campos do Jordão conta com uma variada rede de pousadas e hotéis sofisticados e charmosos. Há também muitas opções de lazer e atrações culturais. A Vila Capivari, o bairro mais famoso da cidade, tem muitas lojas, bares, restaurantes e cafés. Um dos mais famosos é a Cervejaria Baden Baden.

É possível subir de teleférico até o topo do Morro do Elefante ou pegar um trem e seguir até a cidadezinha de Santo Antônio de Pinhal. Os mais aventureiros podem escalar a Pedra do Baú, o mirante oficial da região.

Clima

O verão é suave, mas, no inverno, as temperaturas são mais rigorosas. A temperatura mínima na cidade é de 4 °C, em média, mas muitas vezes chega a abaixo de zero. Durante o inverno, as geadas também são bastante comuns. Para enfrentar o frio, os cachecóis, gorros, luvas, malhas e casacos são úteis. Outra boa estratégia é apostar nas lareiras, *fondues*, chocolates quentes e *hot drinks* sempre disponíveis em Campos do Jordão.

Festival Internacional de Inverno

O Festival Internacional de Inverno de Campos do Jordão se realiza desde 1969 e é um dos mais importantes festivais de música erudita do Brasil e da América Latina. O festival acontece em julho e atrai milhares de visitantes.

Palácio Boa Vista

O Palácio Boa Vista possui uma coleção de arte de pintores brasileiros, pratarias, louças, tapeçarias e mobiliário. Oferece visitas guiadas.

B   **O que você pode fazer em Campos do Jordão no inverno?**
What can you do in Campos do Jordão in the winter?

Unidade 7

Boas compras!

Vamos lá?

1 **Oba, presentinhos!**

A **Marina tem de comprar alguns presentes de Natal. Confira sua lista de compras.**
Marina must buy some Christmas presents. Read her shopping list.

Colar
Fone de ouvido
Perfume
Flores
Celular
Camisa
Livros

B **Onde Marina pode comprar os presentes? Marque as lojas corretas com um visto.**
Where can Mariana buy the gifts? Mark the right stores with a check.

joalheria
floricultura
papelaria
loja de roupa
loja de conveniência
loja de produtos eletrônicos
perfumaria
livraria
loja de calçados

Nesta unidade, você vai aprender a:	In this unit, you will learn how to:
• Fazer compras • Trocar dinheiro • Pechinchar na feira • Comparar coisas e preços	• *Shop* • *Exchange money* • *Haggle at the street market* • *Compare things and prices*

Descobrindo

1 Você é econômico ou gastador?

A | **Que tipo de consumidor você é? Faça o teste.**
What kind of consumer are you? Take the test.

1. Onde você faz compras?
   a) Só em lojas de grife.
   b) No *shopping*.
   c) Em feiras.

2. Sua cara-metade faz anos. O que você dá para ele / ela?
   a) Um relógio de grife.
   b) Uma peça de roupa.
   c) Um livro.

3. Você vê uns sapatos lindos, mas muito caros. O que você pensa?
   a) Vou comprar!
   b) Espero pelas promoções.
   c) São caros demais!

4. Você se sente feliz quando compra
   a) Um produto de luxo.
   b) Dois artigos pelo preço de um.
   c) Algo necessário.

5. Você precisa comprar um computador, mas sua conta está no vermelho. O que você faz?
   a) Peço um empréstimo.
   b) Compro e ponho no cartão de crédito.
   c) Começo a poupar.

6. Estamos no Natal, você pensa...
   a) Oba! Vou dar presentinhos!
   b) Tenho de gastar menos este ano.
   c) Vou fazer os presentes.

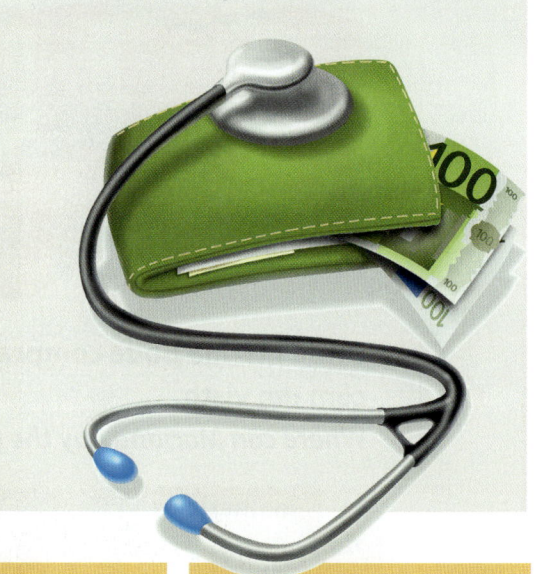

Maioria de respostas a)	Maioria de respostas b)	Maioria de respostas c)
Você é um gastador compulsivo. Você adora uma comprinha!	Você é um gastador moderado. Você pensa bem antes de gastar.	Você não é um gastador. Compra apenas o necessário, procurando sempre economizar.

2 | Qual é a cotação?

A **Leia e ouça o diálogo na casa de câmbio.**
Read and listen to the conversation at the currency exchange office.

- **A:** Boa tarde. Qual é a cotação do dólar hoje?
- **B:** O senhor quer comprar ou vender?
- **A:** Vender. Quero comprar reais.
- **B:** Neste momento, a cotação do dólar é de 2,20 reais. Quanto o senhor quer trocar?
- **A:** 500 dólares. Quanto dá em reais?
- **B:** São 900 reais mais impostos.
- **A:** Pode trocar em notas de 10, 20 e 50 reais?
- **B:** Certamente.

B **Trabalhe em pares. O aluno A quer trocar 750 dólares. O aluno B trabalha no banco. Complete o diálogo abaixo.**
Work in pairs. Student A wants to exchange 750 US dollars. Student B works at the bank. Complete the conversation below.

- **Aluno A:** Bom dia. _____
- **Aluno B:** Pois não. _____
- **Aluno A:** _____
- **Aluno B:** Dá _____
- **Aluno A:** Pode trocar _____
- **Aluno B:** _____

C **Ouça o diálogo e compare com sua versão.**
Listen to the conversation and compare it with your version.

Trocando dinheiro
Exchanging money

Qual é a cotação do [dólar] em [reais]?
Qual é o valor do [dólar] para compra?
Qual é o valor da taxa de câmbio?
Pode trocar por notas de [5 / 10 / 20 / 50 / 100]?
Pode trocar por notas [menores / maiores]?
Quanto é o imposto?

3 Qual é seu número?

A 🎧 52 **Leia e ouça o diálogo na loja de calçados.**
Read and listen to the conversation at the shoe store.

Vendedora:	Bom dia. Posso ajudar?
Bruna:	Bom dia. Gostaria de experimentar esses sapatos.
Vendedora:	Qual é seu número?
Bruna:	Trinta e oito.
Vendedora:	Aqui estão.
	(…)
Bruna:	O que você acha, meu bem?
Eduardo:	Acho que são bonitos.
Bruna:	Eu também, mas estão apertados. Moça, tem um número maior?
Vendedora:	Tenho, sim. Vou pegar para a senhora.
	(…)
Bruna:	Ficaram ótimos. Vou levar.
Vendedora:	Pois não. São 160 reais.
Bruna:	Aceitam cartão?
Vendedora:	Aceitamos cartão e cheque.

Compras
Shopping

Números e tamanhos *Numbers and sizes*	**Pedindo opinião** *Asking for an opinion*
Qual é o número / o tamanho?	O que você acha?
Está [largo / apertado / bom].	Qual você prefere?
Tem um número / tamanho [maior / menor]?	Eu gosto. E você?
Preço *Price*	**Dando opinião** *Expressing an opinion*
	Acho [lindo / elegante / feio]!
Quanto custa? / Qual é o preço?	Fica [bem / mal] em você.

B 🎧 53 **Você está na loja de calçados. Ouça as perguntas e numere as respostas na ordem correta.**
You are at the shoe store. Listen to the questions and number the answers in the right order.

a. _____ Ficam bem nos seus pés.   c. _____ É o trinta e oito.

b. _____ Prefiro as sandálias pretas.   d. _____ São 120 reais.

94 NOTA 10

4 | Negócio fechado!

A **Ouça o diálogo na feira e complete o texto.**
Listen to the conversation at the street market and fill in the text.

A: Quanto _____ esses colares?

B: O colar de pedras _____ e o vermelho _____.

A: Gostei do colar vermelho, mas _____. Você pode _____ _____?

B: Faço os dois colares por 75 reais.

A: _____ apenas o colar de pedras vermelhas.

B: E a pulseira? Combina com o colar.

A: Não, não gosto de pulseiras. Só uso colares.

B: Ok, então _____ 30 reais.

A: Negócio fechado!

B **Pratique o diálogo acima com seu colega.**
Practice the conversation above with your classmate.

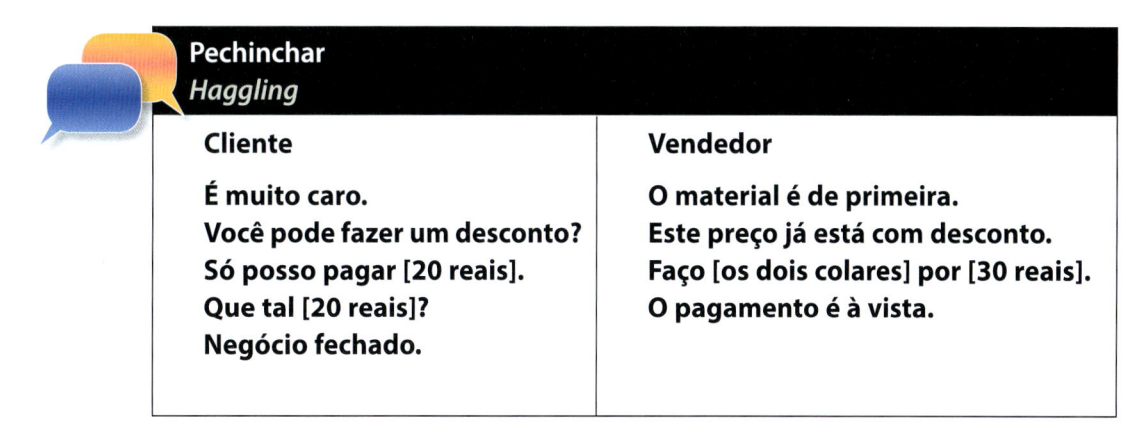

Pechinchar
Haggling

Cliente	Vendedor
É muito caro.	O material é de primeira.
Você pode fazer um desconto?	Este preço já está com desconto.
Só posso pagar [20 reais].	Faço [os dois colares] por [30 reais].
Que tal [20 reais]?	O pagamento é à vista.
Negócio fechado.	

Pronunciando e escrevendo

Letra o

Ouça e repita as palavras abaixo.
Listen and repeat the words below.

moda	colar	dinheiro	onde
loja	professor	cabo	consumir
acessório	eletrônico	modelo	com
ótico	você	preço	comprar

95

EM FOCO

1 | Este modelo é lindo!

A | **Leia o diálogo na loja de roupa.**
Read the conversation at the clothing store.

Ana:	**Este** modelo é lindo!
Beatriz:	Também acho. **Esse** vestido fica muito bem em você.
Ana:	Eu gosto, mas acho que fica largo.
Beatriz:	Por que você não experimenta outro tamanho?
	(cinco minutos depois)
Ana:	Moça, você tem **este** vestido num tamanho menor?
Atendente:	Não, **esse** é o último.
Beatriz:	Por que você não experimenta **aquele** branco da vitrine?
Atendente:	**Aquele** ali tem no seu tamanho.
Ana:	Qual é o preço?
Atendente:	100 reais.
Ana:	É um bom preço. Vou experimentar.

Demonstrativos / *Demonstratives*

Fill in the table below.

Singular		Plural		
Masculino	**Feminino**	**Masculino**	**Feminino**	
_____ vestido	**esta** saia	_____ vestidos	**estas** saias	(aqui)
_____ colar	_____ joia	**esses** colares	_____ joias	(aí)
aquele relógio	_____ bolsa	_____ relógios	_____ bolsas	(ali)

B | **Complete as frases com *aquela, essas, esse, este, esses* e *estes*.**
Complete the sentences with aquela, essas, esse, este, esses and estes.

_____ vestido e _____ sapatos são lindos.

Você conhece _____ loja ali?

Adoro _____ batom.

_____ óculos são lindos.

_____ botas são confortáveis?

C | **Identifique as roupas das imagens.**
Identify the clothes in the pictures.

1. botas brancas
2. bolsa cor de rosa
3. calças cinza
4. bolsa vermelha
5. bermuda preta
6. cachecol cor de laranja
7. jaqueta azul escura
8. cinto marrom
9. casaco xadrez
10. saia verde
11. vestido amarelo
12. camiseta listrada

D | **Descreva o que você está usando hoje.**
Describe what you are wearing today.

2 Vamos comparar?

A Leia as informações sobre os celulares. Em seguida, corrija as frases falsas.
Read the information about cell phones. Then, correct the false sentences.

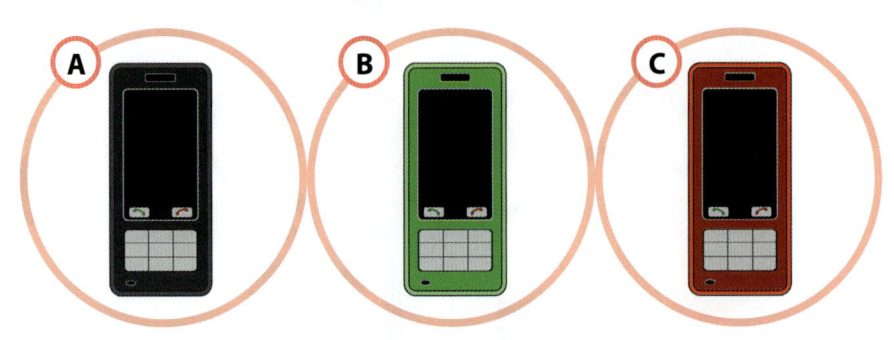

	A	B	C
Preço	120 reais	75 reais	100 reais
Dimensões	121 x 63 x 9 mm	111 x 60 x 11 mm	130 x 67 x 12 mm
Peso	111 gramas	97 gramas	111 gramas
Memória	16 GB	6 GB	16 GB

1. O celular A tem tanta memória quanto o celular B.
2. O celular C é mais barato do que o celular A.
3. O celular A é tão leve quanto o celular C.
4. O celular B é menor do que o celular A.
5. O celular A é menos caro do que o celular C.

Comparando dois elementos / *Comparing two elements*

mais / menos + adjective + do que; tanto + adjective + quanto

	Adjective	Comparative
Regular	barato leve caro	... **mais** barato **do que** ... ... **tão** leve **quanto** ... ... **menos** caro **do que** ...
Irregular	bom mau / ruim grande pequeno	... **melhor do que** ... ... **pior do que** ... ... **maior do que** ... ... **menor do que** ...

tanto(s) / tanta(s) + noun + quanto; mais / menos + noun + do que
O celular A tem tanta memória quanto o celular B.

verb + / tanto + quanto; verb + mais / menos do que
O celular A vende tanto quanto o celular B.

B **Complete as frases com as opções corretas.**
Fill in the sentences with the correct options.

1. Esta loja tem _____ (tão / tantos / tanto) artigos em promoção quanto aquela.

2. Minha máquina fotográfica é _____ (bom / melhor / melhores) do que a sua.

3. Eu gasto _____ (tão / tanta / tanto) dinheiro quanto você.

4. Esse terno fica _____ (tão / tanto / tantas) bem em você quanto o outro.

5. Este modelo vende _____ (tanto / tão / tantos) quanto aquele!

3 Qual é o mais barato?

A **Leia o texto sobre as lojas e os *shoppings* brasileiros.**
Read the text about Brazilian stores and shopping malls.

No Brasil, existem mais de 8.000 *shoppings*. Os **maiores** têm atrações para as crianças, cinemas, teatros, praças de alimentação e muitas lojas.

O pequeno varejo também é popular: os mercados, as padarias e as lojas de conveniência são os estabelecimentos **mais comuns**. Entre **os** produtos **mais comprados** estão o pão, os refrigerantes, os cigarros e os frios.

Comparando vários elementos / *Comparing several elements*

	Adjective	Superlative
Regular	comum	o ... mais comum
	comprado	o ... menos comprado
Irregular	grande	o maior ...
	mau / ruim	o pior ...
	bom	o melhor ...

B **Complete as frases com o superlativo dos adjetivos entre parênteses.**
Fill in the sentences with the superlative of the adjectives between brackets.

1. Prefiro essa mala. É _____ (bonito).

2. Vou levar este celular. É _____ (barato).

3. Esta loja é _____ (grande)?

4. Gosto deste cinto. Esta marca é _____ (bom) do mercado.

5. Vou pagar com cartão. É ___ forma _____ (prático).

99

1, 2, 3...AÇÃO!

1 | O brasileiro adora uma comprinha.

A | **Leia o texto sobre os padrões de consumo brasileiros.**
Read the text about the Brazilian consumption patterns.

Perfil do consumidor brasileiro

O consumidor brasileiro tem mais poder aquisitivo e gasta mais atualmente. Os gastos com habitação, transportes, carros e lazer são alguns exemplos.

Os hábitos de consumo também estão mudando. Em geral, os consumidores dão mais valor à qualidade dos produtos, procuram produtos novos e preferem fazer compras em pontos comerciais com horários flexíveis e próximos ao trabalho ou à residência.

De acordo com uma pesquisa do IBGE, as vendas em setores como produtos alimentícios, artigos de uso pessoal e doméstico, eletrodomésticos, perfumaria e cosmética aumentaram em relação a 2013.

Compras na internet

Segundo um estudo do IPEA, os internautas brasileiros compram cada vez mais *online*. Os maiores compradores residem nas regiões Sudeste (23%) e Sul (19%). Eletrodomésticos, produtos de informática e equipamentos eletrônicos estão entre os campeões de venda.

Formas de pagamento

Em relação às formas de pagamento, os brasileiros contam com muitas opções: é possível pagar à vista ou em parcelas, em dinheiro vivo, cheque ou com cartões de crédito ou débito. Uma modalidade de pagamento comum no Brasil é a do cheque pré-datado. Você emite o cheque no dia da compra, mas ele só cai na data combinada. As opções de financiamento, com ou sem juros, também são muito comuns.

Fontes consultadas: "Pesquisa Mensal de Comércio", IBGE (2014) e "Vendas Online no Brasil: Uma análise do perfil dos usuários e da oferta pelo setor de comércio", IPEA (2011).

B | **Segundo o texto, as frases seguintes são verdadeiras (V) ou falsas (F)?**
Based on the text, are the following statements true (V) or false (F)?

1. _____ Os brasileiros compram mais do que antes.
2. _____ A qualidade dos produtos não é o mais importante para o consumidor.
3. _____ Os brasileiros preferem comprar em lojas perto de casa.
4. _____ O internauta brasileiro compra muitos livros e revistas *online*.
5. _____ A maioria das lojas só aceita pagamento em dinheiro.

C | **Corrija as frases que estão incorretas.**
Correct the statements that are incorrect.

2 | Vamos às compras!

A Trabalhe com dois colegas. Siga as instruções e escreva os diálogos.
Work with two classmates. Follow the instructions and write the conversations.

1. Compras: roupa e calçado para uma ocasião especial.
2. Locais: *shopping* e feira.
3. Em cada situação, há um vendedor diferente.
4. Os vendedores decidem os preços dos produtos.

Unidade 7 — Boas compras! 1, 2, 3…Ação!

B Simule as situações acima.
Role-play the situations above.

101

Dica do Dia — Feiras cariocas

1 **Onde é a feira?**

A **Leia o texto sobre algumas das feiras mais badaladas do Rio de Janeiro.**
Read the text about some of Rio de Janeiro's most popular street markets.

A **Feira *Hippie* de Ipanema** é uma das feiras mais tradicionais da cidade, realiza-se desde 1968. Lá, você pode encontrar objetos para todos os bolsos e gostos: pinturas de vários estilos, esculturas artesanais, bolsas, roupas, bijuterias e todo tipo de quinquilharias possíveis e imagináveis. Enfim, um pouquinho de tudo, sem falar nas barraquinhas de doces e comidas típicas regionais, todos os domingos, das 7 h às 19 h na Praça General Osório.

A **Feira de Copacabana** realiza-se no calçadão da Avenida Atlântica e atrai turistas e moradores do bairro. Reúne artesãos e artistas plásticos profissionais que oferecem desde telas de real valor artístico até peças decorativas e muito artesanato. Há sempre um ou outro desenhista fazendo caricaturas instantâneas dos visitantes. Você pode encontrar também várias peças de vestuário, especialmente biquínis e cangas. Em época de Carnaval, há também máscaras e fantasias. Vale a pena aproveitar o início da noite para passear pela feirinha e desfrutar o visual da orla de Copacabana, de segunda a sábado, das 18 h à 1 h.

A **Feira do Rio Antigo** é um destino obrigatório para turistas e amantes de cultura em geral. Oferece muito artesanato, antiguidades, gastronomia e até alguns *shows* de música e de dança gratuitos. Acontece na rua do Lavradio, uma das primeiras ruas residenciais da cidade. Além de fazer compras, você pode aproveitar para beliscar alguns petiscos nos bares e restaurantes que oferecem mesas ao ar livre e curtir a atmosfera da boêmia carioca, no primeiro sábado do mês, das 10 h às 19 h.

B **Que tipo de feiras há em seu país? Descreva-as.**
What kind of street markets are there in your country? Describe them.

Unidade 8

Vire à esquerda e siga em frente.

Vamos lá?

1 SINAIS DE TRÂNSITO

A **Identifique os sinais de trânsito.**
Identify the traffic signs.

___ Vire à esquerda   ___ Siga em frente   ___ Vire à direita

___ Parada obrigatória   ___ Dê a preferência   ___ Proibido buzinar

___ Estacionamento Regulamentado

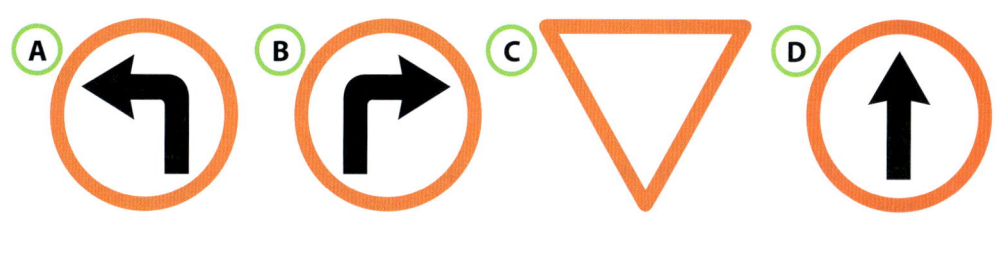

A ← B → C ▽ D ↑

E 🚫📯 F E G PARE

Nesta unidade, você vai aprender a:	In this unit, you will learn how to:
• Dar e pedir direções • Alugar um carro • Pedir e dar informações sobre viagens • Descrever um itinerário	• Ask for and give directions • Rent a car • Ask for and give travel information • Describe an itinerary

Descobrindo

1   Onde posso achar um ponto de táxi?

A   **Ouça e leia o diálogo.**
Listen and read the conversation.

> A: Pode me dar uma informação, por favor?
> B: Pois não?
> A: Onde posso achar um ponto de táxi?
> B: Há um bem pertinho daqui.
> A: E como eu chego lá?
> B: Siga em frente, atravesse a avenida e vire na primeira rua à direita depois do semáforo.
> A: Muito obrigada.
> B: Não há de quê.

B   **Ouça as perguntas e marque as respostas corretas.**
Listen to the questions and mark the right answers.

1. a) Há um naquela esquina.
   b) É ao lado da padaria.

2. a) É no fim da quadra.
   b) São 10 minutos a pé.

3. a) Fica a duas quadras daqui.
   b) É uma rua perpendicular a essa.

4. a) Obrigado!
   b) É ali, ao lado do supermercado.

C   **Ouça os diálogos e confirme suas respostas.**
Listen to the conversations and check your answers.

Dando e pedindo direções
Asking for and giving directions

Você sabe como posso ir para a rua [Antônio Sousa]?
Pode me dizer onde fica [o Correio]?
Como é que eu chego ao [Parque do Ibirapuera]?

Vire [à esquerda / à direita].
Vá / Siga em frente.
Desça / Suba [a rua Augusta].
Atravesse / Cruze [a avenida Paulista / a rua Augusta].
Vire na [primeira / segunda rua à esquerda / à direita.]

D | **Cecília vai receber uma amiga no Rio. Leia seu *e-mail*.**
Cecília is going to receive a friend in Rio. Read her e-mail.

Oi, Patty,

Já está fazendo as malas? Você vai chegar amanhã cedo mesmo? Bom, anote as minhas instruções: desça na rodoviária e pegue o metrô (linha 1). Saia na estação Cardeal Arcoverde e siga pela rua Barata Ribeiro, por dois quarteirões. Depois vire à esquerda na rua República do Peru e siga até o final, em direção ao mar. Finalmente, vire à direita na avenida Atlântica. Eu moro nessa avenida, no número 2.337, apartamento 112.

É muito fácil, não tem erro! Estou morrendo de saudades! Venha logo! Boa viagem!

Beijos,

Cecília

E | **Marque o trajeto de Cecília no mapa.**
Mark Cecilia's route on the map.

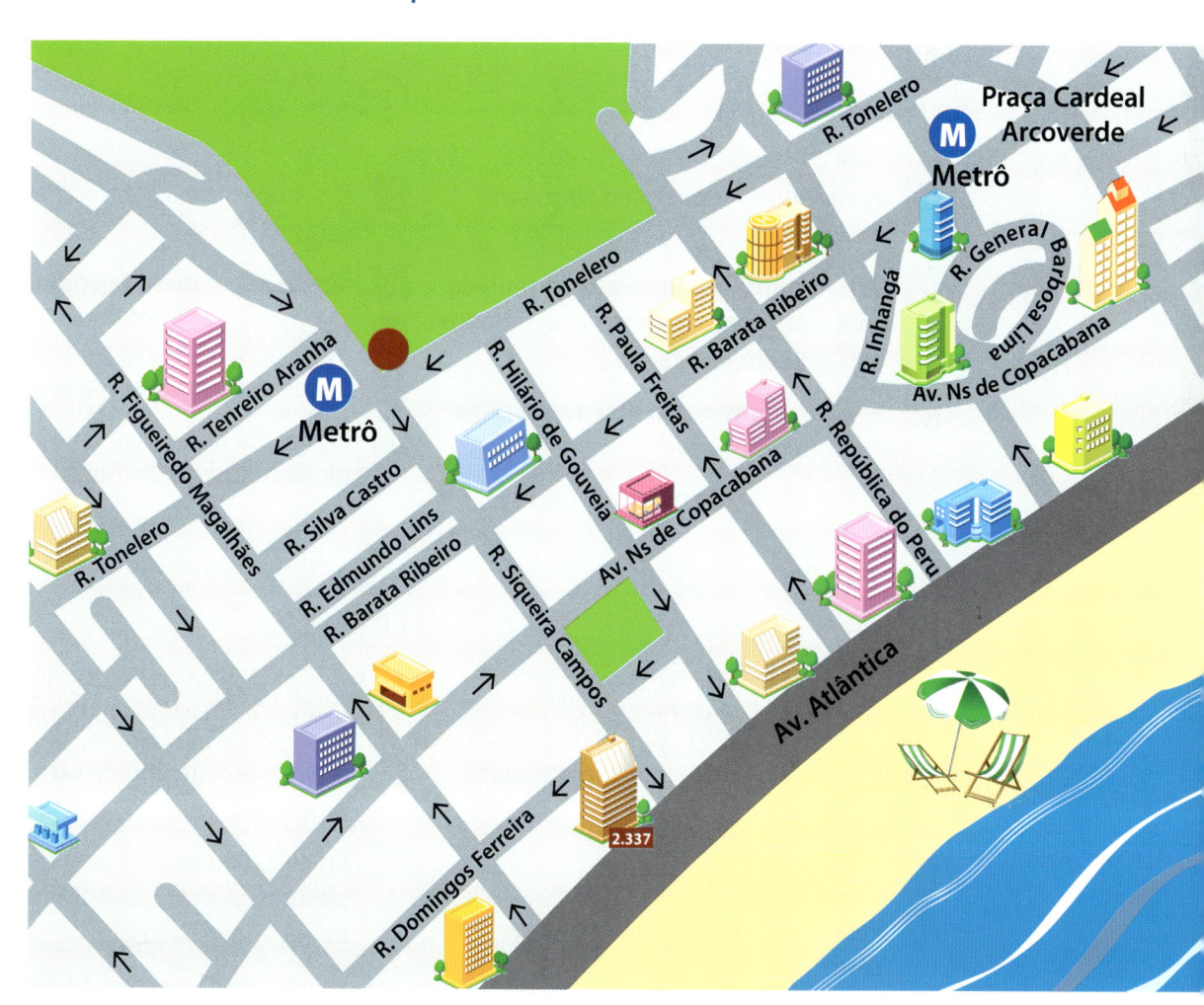

F | **Olhe para o mapa e pratique outros trajetos com o seu colega.**
Look at the map and practice other routes with your classmate.

2 Alugando um carro

A | **Leia o anúncio. Que tipo de serviços oferece a empresa abaixo?**
Read the advertisement. What kind of services does the company below offer?

AO VOLANTE
A MAIOR LOCADORA DO BRASIL.

Alugue seu carro por preços exclusivos!
Diária a partir de R$ 70,00.
Contate-nos ou faça sua reserva *online*.

B | **Ouça e numere as partes do diálogo na ordem correta.**
Listen and number the parts of the conversation in the right order.

A —

A: Vocês podem entregar o carro em meu hotel?
B: Certamente. Preencha este formulário com o endereço do hotel e seus dados para contato, por favor.
A: Até que horas posso devolver o carro no domingo?
B: Até as 21 h, com o tanque cheio.

B —

B: O senhor deseja contratar algum seguro?
A: Sim, quero cobertura completa.
B: Como quiser.
A: O que devo fazer em caso de pane?
B: Ligue, por favor, para o nosso serviço de atendimento 24 horas.

C —

B: São 107 reais.
A: E esse valor inclui a quilometragem?
B: Inclui.
A: Prefiro o Clio.
B: Para quando o senhor precisa do carro?
A: Para o próximo final de semana, de sexta a domingo.

D —

A: Boa tarde, preciso alugar um carro.
B: Boa tarde. Que tipo de carro o senhor procura?
A: Preciso de um carro para quatro pessoas, com ar-condicionado e bagageiro espaçoso.
B: Temos um Clio sedan 1.6 prata e um Corsa sedan 1.4 vermelho.
A: E quanto é a diária?

C | **Responda às perguntas sobre o diálogo na locadora.**
Answer the questions about the conversation at the car rental office.

1. Para quando o cliente precisa do carro?
2. A quilometragem está incluída na diária?
3. Em que dia vence o aluguel?
4. Que tipo de seguro ele deseja?
5. Como deve entregar o carro?
6. Até que horas ele tem de devolver o carro?

D | **Trabalhe com um colega. Simule um diálogo na locadora de carros, usando as informações abaixo.**
Work with a classmate. Role-play a conversation at the car rental office using the information below.

Aluno A (cliente): Carro econômico com ou sem ar-condicionado / uma semana / seguro com cobertura completa / devolução na locadora.

Aluno B (atendente): Carro econômico com ar-condicionado, R$ 81 / dia. Total: R$ 97 com taxas. Carro econômico, com 2 ou 4 portas, sem ar-condicionado, R$ 70 / dia. Total: R$ 82 com taxas.

Alugando um carro
Renting a car

Quanto é a diária?
Vocês podem entregar o carro [no hotel]?
O que devo fazer em caso de avaria?
Até que horas posso devolver o carro?
A diária inclui a quilometragem?

Pronunciando e escrevendo

Letra h

Ouça e repita as palavras abaixo.
Listen and repeat the words below.

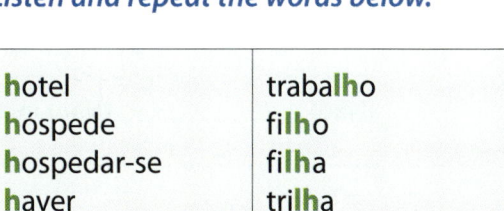

hotel	trabalho	chá	senhor
hóspede	filho	chave	sozinho
hospedar-se	filha	achar	banheiro
haver	trilha	preencher	ganhar

107

EM FOCO

1 | Compre o bilhete com antecedência.

A | **Leia as dicas sobre viagens longas de ônibus no Brasil.**
Read the tips on long bus trips in Brazil.

"Que ônibus devo escolher?"

Escolha um ônibus confortável. Os melhores são os ônibus leito e executivos. As poltronas são mais reclináveis e o passageiro tem direito a serviços extras como mantas e travesseiros.

"Bilhete de ida e volta, por favor."

Se você prefere comprar sua passagem pela internet, não se **esqueça** de trocar o *voucher* pela passagem no guichê da companhia rodoviária antes da viagem.

"A que horas sai o ônibus?"

Seu ônibus sai às 8 h? Então, **chegue** à rodoviária às 7h30.

"Quanto tempo vai demorar a parada?"

Pergunte ao motorista o horário de partida do ônibus e **não se atrase**. Durante a parada, **estique** as pernas, **coma, beba** algo e **vá** ao banheiro.

Imperativo / *Imperative*

Fill in the table with the verbs in the imperative.

	Presente (eu)	Singular (você)	Plural (vocês)
Reservar	reserv~~o~~ + e	(Não) reserv**e**	(Não) reserv**em**
Escolher	escolh~~o~~ + a	(Não) _____	(Não) escolh**am**
Incluir	inclu~~o~~ + a	(Não) _____	(Não) influ**am**

B | **Leia as frases e sublinhe os verbos no imperativo.**
Read the sentences and underline the verbs in the imperative.

1. Pegue o ônibus bem cedo.
2. Reserve já sua viagem!
3. Cuide da sua segurança. Não ande com muito dinheiro na rua.
4. Mostre-me seu bilhete, por favor.
5. Troque o óleo e encha o tanque, por favor.
6. Não se atrase!
7. Não deixe de fazer esta viagem.
8. Venha conhecer Curitiba. Aproveite nossas promoções!

C | **O que o imperativo está expressando nas frases acima? Uma ordem, um pedido, uma sugestão ou um conselho?**
What is the imperative expressing in the sentences above? A command, a request, a suggestion or an advice?

D | **Complete as frases com os verbos entre parênteses no imperativo.**
Complete the sentences with the imperative of the verbs between brackets.

Por Cristiane » 22/08/2014, 18:07

Oi, viajantes!

Estou indo para São Paulo e preciso de informações sobre as tarifas do ônibus e do metrô. _____ - me (ajudar), por favor.

Por Zeca » 22/08/2014, 22:30

Oi, Cristiane _____ (comprar) o Bilhete Único. Com esse cartão você pode viajar em quatro ônibus municipais, em um período de duas horas e paga só uma passagem. Em São Paulo, existem muitos pontos de venda. Não se _____ (esquecer)! _____ (ter) sempre à mão o seu cartão.

Por Cristiane » 23/08/2014, 09:18

Valeu a informação. Vou seguir sua sugestão.

Obrigada!

2 | Seja prudente na estrada.

A | Relacione as palavras das caixas com as imagens.
Match the words in the boxes with the pictures.

1. o pneu
2. o volante
3. o velocímetro
4. o espelho retrovisor
5. o pedal da embreagem
6. a tampa do tanque de combustível
7. o pedal do freio
8. a chave
9. o banco
10. o pedal do acelerador

A B  C  D 
E  F  G  H

B | Dê instruções usando as palavras entre parênteses.
Give instructions using the words between brackets.

No posto de gasolina

1. _____ (encher / tanque)
2. _____ (trocar / óleo)
3. _____ (calibrar / pneus)
4. _____ (limpar / para-brisas)

No caixa eletrônico

1. _____ (teclar / entrar)
2. _____ (inserir / cartão)
3. _____ (digitar / seu código)
4. _____ (escolher / operação)
5. _____ (sacar / dinheiro)
6. _____ (retirar / cartão)

Imperativo / *Imperative*

Fill in the table with the verbs in the imperative.

Dar	(Não) **dê**	(Não) **deem**
Estar	(Não) **esteja**	(Não) _____
Ser	(Não) _____	(Não) **sejam**
Ir	(Não) **vá**	(Não) **vão**

C Dê instruções aos seus colegas usando os verbos *dar*, *estar*, *ir* e *ser*.
Give instructions to your classmates using the verbs dar, estar, ir and ser.

3 Vire na segunda rua à direita

A Complete as frases com as palavras das caixas.
Complete the sentences with the words in the boxes.

| por | à | pela | para (3x) | na |

1. Siga _____ esta rua.
2. A que horas sai o ônibus _____ Florianópolis?
3. Pode me levar _____ o Museu da Língua Portuguesa?
4. Vire _____ esquerda _____ segunda esquina.
5. Quanto é a passagem _____ São Paulo?
6. Vá _____ avenida.

por + artigos definidos / *por + definite articles*

Sigam **por** aquela estrada.
Paguei 4 reais **pelo** bilhete.
Vá **pela** Avenida Atlântica.
Troquem seus *vouchers* **pelas** passagens.

B Leia as frases do exercício A. Onde é que você pode usá-las?
Read the sentences in exercise A. Where can you use them?

Na estação de trem: _____   No táxi: _____

Na rodoviária: _____   Na rua: _____

1, 2, 3...AÇÃO!

1 | Passeios

A — **Leia as informações sobre as viagens.**
Read the information about the trips.

VENHA CONHECER NATAL!

Natal, a capital do Rio Grande do Norte, é conhecida como a cidade do Sol. Fica muito perto de algumas das dunas mais famosas do Brasil, de piscinas naturais, lagoas e praias belíssimas.

PACOTE 1:

NATAL - JACUMÃ - NATAL

Saída de Natal de *buggy* para as dunas de Genipabu. Parada para fotografias. Travessia de balsa para Pitangui. Continuação para as famosas dunas de Jacumã. Retorno para Natal.

PACOTE 2:

NATAL - MARACAJAÚ

Passeio de 5 horas pelas dunas do litoral norte. Saída de *van* de Natal em direção a Maracajaú. A visita inclui traslado de lancha para mergulho nos parrachos. Continuação da viagem à beira-mar até a praia de Punaú.

PASSEIO DE TREM: CURITIBA - MORRETES

Você gosta da natureza e de andar de trem? Então, este passeio é para você.

Venha conhecer a Serra do Mar, a maior área preservada de Mata Atlântica do Brasil. O trem da Serra do Mar espera por você para uma viagem entre Curitiba e Morretes.

A vista é deslumbrante: cachoeiras, montanhas com uma vegetação verdejante, vales, picos, represas, baías e abismos de cortar a respiração.

Você não vai querer perder esta experiência. Reserve já sua passagem!

B **Ouça os diálogos e complete o quadro abaixo com informações úteis.**
Listen to the conversations and complete the table below with useful information.

	Passeio em Natal	Passeio de trem
Duração		
Preço		
Outras informações úteis		

2 | Descobrindo destinos no Brasil

A **Você vai fazer uma pesquisa sobre viagens de carro no Brasil. Siga as instruções.**
You are going to do a research on road trips in Brazil. Follow the instructions.

1. Dê uma olhada no mapa do Brasil.
2. Escolha um ponto de partida e um ponto de chegada.
3. Acesse a internet.
4. Entre no site do Google Maps: http://maps.google.com/
5. Clique em *"Get directions"*.
6. Escreva seus pontos e clique no botão *"Get directions"*.
7. Anote as informações sobre as distâncias e os trajetos.
8. Escreva um texto sobre sua pesquisa.

B **Apresente os resultados de sua pesquisa na próxima aula.**
Present the results of your research in the next lesson.

Dica do Dia

Metrô do Rio de Janeiro

1 | Por favor, como faço para chegar ao Cantagalo?

A | **Explore o mapa do metrô do Rio com seus colegas.**
Explore Rio's subway map with your classmates.

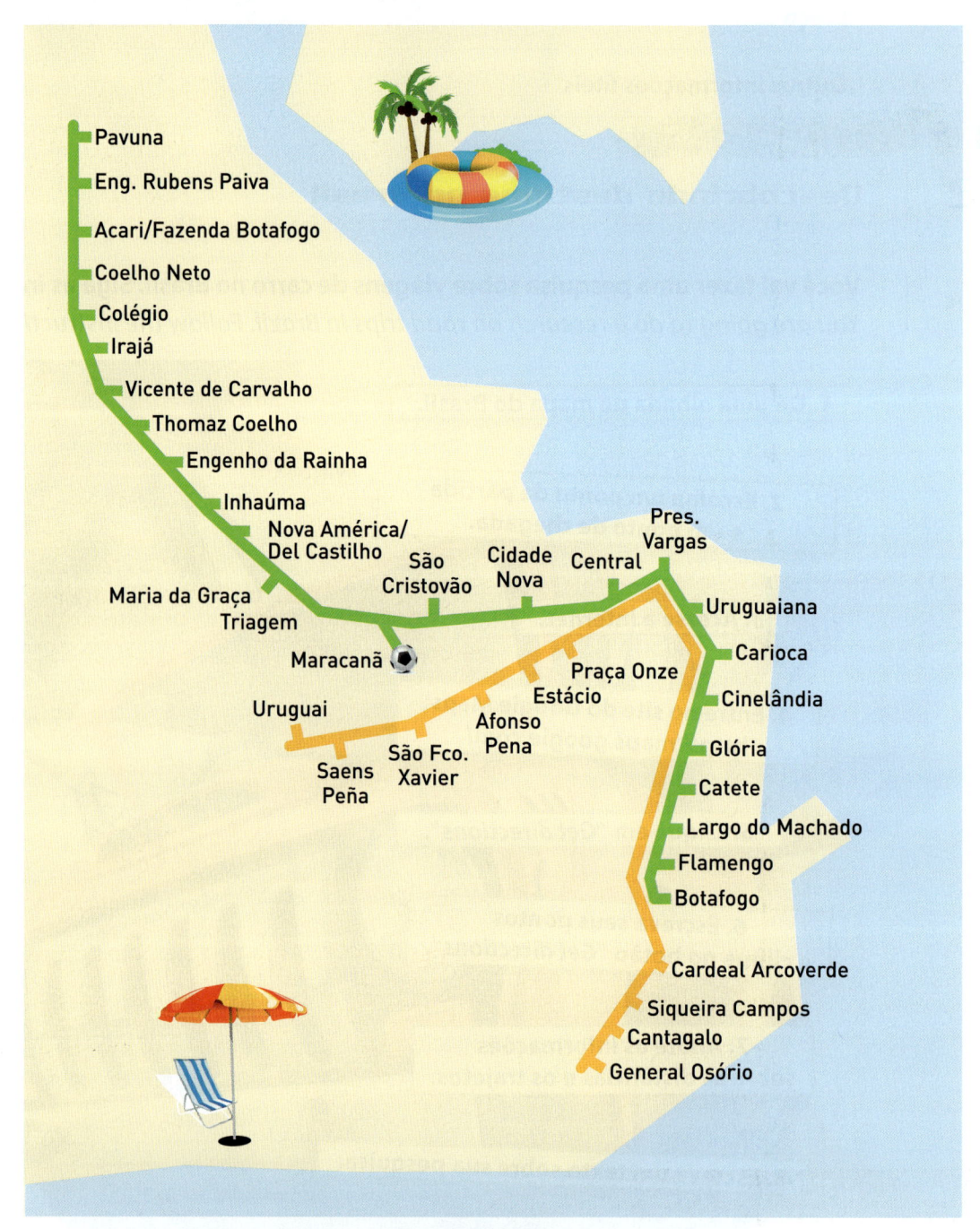

- Pavuna
- Eng. Rubens Paiva
- Acari/Fazenda Botafogo
- Coelho Neto
- Colégio
- Irajá
- Vicente de Carvalho
- Thomaz Coelho
- Engenho da Rainha
- Inhaúma
- Nova América/Del Castilho
- São Cristóvão
- Cidade Nova
- Central
- Pres. Vargas
- Maria da Graça
- Triagem
- Uruguaiana
- Maracanã
- Carioca
- Praça Onze
- Estácio
- Cinelândia
- Uruguai
- Afonso Pena
- Glória
- Saens Peña
- São Fco. Xavier
- Catete
- Largo do Machado
- Flamengo
- Botafogo
- Cardeal Arcoverde
- Siqueira Campos
- Cantagalo
- General Osório

Fonte consultada: Metrô Rio. Acesso a 18 junho de 2015 [https://www.metrorio.com.br].

B | **Ouça o diálogo e marque o trajeto no mapa.**
Listen to the conversation and mark the route on the map.

Unidade 9

Enfim, férias!

Vamos lá?

1 | Férias!

A | Quando você costuma tirar férias?

B | Como são suas férias? Marque suas preferências e conte aos seus colegas.

Onde você se hospeda?

Fico…
- [ ] em hotéis
- [ ] em albergues
- [ ] em pensões
- [ ] em apart-hotéis
- [ ] em estâncias
- [ ] em hotéis-fazenda

Que tipo de férias você prefere?

Prefiro…
- [ ] praia
- [ ] cruzeiros
- [ ] cidades
- [ ] o interior
- [ ] neve
- [ ] passeios ecológicos

O que você gosta de fazer?

Gosto de / Não gosto de
- [ ] ir à praia
- [ ] visitar monumentos
- [ ] caminhar
- [ ] fazer trilhas
- [ ] conhecer pessoas
- [ ] visitar os amigos

Nesta unidade, você vai aprender a:	In this unit, you will learn how to:
• Falar sobre as férias • Sugerir, concordar e discordar • Trocar informações sobre hotéis • Reservar um hotel	• Talk about vacations • Suggest, agree and disagree • Exchange information about hotels • Book a hotel

Descobrindo

1 Dicas de férias

A Ieda e Marcelo conversam com Ana Maria em uma cafeteria sobre destinos de férias no Brasil. Ouça e leia o diálogo.

Ana Maria: O que vocês vão fazer nas férias?

Marcelo: Ainda não sabemos. Você tem alguma sugestão?

Ana Maria: Eu sugiro uma viagem ao Rio de Janeiro. Estive lá e adorei.

Ieda: É uma boa ideia. Você concorda, Marcelo?

Marcelo: Pode ser. Como vamos para lá?

Ana Maria: Eu fui de carro, mas vocês também podem ir de ônibus ou de avião.

Marcelo: Eu prefiro ir de avião. É mais rápido e confortável.

Ieda: Eu não concordo com você. Prefiro ir de carro, é mais espaçoso. Em que hotel você ficou, Ana Maria?

Ana Maria: Fiquei no Copacabana. É central e tem uma vista incrível! É um pouco caro, mas vale a pena. Você sabe que eu não me preocupo com dinheiro quando saio de férias.

Marcelo: Nem eu. Gosto de aproveitar a vida!

Ana Maria: Mais uma coisinha: não deixem de visitar meu bairro carioca favorito: Santa Teresa.

Ieda: Não vamos esquecer! Valeu! Obrigada pelas dicas, amiga.

B Marque com verdadeiro (V) ou falso (F) as afirmações sobre o diálogo.

1. Ana Maria vive no Rio. V F
2. Marcelo prefere viajar de ônibus. V F
3. Ana Maria gosta de hotéis caros. V F
4. Santa Teresa é uma praia muito famosa. V F

Sugerindo, concordando e discordando
Suggesting, agreeing and disagreeing

Sugerindo	Concordando	Discordando
Eu sugiro [o Rio de Janeiro]. Não deixem de [visitar Santa Teresa]. Por que você não vai [a Salvador]?	A: Adoro [o interior]. B: Eu também. A: Não gosto de [neve]. B: Eu também não.	A: Não gosto de [praia]. B: Eu sim. A: Gosto muito mais [das serras].

C | **Ana Maria destaca algumas características do Rio em seu blogue. Leia o texto.**

BAIRRO DE SANTA TERESA

Santa Teresa é o bairro mais pitoresco do Rio. Fica no alto de uma colina e oferece uma vista maravilhosa da cidade. O ambiente é meio boêmio. Existem muitos ateliês de artesanato e artistas plásticos. Para chegar lá, pegue o bondinho ou suba os 241 degraus mais famosos da cidade: a escadaria Selaron, feita com azulejos de todo o mundo.

COPACABANA, LEBLON E IPANEMA

Não há nada mais gostoso do que um mergulho na orla carioca, tomar uma água de coco ou simplesmente caminhar no calçadão entre gente bonita e sob um sol maravilhoso.
Adoro o posto 9. O pôr do sol nesse trecho de Ipanema é espetacular.

CORCOVADO E PÃO DE AÇÚCAR

O Cristo Redentor é o símbolo da cidade maravilhosa. Escolha um dia ensolarado e pegue o trem do Corcovado bem cedo. Outra sugestão: suba até o Pão de Açúcar ou voe de asa delta da Pedra da Gávea. A vista e a experiência são maravilhosas.

BALADA

Se você gosta de dançar, o Rio é o lugar certo para você, pois conta com muitas casas de *show*, bares e clubes com uma programação diferenciada. Samba, forró, *rock*, eletrônica, sertanejo, chorinho ou *hip hop*… É só escolher!

D | **Troque informações com seus colegas sobre o Rio de Janeiro.**

2 Hotel Paraíso, em que posso ajudá-lo?

A Jurema está indo para o Rio e uma amiga lhe sugeriu o hotel Paraíso. Ouça o diálogo e marque com uma cruz as características do hotel.

Localização
- ☐ Central
- ☐ Perto de transportes
- ☐ Isolado
- ☐ Longe do aeroporto

Quartos
- ☐ Ar-condicionado
- ☐ Frigobar
- ☐ Telefone
- ☐ Televisão LCD

Comodidades
- ☐ Campo de golfe
- ☐ Quadra esportiva
- ☐ Piscina
- ☐ Estacionamento
- ☐ Spa
- ☐ Centro de bem-estar
- ☐ Aluguel de automóvel
- ☐ *Wi-fi*
- ☐ *Business Center*
- ☐ Sala de ginástica

B Ouça os diálogos na recepção do hotel Paraíso e complete os espaços.

Diálogo 1

A: Bom dia. Sejam bem-vindos.
B: Bom dia. Precisamos de um quarto. Há algum disponível?
A: Para _____?
B: Para três.
A: Temos uma suíte.
B: Quanto é _____?
A: São R$ 130,00 o casal, com _____.

Diálogo 2

A: Boa noite. Você pode me _____ amanhã, às 7 horas? Preciso fazer o *check-out* bem cedo.
B: Em que quarto a senhora está?
A: Estou hospedada no _____.
B: Com certeza, senhora. Já está anotado.
A: Também vou precisar de _____.
B: Não há problema.
A: Obrigada.

C Pratique os diálogos acima com seu colega.

D | Numere as falas do diálogo na ordem correta.

☐ Boa tarde. Tenho uma reserva em nome de Sônia Barbosa para quatro pessoas.
☐ É servido entre as 7 e as 10 horas. Agora, é só assinar aqui.
☐ Paraiso321. O seu quarto é o 435, fica no quarto andar. Boa estadia.
☐ Boa tarde. Seja bem-vinda. Vou precisar de um documento de identificação.
☐ Obrigado. A senhora poderia preencher este formulário?
☐ Qual é o código para acessar o *wi-fi*?
☐ Aqui está.
☐ Certamente. A que horas é o café da manhã?
☐ Obrigada.

E | Ouça o diálogo referente ao exercício D e confirme suas opções.

F | Siga as instruções e simule um diálogo com seu colega.

Aluno A: Telefone para o Hotel Porto Seguro e faça uma reserva (2 pessoas, de 11 a 14 de fevereiro, quarto duplo com vista para o mar, meia-pensão).

Aluno B: Peça informações sobre datas, número de pessoas e tipo de quarto.

No hotel
At the hotel

Você tem vaga para o dia [18]?
Quanto é a diária?
Qual é a diária com [meia pensão / pensão completa]?
Para quantas noites?
Quantos hóspedes?
A que horas é o *check-in* e o *check-out*?
A diária tem café da manhã incluído?

Pronunciando e escrevendo

Ditongos orais

Ouça e repita as palavras.

vai, sai, pais, mais
automóvel, aula, restaurante
fiquei, adorei, sei, perfeito
eu, meu, teu, seus
viu, fugiu, sentiu
dói, herói, constrói
foi, dois, pois, depois
fui, cuidado, azuis

EM FOCO

1 Adorei minhas férias.

A O fórum "Mochila pronta" lançou o tópico "Você curtiu suas férias?". Leia os comentários de Susana e Antônio.

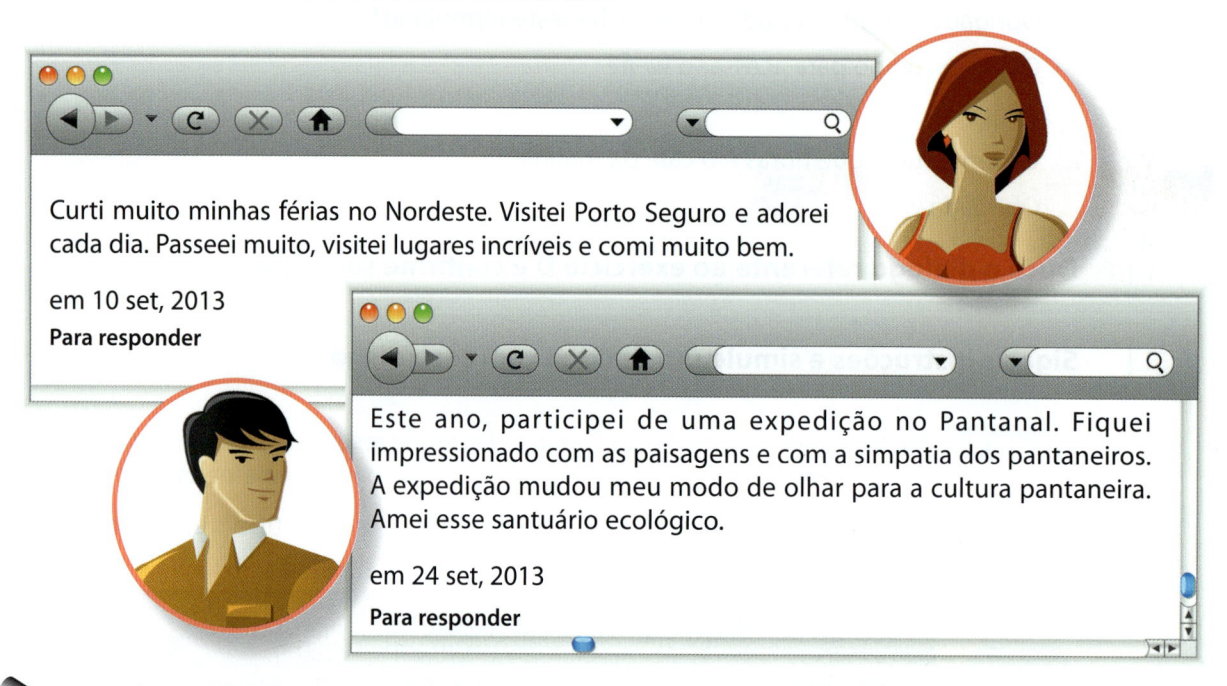

Curti muito minhas férias no Nordeste. Visitei Porto Seguro e adorei cada dia. Passeei muito, visitei lugares incríveis e comi muito bem.

em 10 set, 2013
Para responder

Este ano, participei de uma expedição no Pantanal. Fiquei impressionado com as paisagens e com a simpatia dos pantaneiros. A expedição mudou meu modo de olhar para a cultura pantaneira. Amei esse santuário ecológico.

em 24 set, 2013
Para responder

Pretérito perfeito simples do indicativo: verbos regulares
Simple past or Present perfect: regular verbs

	-ar	-er	-ir
(eu)	visitei	comi	parti
(você)	visitou	comeu	partiu
(ele/ela)	visitou	comeu	partiu
(nós)	visitamos	comemos	partimos
(vocês)	visitaram	comeram	partiram
(eles/elas)	visitaram	comeram	partiram

B O que aconteceu no hotel? Faça frases com as palavras abaixo.

1. hóspedes do 34 / não dormir
2. anteontem / o ar-condicionado / estragar
3. ontem / o bar / fechar cedo
4. o gerente / receber / duas reclamações
5. no domingo passado / a TV do 502 / estragar
6. hoje de manhã / um cliente / reclamar

C | **O que Serginho e Maria já fizeram nas férias? Siga o exemplo e faça frases.**

"Eles já dormiram no deserto."

"Eles ainda não fotografaram araras."

- ✓ dormir no deserto
- ✗ fotografar araras
- ✓ conhecer uma ilha
- ✓ visitar museus
- ✗ acampar na serra
- ✗ pescar
- ✓ passear na cidade
- ✓ nadar no mar das Caraíbas
- ✗ hospedar-se em uma chácara
- ✓ explorar a floresta da Amazônia

D | **Faça perguntas aos seus colegas sobre as férias. Use o vocabulário do exercício C ou acrescente outras perguntas.**

Vocês já dormiram no deserto?

Eu já dormi.

Ainda não dormi.

2 | Fazendo a mala

A | **Márcia e Thiago estão fazendo as malas. Ela vai fazer campismo e ele vai para a praia. O que eles têm de levar? Complete as listas com palavras da caixa.**

	Márcia	Thiago
máscara de *snorkel*		
nadadeiras		
lanterna	boné	óculos de sol
agasalhos	sandálias	protetor solar
chinelos	tenda	tênis
casaco		
toalha de praia		
calção		

B | **O que você levou na mala nas últimas férias?**

3 Você já foi a Bonito?

A Sara passou alguns dias com o marido em Bonito e explorou alguns tesouros da Serra da Bodoquena, no estado de Mato Grosso do Sul. Leia seu diário de viagem e descubra porque esta região é um dos melhores destinos de ecoturismo do Brasil.

1.º dia – Boca da Onça

No primeiro dia, decidimos fazer a trilha ecológica do Rio Salobra com um guia. Primeiro, descemos o desfiladeiro de jardineira. Foi emocionante! Quando chegamos à base do desfiladeiro, iniciamos nossa caminhada pela margem do rio e nadamos em quedas d'água. No final, enfrentamos a escadaria do paredão do desfiladeiro. Subimos 886 degraus, mas valeu a pena. A vista do vale é maravilhosa.

2.º dia – Rio da Prata

Saímos bem cedo de Bonito e fomos para o Recanto Ecológico Rio da Prata. Depois da caminhada até a nascente do Rio Olho d'Água, iniciamos a flutuação. Que experiência maravilhosa! A transparência das águas é surpreendente. Nadamos em águas cristalinas entre dezenas de peixes.

3.º dia – Rodízio de jacaré e taboa

No terceiro dia, encontrei duas amigas na praia da Figueira, em Bonito, e as convidei para jantar. Fomos a um restaurantezinho muito charmoso. Comemos rodízio de peixes exóticos e de… jacaré! Terminamos a noite tomando taboa.

B Consulte o quadro dos verbos na página seguinte e complete as perguntas sobre o diário de Sara. Em seguida, responda.

1. Onde Sara e o marido _____ nas férias?
2. Como _____ a estadia?
3. Sara _____ tempo para relaxar? Por quê?
4. Aonde ela _____ na última noite? O que ela fez?

Pretérito perfeito simples do indicativo: verbos irregulares
Simple past or present perfect: irregular verbs

	ir / ser	estar	ter
(eu)	fui	estive	tive
(você)	foi	esteve	teve
(ele/ela)	foi	esteve	teve
(nós)	fomos	estivemos	tivemos
(vocês)	foram	estiveram	tiveram
(eles/elas)	foram	estiveram	tiveram

4 | Encontrei duas amigas na praia e as convidei para jantar.

Quem indicou esta praia a você?

Uma amiga a indicou.

Encontrei duas amigas na praia e as convidei para jantar.

Pronomes oblíquos átonos (objeto direto) / *Direct object pronouns*

(eu)	me	(nós)	nos
(você)	o / a	(vocês)	os / as
(ele)	o	(eles)	os
(ela)	a	(elas)	as

A | **Responda às perguntas. Substitua as palavras destacadas pelos pronomes correspondentes e utilize as palavras entre parênteses.**

Quem levou vocês para a praia? (uns amigos)

Uns amigos nos levaram.

1. Você já visitou **as cascatas?** (já)
2. Ele provou **os pratos típicos?** (ainda não)
3. Quando Leandro bebeu **caipirinha?** (ontem à noite)
4. Onde você encontrou **seus amigos?** (no parque)
5. Onde você tirou **suas últimas fotografias?** (em Curitiba)

1, 2, 3...AÇÃO!

1 | Sugestões de viagem

A | Helena está planejando as férias e pede ajuda no fórum. Leia as dicas dos membros.

minhas viagens

Helena: Estou pensando em ir ao Brasil, mas não sei que cidades vale a pena visitar. Vou tirar um mês de férias em janeiro. Quero aproveitar o verão brasileiro. Adoro praia, mas tenho muita vontade de conhecer o interior também.

O Brasil é muito grande, não sei por onde começar. Alguém tem alguma sugestão?

Carolina: Eu amo o estado do Rio de Janeiro. Vou sempre para lá. Minhas cidades preferidas são Paraty e Teresópolis. Paraty é uma cidadezinha histórica, com muitos bares, restaurantes e lojas de artesanato. Também é um ótimo lugar para mergulhar e fazer passeios de barco. Teresópolis, ao contrário, é uma cidade de serra. Lá, o melhor programa é curtir o friozinho das serras fluminenses e conviver com a natureza.

Soraia: E o Nordeste?! As melhores praias estão no Nordeste: areia branca, água transparente e calor o ano todo. A comida também é de primeira. Eu adoro a moqueca de peixe e sou viciada em acarajé. Já visitei Natal, Fortaleza, Salvador e Maceió e adorei. Mas é melhor tomar cuidado com os tubarões! Brincadeirinha... Vá para o Nordeste, você não vai se arrepender.

Mariana: O que você gosta de fazer? Tomar sol ou praticar esportes? As melhores praias de surfe estão no Sul, em Santa Catarina. Visite Floripa. Florianópolis é uma cidade incrível: tem a beleza das praias do Nordeste e o conforto das cidades grandes. Você pode curtir uma praia, fazer compras no *shopping*, ir a um bom restaurante e assistir a um novo filme, tudo no mesmo dia. Também há boas opções de passeios nesta região. Estive em Camboriú e estiquei minha viagem até o Rio Grande do Sul para tomar um chimarrão em terras gaúchas. Foi muito legal!

B | Complete o quadro com as informações dadas no fórum.

	Região Nordeste	Região Sudeste	Região Sul
O que fazer?			
Por que ir?			

2 | Onde nos hospedamos?

A | Você vai ouvir Letícia falando com Ricardo sobre as próximas férias. Anote as preferências deles.

B | Qual é o melhor hotel para o casal? Confira as descrições abaixo e faça sua seleção.

HOTEL JORDÃO

Hotel diferenciado, localizado no centro de Campos do Jordão. Garante todo o conforto necessário até para os hóspedes mais exigentes, com requinte, bom gosto e cordialidade. O Hotel Jordão representa uma nova referência de luxo e alto padrão de serviços. É o único hotel 5 estrelas da cidade.

Diárias a partir de R$ 600,00 por casal.

PENSÃO DA TIA MARIA

Tia Maria recebe seus hóspedes com simpatia e alegria em um casarão ao estilo colonial. Comida caseira e ambiente familiar são os diferenciais dessa pensão. Localizada a 15 minutos do centro da cidade, é uma ótima opção para famílias e grupos. O ambiente é descontraído e relaxante.

Diárias a partir de R$ 250,00 por casal.

POUSADA FLORES DA SERRA

Pousada de charme localizada no coração da Serra da Mantiqueira, em Campos do Jordão, a apenas 5 minutos do centro comercial e dos elegantes restaurantes da cidade. Situada no alto da colina, a pousada oferece um ambiente calmo e acolhedor. Ideal para finais de semana românticos.

Diárias a partir de R$ 450,00 por casal.

ALBERGUE DE CAMPOS

Localizado no centro de Campos do Jordão, o albergue representa uma opção de hospedagem aos viajantes aventureiros. Boa localização, simplicidade e preços baixos são os seus atrativos. Desfrute ainda de uma bela vista para o Morro do Elefante e aproveite para curtir a natureza e caminhar pelo centro desta charmosa cidade.

Diárias a partir de R$ 60,00 por pessoa.

Dica do Dia — Pantanal

1 | Pantanal é o bicho!

A | A região do Pantanal nos estados de Mato Grosso e Mato Grosso do Sul é um destino fascinante. Leia o texto e descubra o porquê.

Por que ir?

O Pantanal é uma das áreas mais preservadas do Brasil e um santuário ecológico, abrigando uma grande diversidade de espécies de animais. Algumas delas como a onça-pintada estão em vias de extinção. A flora pantaneira também é exuberante, reunindo milhares de exemplares do cerrado, da Amazônia e da Mata Atlântica.

Quando ir?

A vida pantaneira se divide em dois ciclos: os meses de seca e os meses de chuva. Na estação seca, as estradas são mais transitáveis. Na estação das cheias, a paisagem é bem diferente. Quando chove além da conta, há alagamentos, algumas áreas ficam submersas e os animais se escondem.

O que fazer?

Existem muitas formas de conhecer o Pantanal: caminhadas, passeios de barco, observação de aves e saídas para focagem noturna de animais. As cavalgadas são ótimas para explorar a região, descobrir as fazendas pantaneiras e a lida diária dos peões.

Onde ficar?

A hospedagem no interior do Pantanal Sul permite conhecer a parte mais intocada do ecossistema. Lá, existem muitas fazendas. Algumas delas organizam cavalgadas, passeios por terra e por rio. Outra opção interessante é pernoitar em um barco-hotel.

B | Planeje, com seu colega, uma viagem ao Pantanal. Discutam as melhores datas, as atividades, os passeios e o que levar na mala de viagem.

Unidade 10

Quanto é o aluguel?

Vamos lá?

1 | **Lar doce lar**

A | Identifique as partes da casa.

1. piscina
2. quarto
3. garagem
4. escritório
5. banheiro
6. jardim
7. cozinha
8. quarto das crianças
9. sala de estar
10. sala de jantar
11. escadas

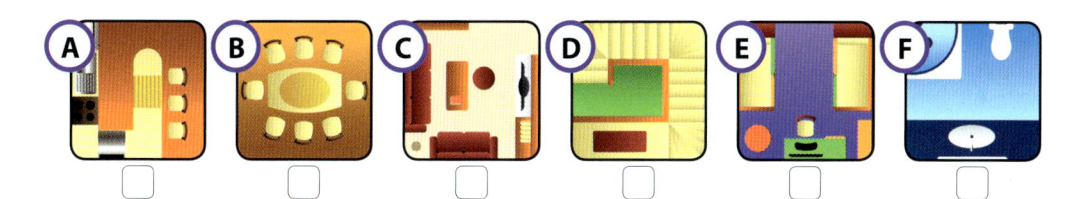

A B C D E F

G H I J K

B | Como é a sua casa? Quantos cômodos tem?

Nesta unidade, você vai aprender a:	In this unit, you will learn how to:
• Procurar uma casa • Descrever casas • Ler e comparar anúncios	• *Look for an apartment* • *Describe houses* • *Read and compare advertisements*

Descobrindo

1 | Procurando apartamento na cidade.

A Susana está procurando uma casa em São Paulo. Neste momento, está falando com Patrícia sobre a cidade. Ouça e leia o diálogo.

Patrícia: Que tipo de apartamento você procura?

Susana: Procuro um apartamento com 70 m^2, com uma sala e um quarto.

Patrícia: Primeiro, você tem de escolher o bairro.

Susana: Mas há tantas opções, é difícil escolher. Quero ficar na Zona Oeste, perto do trabalho, mas num bairro seguro e sossegado. Posso pagar entre 1.000 e 3.000 reais.

Patrícia: Perto do trabalho, você pode escolher entre os Jardins, Pinheiros ou Vila Madalena, por exemplo.

Susana: Qual é o melhor?

Patrícia: O bairro dos Jardins é o que fica mais perto do escritório. É mais sofisticado do que os outros, por isso os aluguéis são mais caros. Também há muitas lojas, bons restaurantes e boas opções de transporte público.

Susana: E a Vila Madalena? Já ouvi falar muito desse bairro.

Patrícia: É um bairro boêmio e descolado. Há muitos bares, ateliês e lojinhas. É um bom lugar para fazer *happy-hours* e passear aos finais de semana. Os aluguéis são mais baratos do que nos Jardins, mas não é tão sossegado quanto Pinheiros.

Susana: Você acha que Pinheiros é a melhor solução para mim?

Patrícia: Pinheiros é mais residencial do que os Jardins e também mais barato. Há um intenso comércio local. Aos finais de semana, você pode ir até a Praça Benedito Calixto, visitar a feirinha de artesanato e antiguidades.

Susana: Sim, eu já fui à Praça Benedito Calixto. Foi divertido, gostei muito.

Patrícia: Você precisa de mais alguma informação para sua pesquisa?

Susana: Não, obrigada. Vou iniciá-la agora.

B | **Responda às perguntas sobre o diálogo.**

1. Que tipo de apartamento Susana procura?
2. Quais são os bairros que Patrícia recomenda?
3. Qual é o bairro mais sofisticado? E o mais descolado?
4. Onde há boas opções de transporte público?

C | Ajude Susana em sua pesquisa. Complete os filtros de busca do portal imobiliário de acordo com o que ela pretende.

Tipo de imóvel		Detalhes do imóvel
☐ Andar	☐ Cobertura	Valor R$
☐ *Apart-Hotel*	☐ Loja	De _____ até _____
☐ Casa de praia	☐ *Flat*	Área
☐ Quitinete	☐ Fazenda	_____
☐ Casa de condomínio	☐ Sobrado	Quartos: _____

D | Leia os resultados da busca de Susana.

APARTAMENTOS PARA ALUGUEL NA ZONA OESTE

Apartamento com 3 dormitórios, 90 m^2, Morumbi

Aluguel: R$ 2.800,00   Condomínio: R$ 600,00

Cobertura *duplex* em bairro tranquilo. 3 dormitórios, 1 sala com sacada, 1 banheiro e cozinha com terraço com churrasqueira e forno para pizza. Próximo de comércio, serviços e transportes.

Apartamento com 1 dormitório, 65 m^2, Pinheiros

Aluguel: R$ 2.100,00   Condomínio: R$ 450,00

Excelente apartamento em Pinheiros, a 400 metros do metrô. 1 sala e 1 dormitório. Área de serviço com despensa. 1 banheiro. Cozinha com fogão. 1 vaga para garagem.

Apartamento com 2 dormitórios, 70 m^2, Vila Madalena

Aluguel: R$ 1.850,00   Condomínio: R$ 500,00

Apartamento em ótimo estado com sala ampla, lavabo, dois dormitórios, banheiro com box e cozinha equipada. A área de lazer tem piscina, quadra de tênis, churrasqueira e salão de festas.

E | Decida com seus colegas qual é o melhor apartamento para Susana.

F | **Faça corresponder os imóveis com as definições.**

- A. Cobertura
- B. Loft
- C. Duplex
- D. Quitinete
- E. Giardino / Garden
- F. Studio

1. ____ Apartamento no último piso do prédio.
2. ____ Apartamento no térreo de um prédio com jardim ou quintal.
3. ____ Apartamento com uma área entre 25 m² a 35 m². Só possui um cômodo com sala e cozinha. Parte da sala serve de dormitório.
4. ____ Apartamento amplo sem divisórias que ocupa um ou mais andares.
5. ____ Apartamento com quarto privativo em um andar.
6. ____ Apartamento com dois andares.

G | **Qual é o tipo de imóvel mais comum em sua cidade? Em que tipo de casa você vive? Qual é o preço médio do aluguel nas zonas nobres?**

2 | Aluguel de temporada

A | **Ouça o diálogo na imobiliária e relacione as partes das frases.**

1. Rita quer passar duas semanas
2. O vendedor sugere um
3. O apartamento tem
4. Rita vai pagar 500 reais
5. O aluguel inclui

a. serviços de limpeza e arrumação.
b. por semana.
c. apartamento perto do centro histórico.
d. em Salvador.
e. 70 m².

Alugando um apartamento
Renting an apartment

Corretor de imóveis	Cliente
Que tipo de apartamento procura?	Procuro um apartamento para [alugar / comprar].
O senhor deseja visitar [o apartamento / a casa]?	Qual é a área total?
	Qual é a área útil?
Por quanto tempo pretende alugar?	Como é a zona?
	Quanto é o aluguel?

B 🎧 **Mais tarde, Rita deixa uma mensagem de voz ao marido. Ouça as informações que ela dá e complete o texto.**

O apartamento tem _____ de área útil. Na entrada, fica um dos _____ com _____. Logo a seguir, vem a cozinha e _____. A _____ fica à direita e o segundo quarto fica _____.

Próximo à cozinha, há um _____. Os dois quartos têm _____.

C | **Identifique os eletrodomésticos abaixo.**

- ☐ Chaleira elétrica
- ☐ Micro-ondas
- ☐ Máquina de café
- ☐ Torradeira
- ☐ Batedeira
- ☐ Balança
- ☐ Panificadora doméstica
- ☐ Moedor

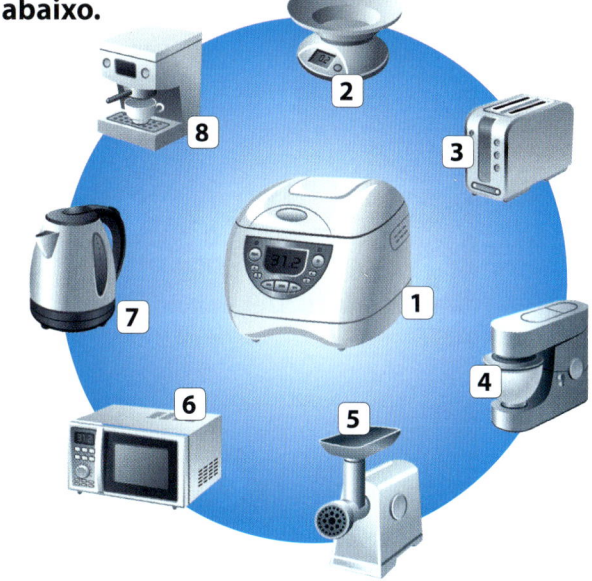

D 🎧 **Ouça a continuação da mensagem de Rita e marque com uma cruz os eletrodomésticos que o apartamento tem.**

Pronunciando e escrevendo

Letras c e ç

🎧 **Ouça e repita.**

casa	cem	balança
elétrica	centro	arrumação
cozinha	você	serviço
cuidado	cidade	terraço
cliente	residencial	açúcar

EM FOCO

1 | Como é seu apartamento?

A | Identifique os itens da lista nas fotografias.

1. mesa de centro
2. luminária
3. cama
4. vaso sanitário
5. estante
6. poltrona
7. mesa de jantar
8. quadro
9. cadeira
10. sofá
11. criado-mudo
12. armário
13. banheira
14. lavatório
15. cômoda
16. chuveiro

Sala de estar	Sala de jantar
_____	_____
_____	_____
_____	_____
_____	_____

Quarto	Banheiro
_____	_____
_____	_____
_____	_____
_____	_____

132 NOTA 10

2 | Você fez obras em casa?

A | Relacione as palavras com as imagens.

1. Pintar paredes
2. Construir muros
3. Checar a tomada
4. Colocar azulejos
5. Cuidar do jardim
6. Arrumar o encanamento

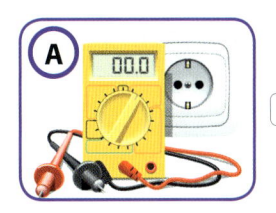

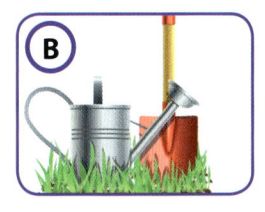

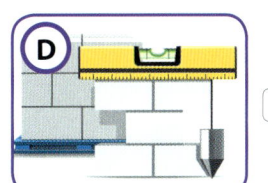

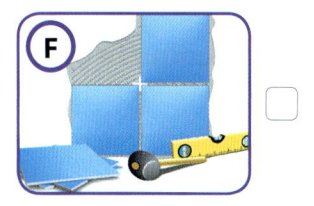

A | B | C | D | E | F

B | Fabiana comprou um apartamento e teve de reformá-lo. Leia o texto e sublinhe os verbos no pretérito perfeito simples.

Quando vi meu apartamento, não tive dúvidas. Era a casa ideal! Um apartamento com 80 m², próximo do trabalho e do metrô.

Trouxe uma amiga na visita seguinte para ter uma segunda opinião. Ela também achou o apartamento uma graça. Brincou e disse que queria um igual. Uns dias depois, assinei o contrato e fiz a mudança. Meus colegas souberam disso e me deram uma mãozinha. Consegui tratar de tudo em menos de uma semana.

Infelizmente, os problemas começaram pouco tempo depois com a instalação elétrica e com o encanamento. Como minha família mora longe, meu pai e meu irmão não puderam fazer as reformas. Tive de contratar um encanador, um pedreiro e um eletricista. Eles fizeram o trabalho rapidinho, mas paguei uma nota preta: 4.300 reais!

Pretérito perfeito simples do indicativo / *Simple past or present perfect*

Dar:	dei, deu, demos, deram	**Querer:**	quis, quis, quisemos, quiseram
Dizer:	disse, disse, dissemos, disseram	**Saber:**	soube, soube, soubemos, souberam
Fazer:	fiz, fez, fizemos, fizeram		
Poder:	pude, pôde, pudemos, puderam	**Trazer:**	trouxe, trouxe, trouxemos, trouxe
Pôr:	pus, pôs, pusemos, puseram	**Ver:**	vi, viu, vimos, viram
		Vir:	vim, veio, viemos, vieram

C | **Complete as frases sobre o texto do exercício B.**

1. Fabiana não teve dúvidas quando _____
2. Na visita seguinte, ela _____ uma amiga que também _____
3. Passado pouco tempo, Fabiana assinou o contrato, _____ _____ e teve a ajuda de vários colegas.
4. Infelizmente, o encanamento e a instalação elétrica _____ problemas.
5. Como a família mora longe, o irmão _____
6. Fabiana _____ 4.300 reais pelas reformas.

D | **Complete o quadro abaixo com as formas verbais adequadas.**

Verbos	Geralmente	Ontem	Amanhã
(eu) dar	dou		vou dar
(ele) dizer			
(eu) fazer			
(eles) trazer			
(nós) ver			
(nós) vir			
(você) querer			
(eu) pôr			
(ele) poder			
(eu) saber			

E | **Catarina alugou uma casa e contou com a ajuda de muitas pessoas. Quem fez o quê? Conte a história.**

1. os pais / **dar** a mobília de quarto
2. a vovó / **pôr** plantas na varanda
3. dois amigos / **trazer** pizzas
4. o decorador / **vir** na sexta e no sábado
5. o namorado / **fazer** alguns trabalhos de bricolagem
6. os vizinhos / **querer** ajudar

3 | Gostei da casa e vou comprá-la!

A | **Leia as frases.**

> Quando eles vão decorar a sala?

> Vão decorá-la no final de semana.

	Pronomes oblíquos átonos (objeto direto) / *Direct object pronouns*	
-r	Vão decorar o quarto.	Vão decorá-lo.
-s	Compramos a casa.	Compramo-la.
-z	Ele fez as reformas?	Fê-las.
-m	Eles compraram a casa.	Eles compraram-na.
-ão	Elas dão o exemplo.	Eles dão-no.
-õe	Ele põe as meias.	Ele põe-nas.

B | **Responda às perguntas, substituindo as partes destacadas pelos pronomes correspondentes.**

1. Quando você vai ver **a casa**? _____ amanhã.
2. Onde vocês colocaram **o armário**? _____ na sala.
3. Eles vão reformar **a cozinha**? Sim, _____ .
4. Você fez **a mudança**? _____ .
5. Onde você pôs **a carteira**? _____ na bolsa.
6. Vocês chamaram **o garçom**? Sim, _____ .
7. Onde eles compraram **a cama**? _____ no Rio.
8. Quando ela vai assinar **o contrato**? _____ no dia 3.

1, 2, 3...AÇÃO!

1 | Bairros paulistanos

A | **São Paulo é uma mega metrópole com 11 milhões de habitantes. Leia o texto sobre as zonas da cidade e alguns bairros paulistanos.**

A cidade de São Paulo pode ser subdividida em cinco grandes regiões: centro expandido, Zona Norte, Zona Sul, Zona Leste e Zona Oeste. Cada uma delas tem suas próprias características.

Alguns dos bairros mais valorizados da cidade, como Moema, Ibirapuera, Jardins, Morumbi e Pinheiros, encontram-se na Zona Sul e na Zona Oeste. Há muitos *shoppings centers* e lojas de artigos de luxo. Essas regiões concentram boa parte da população com alto poder aquisitivo da cidade. Mas no Morumbi, por exemplo, os condomínios de luxo e as mansões dividem espaço com uma das maiores favelas da cidade: Paraisópolis.

Aos finais de semana, as padarias ficam lotadas desde o café da manhã até o final da tarde. Há carrinhos de bebê, babás e cachorros por todo o lado. Os paulistanos aproveitam para fazer *jogging* pelas ruas da cidade e muitos ciclistas circulam pelas novas ciclovias. Os parques também atraem muita gente: idosos, adultos, jovens e crianças.

Na Zona Norte, alguns dos bairros mais conhecidos são Santana e Carandiru, mas merecem destaque também a rodoviária do Tietê, por onde passam aproximadamente 120 mil pessoas por dia; o Sambódromo do Anhembi, onde acontecem os desfiles de carnaval de São Paulo; e a Serra da Cantareira, com seus restaurantes rústicos e aconchegantes e belas vistas da cidade.

Na Zona Leste, bairros como Mooca e Tatuapé reúnem gente jovem e trabalhadora. A "ZL" vai abrigar o novo estádio do Corínthians, um dos grandes times de futebol do Brasil, com aproximadamente 30 milhões de torcedores. A torcida do Corínthians – a "Fiel" – é a segunda maior torcida do Brasil, perde apenas para a torcida do Flamengo.

O centro expandido inclui o centro histórico de São Paulo e seus arredores. Reúne as construções mais antigas da cidade e a Catedral da Sé. Muito movimentada durante o dia, pouco movimentada durante a noite. Nos últimos anos, o centro ganhou vida nova, com muitos projetos de recuperação e investimentos no setor imobiliário.

B | **Responda às perguntas sobre o texto.**

1. Indique algumas características da Zona Sul e da Zona Oeste.
2. Como são os finais de semana na cidade?
3. Quem vive na Zona Leste? Qual vai ser a grande atração dessa zona?
4. O que está acontecendo no centro expandido?

2 | Qual é o preço do apartamento?

A Maria está falando com um vendedor sobre o apartamento que quer comprar. Ouça o diálogo e escolha as opções corretas.

1. Maria gostou da casa porque

   ☐ a. é espaçosa e está bem localizada.

   ☐ b. tem varanda e área de serviço.

   ☐ c. fica no último piso e tem uma vista linda.

2. Sobre o pagamento, o vendedor informa que Maria

   ☐ a. tem de pagar 5 mil reais nos dois primeiros meses.

   ☐ b. tem de pagar R$ 450 mil em 10 anos.

   ☐ c. tem de pagar uma porcentagem de entrada, mas pode financiar o restante.

3. Para receber a chave, Maria tem de

   ☐ a. ir à agência e falar com o vendedor.

   ☐ b. pagar R$ 450,00, assinar o contrato e provar que tem um fiador.

   ☐ c. pagar 10% do total e assinar o contrato.

3 | Pesquisando

A Cada aluno vai pesquisar aluguéis de temporada em diferentes estados brasileiros. Siga as instruções.

1. Consulte o mapa do Brasil e decida em que cidade você prefere pesquisar informações sobre apartamentos.

2. Acesse os *sites*:

   http://www.zap.com.br/aluguel-temporada
   http://www.casaferias.com.br
   http://www.temporadalivre.com

3. Anote as informações sobre o tipo e as características do imóvel, o aluguel e o preço do condomínio (se necessário).

B Na próxima aula, você vai simular duas situações com um colega. Na primeira, você vai tentar alugar seu apartamento. Na segunda, você vai ser o cliente.

Dica do Dia — Condomínios

1 | **Como é viver em um condomínio?**

A Os condomínios são muito comuns no Brasil. Podem ser de casa ou de apartamentos. A decisão entre viver ou não em um condomínio passa pela avaliação dos custos, das limitações, da infraestrutura, da segurança e da qualidade de vida em geral. Veja abaixo alguns prós e contras da vida em um condomínio.

Prós

Em geral, os condomínios contam com uma boa infraestrutura de lazer. Muitos têm salão de festas, quadras esportivas, salas de ginástica e piscina.

Os condomínios são cercados por muros e, em geral, contam com fortes sistemas de proteção e vigilância. Esses sistemas monitoram a entrada e saída de pessoas e veículos. Há segurança 24 horas.

As crianças podem circular livremente e brincar nas ruas e calçadas, pois o tráfego de veículos dentro do condomínio está sempre sob controle: os veículos não podem circular em alta velocidade sob pena de multa.

Há maior contato e interação entre vizinhos. Eles compartilham as áreas comuns do condomínio e também se reúnem para definir regras de convivência e tomar decisões.

Contras

Geralmente, viver em condomínio custa mais caro. O morador precisa pagar um valor mensal para utilizar e manter as áreas comuns e os sistemas de proteção e vigilância.

Também há algumas limitações tanto no planejamento urbano como na convivência. A construção de casas, por exemplo, deve respeitar certas regras sobre a fachada do imóvel, a área construída e a altura.

Além disso, os moradores devem obedecer às regras de convivência do condomínio. Para alguns, viver em um condomínio é viver em uma "bolha", longe da realidade, em um mundo de fantasia. Especialmente para as crianças, isso pode ser muito prejudicial no futuro.

B | Você gostaria de viver em um condomínio? Justifique a sua resposta.

Unidade 01

É hora da malhação!

Vamos lá?

1 Atletas em ação

A Quais esportes você consegue identificar na imagem?

B 🎧 75 Ouça o diálogo entre Carlos e Mateus. Em seguida, responda às perguntas.

1. Sobre qual evento esportivo eles estão conversando?
2. De quais modalidades estão falando?
3. De acordo com Carlos, há chances de medalha para o Brasil?

Nesta unidade, você vai aprender a:	In this unit, you will learn how to:
• Falar sobre esportes • Descrever uma academia • Descrever eventos no passado	• Talk about sports • Describe a gym • Describe events in the past

Descobrindo

1 | **Um, dois, três. Flexione, insista...**

A Daniela e Cacá responderam a algumas perguntas sobre suas rotinas. Leia e ouça a entrevista.

Daniela

Cacá

Como você vai para o trabalho?

Geralmente, vou de carro. Nos dias de rodízio, pego o trem. Ir de trem é mais rápido do que ir de carro.

Pego o ônibus até a avenida Angélica, depois caminho cerca de vinte minutos.

Você faz algum tipo de exercício físico no trabalho?

Não. Passo muito tempo sentada em frente do computador e pendurada no telefone.

Como eu trabalho num supermercado, caminho o dia todo e, de vez em quando, carrego peso.

Quem faz a faxina em sua casa?

Temos uma faxineira. Uma vez por semana, ela faz a faxina da casa.

Eu mesmo. Moro sozinho e não tenho faxineira. Gosto de fazer limpeza.

Você pratica ou praticou algum tipo de esporte?

Ia à academia todos os dias e malhava bastante, mas enjoei. Faz uns dois anos que não vou. Agora, corro duas vezes por semana para cuidar do corpo e manter o bom astral.

Costumava praticar judô, mas machuquei meu ombro num campeonato e tive de parar. Agora, jogo futebol com a galera todo o final de semana. Também ando de bicicleta.

B | Relacione as frases abaixo com os textos.

	Daniela	Cacá
1. Tem um trabalho sedentário.		
2. Está em forma.		
3. O exercício levanta o astral.		
4. Prefere esportes ao ar livre.		
5. Ia à academia com frequência.		
6. Anda de bicicleta.		

2 | Como foi a malhação?

A 🎧 **Ouça o diálogo na academia. Em seguida, marque as respostas corretas.**

1. Sandra e Paula vão à academia porque
   - ☐ a. precisam emagrecer.
   - ☐ b. querem estar em forma.
   - ☐ c. gostam de treinar.

2. Na academia, elas
   - ☐ a. já fizeram aulas de Pilates.
   - ☐ b. seguem um programa de treinamento.
   - ☐ c. vão ter a orientação de um *personal trainer*.

B 🎧 **Paula está falando sobre a academia com uma amiga. Ouça a conversa e compare com o texto abaixo. Corrija as informações falsas.**

A academia tem uma sala grande de musculação. Os equipamentos não são novos, mas estão em bom estado.

A academia oferece muitas modalidades: musculação, natação, boxe, *body pump*, *gap*, ginástica localizada, pilates, ioga, *spinning* e danças de salão.

Há várias modalidades de pagamento. Com o plano anual, a mensalidade é de 40 reais por mês, incluindo a piscina. Você pode fazer aulas de segunda a sábado, entre as 7 h e as 23 h.

C | Compare o seu texto com os dos seus colegas.

D | Relacione as frases com os esportes.

Corrida

1. _____
Trabalha especialmente os músculos das pernas, coxas, glúteos, abdômen e costas.

Tênis

2. _____
Estimula a circulação sanguínea, melhora o sistema respiratório, torna o coração mais forte.

Futebol

3. _____
Promove o autoconhecimento. Alivia a ansiedade e o estresse. Melhora o equilíbrio, a postura e a coordenação motora. Aumenta a flexibilidade e a força dos músculos.

Ciclismo

4. _____
Auxilia na perda de peso e desenvolve os músculos das pernas e dos braços, ombros e costas. Uma partida de uma hora permite gastar 500 calorias.

Natação

5. _____
Tonifica os músculos das pernas e aumenta o desempenho vascular e aeróbico. Pedalar estimula a libertação de endorfina.

Ioga

6. _____
Favorece o aumento da massa muscular, fortalece as articulações e tendões, combate a osteoporose e permite controlar o peso.

E | Qual é a modalidade mais indicada para elas? Decida com seus colegas.

"Preciso emagrecer, mas não sei o que fazer. Não gosto de ir à academia, tenho claustrofobia. Prefiro o ar livre e o contato com a natureza. Além disso, tenho pouco tempo para praticar esportes."
Jurema

"Estou muito estressada. Preciso relaxar, mas não consigo. Tenho medo de ficar doente. Estou trabalhando demais. Preciso cuidar melhor de mim mesma."
Mariana

142 | NOTA 10

3 | Fome de bola

A | **Quais das frases abaixo você acha que são verdadeiras sobre os esportes no Brasil? Discuta com seus colegas.**

1. Os esportes mais populares no Brasil são o futebol, o basquete, o tênis, o ciclismo, o vôlei e a capoeira.
2. O Brasil é o país com mais vitórias na Copa do Mundo.
3. O futevôlei e a peteca são esportes de origem brasileira.
4. Pelé, Ayrton Senna e Robert Scheidt são três nomes importantes no esporte brasileiro.
5. Os brasileiros gostam de Fórmula 1.

B | **Ouça o texto e confira suas respostas.**

C | **Fábio e Luizão estão falando sobre o esporte mais popular no Brasil: o futebol. Ouça o diálogo. Em seguida, corrija as afirmações falsas.**

1. Luisão e Fábio jogam futebol.
2. Eles torcem por dois times diferentes.
3. Fábio comprou ingressos para vários jogos da Copa do Mundo.
4. Para Luisão, o Maracanã é o melhor estádio do mundo.
5. Os dois amigos amam futebol, mas praticam outros esportes.

Pronunciando e escrevendo

Letra q

Ouça e repita as palavras.

qual	que
quanto	aquecer
quarto	querer
quarenta	equilíbrio
cinquenta	equipamento
frequência	quinta

EM FOCO

1 | Quando eu tinha 18 anos...

A | Relacione as frases de Luana com as fotografias.

1. Antigamente, eu **costumava** treinar com meu irmão.
2. Comecei a surfar quando **tinha** 18 anos.
3. Todas as vezes que o professor **dizia** "força", eu me **sentia** motivada.
4. Ontem, malhei muito. Quando terminei já **eram** 9 horas da noite.

B | Complete os quadros.

Pretérito imperfeito do indicativo (verbos regulares)
Imperfect (regular verbs)

	-ar	-er	-ir
(eu)		diz**ia**	
(você)	trein**ava**	diz**ia**	
(ele / ela)			sent**ia**
(nós)	trein**ávamos**	diz**íamos**	sent**íamos**
(vocês)			
(eles / elas)	trein**avam**	diz**iam**	sent**iam**

144 NOTA 10

Verbos irregulares / *Irregular verbs*

	Ser	Ter	Pôr	Vir
(eu)			punha	
(você)	era	tinha		
(ele / ela)				vinha
(nós)	éramos	tínhamos		
(vocês)			punham	
(eles / elas)	eram	tinham		vinham

Find examples for each rule in exercise A.

The pretérito imperfeito is used to express:

1. age in the past: _____

2. time in the past _____

3. habits in the past (= used to): _____

4. conditions and mental or physical states in the past:
   _____

C | **Complete as frases com os verbos da direita no pretérito imperfeito.**

Antigamente   Agora

1. Eu _____   Eu como muitas verduras.
2. Ele nunca _____   Ele faz exercício regularmente.
3. Nós não _____   Nós controlamos o peso.
4. Eles _____ na praia.   Eles correm na academia.

D | **Complete as frases com os verbos entre parênteses. A seguir, trabalhe com seu colega. Cada um deve responder a 3 perguntas.**

1. Quantos anos você _____ (ter) quando aprendeu a nadar?
2. Que tipo de academias _____ (haver) em sua cidade há dez anos?
3. Quais _____ (ser) seus esportes favoritos quando você _____ (ser) criança?
4. A que jogos você _____ (costumar) assistir?
5. Você _____ (ser) gordinho na adolescência?
6. Antigamente, como você _____ (ir) para a escola?

2 | Eu estava treinando quando o jogo acabou.

A | Leia as frases. Preste atenção às formas verbais destacadas.

Quando o professor chegou, eles **estavam correndo** na esteira.

Enquanto eu **estava levantando** pesos, Janaína **estava nadando**.

Pretérito imperfeito do indicativo / *Past progressive*

(eu)	estava jogando
(você)	estava treinando
(ele / ela)	estava estudando
(nós)	estava correndo
(vocês)	estávamos trabalhando
(eles / elas)	estavam nadando

B | Complete as frases com os verbos entre parênteses.

1. Eu _____
   (andar) de bicicleta quando caí.

2. Eu _____
   (sair) da academia quando meu celular tocou.

3. Nós _____
   (fazer) aula de zumba quando Joana se machucou.

4. Enquanto meu time _____ (jogar) futebol, eu _____ (torcer) no estádio.

3 | Para mim, o futebol é muito interessante.

A | Leia as frases e repare nas palavras destacadas.

> Qual é o melhor jogador do mundo?

> Para mim, é Ronaldo. Por falar nisso, você vai comigo à final da Copa?

Preposições + pronomes / *Prepositions + pronouns*
Fill in the sentences.

com	(eu) (nós)	Você vai _____? O treinador vai falar **conosco** hoje.
a / até / de para / por	(eu)	Para _____, a Copa do Mundo é importante.

4 | Há quanto tempo… / Desde quando…?

A | Leia as frases.

A: **Há quanto tempo** você corre?
B: **Faz** seis meses.

A: **Desde quando** você joga golfe?
B: **Desde** 2009.

Há quanto tempo… ? / Desde quando…?
How long…? / Since when…?

A: **Há quanto tempo** você pratica natação?
B: **Faz / Há** uns dois anos.

A: **Desde quando** você pratica natação?
B: **Desde** 2011.

B | Faça perguntas usando "há quanto tempo" e "desde quando".

jogar futebol
ver os jogos olímpicos
praticar esporte

andar de bicicleta
ir à academia
assistir à Copa do Mundo

1, 2, 3...AÇÃO!

1 | Você se lembra ?

A Há acontecimentos esportivos verdadeiramente inesquecíveis. Ouça os depoimentos e tente relacioná-los com as imagens abaixo.

Texto 1: _____

Texto 2: _____

Texto 3: _____

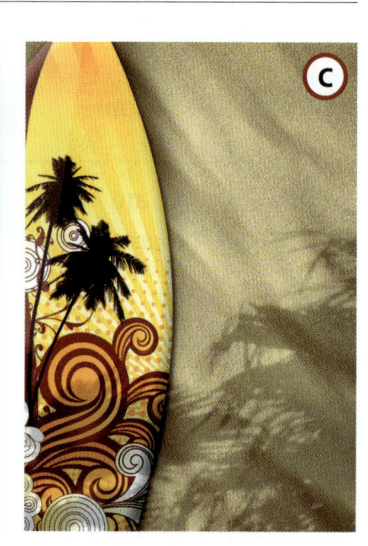

B | Leia as transcrições dos textos e confira suas opções.

Texto 1
"Para mim, foi a final da Mercosul de 2000. No fim do primeiro tempo, o Palmeiras estava vencendo o Vasco por 3 a 0. No segundo tempo, Romário fez dois gols, logo depois, o Juninho Paulista empatou a partida e aos 48 minutos do segundo tempo, já na prorrogação, Romário marcou o quarto gol do duelo, dando o título ao Vasco."

Thiago Lima

Texto 2
"Foi a vitória de Ayrton Senna, um ano antes de morrer, no Grande Prêmio da Europa. Nesse dia, Senna largou na quarta posição, mas no final da primeira volta já estava em primeiro. Estava chovendo muito e a prova foi emocionante. Senna terminou vencendo.

Cristina Frota

Texto 3
"Eu vibrei com a vitória do surfista baiano Danilo Couto na 12.ª edição do XXL, em 2011. Ele foi o grande vencedor da principal categoria do evento: "Onda do Ano". Danilo surfou uma onda enorme, um paredão de 20 metros, no Havaí. Esse prêmio é talvez o mais importante do *surf*."

Sandra Barbosa

C | Você se lembra de algum jogo ou momento esportivo muito emocionante? Conte aos seus colegas. O vocabulário abaixo pode ser útil.

Esportes coletivos		
time jogador vencer perder empatar conquistar título	**Futebol** marcar gol acertar na trave bater pênalti	**Basquete** fazer um passe fazer uma cesta bloquear

Esportes individuais			
Atletismo	**Natação**	**Surfe**	**Tênis**
atleta maratona pista linha de chegada ganhar a medalha	nadador estilos: nado livre / costas / borboleta / *crawl*	surfista manobras: tubo / aéreo / rasgada	tenista *set*/partida rede raquetes linhas saque

2 | Pesquisa esportiva

A | Escolha um dos temas e prepare uma apresentação (5-10 minutos).

1. Copa do Mundo 2014
2. Jogos Olímpicos 2016
3. Esportes populares no Brasil

Sites úteis

http://www.portal2014.org.br/
http://www.rio2016.com/
http://www.brasil.gov.br/sobre/esporte/esporte-olimpico/rio-2016
http://www.mg.superesportes.com.br
http://www.esporte.gov.br

B | Apresente os resultados de sua pesquisa na aula seguinte.

Dica do Dia

Capoeira

1 | **Você joga capoeira?**

A | Leia o texto abaixo.

A capoeira faz parte da cultura popular brasileira. É uma mistura de arte marcial, esporte e música e tem suas raízes na África.

No Brasil, muitos descendentes de escravos contribuíram para desenvolver essa prática. As mãos servem de apoio e equilíbrio ao capoeirista e as pernas golpeiam. Acrobacias em solo ou aéreas são alguns dos golpes permitidos.

Na roda de capoeira, o respeito aos mais velhos e experientes também é importante. Para entrar na roda, o novo jogador deve tirar o jogador menos graduado.

A música é essencial. Os capoeiristas movem-se ao ritmo dela. O berimbau é um dos instrumentos mais comuns. Consiste em uma vara em arco, em geral de madeira, com cerca de 1,5 metro de comprimento, e um fio de aço ou arame preso em suas pontas. Em sua base, amarra-se uma cabaça. O tocador de berimbau segura o instrumento com a mão esquerda e, com a mão direita, pressiona o fio com uma pedra ou moeda enquanto balança o corpo. O berimbau é um instrumento de cordas de origem angolana.

A capoeira é um importante elemento da expressão cultural brasileira. Há várias escolas de capoeira no Brasil e em todo o mundo. Elas são importantes porque ajudam a divulgar a capoeira e nossa cultura ao mesmo tempo.

B | Você já jogou capoeira? Pratica alguma luta? Toca algum instrumento musical? Converse com o colega ao seu lado. Quem sabe você encontra um mestre de capoeira em sua classe...

C | Baden Powell e Vinícius do Moraes, dois importantes compositores brasileiros, compuseram uma música sobre a capoeira. O título dessa canção é "Berimbau". Ouça a canção e repare em sua musicalidade.

Unidade 12

A que horas é a consulta?

Vamos lá?

1 | Corpo humano

A | Identifique as partes do corpo.

- ☐ ombro
- ☐ perna
- ☐ pé
- ☐ mão
- ☐ calcanhar
- ☐ joelho
- ☐ costas
- ☐ cabeça
- ☐ braço
- ☐ barriga
- ☐ peito
- ☐ pulso

Nesta unidade, você vai aprender a:

- Falar sobre saúde
- Marcar uma consulta
- Ler bulas de remédios, avisos e panfletos referentes à saúde pública

In this unit, you will learn how to:

- *Talk about health*
- *Make medical appointments with the doctor*
- *Read medicine labels and public health brochures*

Descobrindo

1 | Como está sua saúde?

A | Responda ao questionário.

1. Você sofre de alguma alergia? De que tipo?

- ☐ Alimentar
- ☐ Ao látex
- ☐ Ao pólen
- ☐ Respiratória
- ☐ Ao glúten
- ☐ Outra

2. Você tem algum destes problemas de saúde?

- ☐ Diabetes
- ☐ Sinusite
- ☐ Obesidade
- ☐ Depressão
- ☐ Hipertensão
- ☐ Pressão baixa

3. Quais exames você fez no último ano?

- ☐ Raio-x
- ☐ Ressonância magnética
- ☐ Exame de urina
- ☐ Exame de sangue
- ☐ Mamografia
- ☐ Densitometria óssea

4. Você fuma?

- ☐ Não.
- ☐ Ocasionalmente.
- ☐ Mais de 5 cigarros por dia.
- ☐ Mais de 10 cigarros por dia.
- ☐ Mais de um maço por dia.
- ☐ Cerca de dois maços por dia.

5. Você já consultou algum destes especialistas?

- ☐ Neurologista
- ☐ Otorrinolaringologista
- ☐ Dermatologista
- ☐ Ginecologista
- ☐ Odontologista
- ☐ Urologista
- ☐ Cardiologista
- ☐ Obstetra
- ☐ Ortopedista
- ☐ Gastroenterologista
- ☐ Oftalmologista
- ☐ Psicólogo

B | Compare suas respostas com as dos seus colegas.

2 | Como você está se sentindo?

A Ouça e marque o que Roberto está sentindo.

- ☐ Está gripado.
- ☐ Tem febre.
- ☐ Tem dores no corpo.
- ☐ Não tem apetite.
- ☐ Não tem forças.
- ☐ Está tonto.
- ☐ Tem falta de ar.
- ☐ Tem tosse.
- ☐ Tem enjoo.

B | Que conselhos você daria a Roberto?

> Descanse muito. Beba um chá de gengibre com limão.

> Tome xarope, vista roupa quente e procure dormir.

> Você devia marcar uma consulta com seu médico!

> Chame uma ambulância! Seu estado é grave demais!

Falando de saúde
Talking about health

Sintomas

Ter [febre / tosse / enjoo / falta de ar/ dores / mal-estar]
Sentir-se [tonto / mal / fraco]
Estar com [frio / calor / tonturas]

Locais de atendimento

Ir [ao hospital / ao posto de saúde / à clínica / ao pronto-socorro / ao consultório médico]
Marcar [uma consulta / um exame / um *check-up*]

3 No médico

A 🎧 **Teresa está em um hospital particular. Ouça o diálogo e numere as frases na ordem correta.**

☐ Bom dia, senhora. É sua primeira vez?
☐ Obrigada.
☐ É, sim.
☐ Aqui tem.

☐ Por favor, preencha esta ficha.
☐ Bom dia. Preciso marcar uma consulta.
☐ Aguarde na sala 3, por favor.

B 🎧 **Ouça e leia o diálogo com o médico.**

Doutor: Boa tarde, Teresa. Sente-se, por favor.
Teresa: Boa tarde, doutor.
Doutor: Então, o que traz você aqui?
Teresa: Nada de mais. É mesmo uma consulta de rotina. Fiz 40 anos no mês passado, por isso pensei em fazer um *check-up*.
Doutor: Faz muito bem. É sempre melhor prevenir do que remediar. Você já vez algum *check-up* antes?
Teresa: Fiz, sim. Tenho uma saúde de ferro, nunca fico doente.
Doutor: Você é uma pessoa de sorte. Vamos medir a sua pressão e, a seguir, eu vou preencher uma requisição para os exames de rotina.
Teresa: Ótimo. Eu também voltei a fazer ginástica. Acabei de me inscrever numa academia, quero recuperar a forma e emagrecer um pouco.
Doutor: Sua pressão está boa. Fazer exercícios regularmente e ter uma alimentação saudável é importante em qualquer idade.
Teresa: É, eu sei, mas a gente sempre relaxa um pouquinho.
Doutor: Bom, aqui está a requisição dos exames.
Teresa: Desculpe, doutor, mas não entendo sua letra. O que está escrito aqui?
Doutor: E-L-E-T-R-O-C-A-R-D-I-O-G-R-A-M-A.
Teresa: Obrigada!

C | **Marque as frases verdadeiras sobre o diálogo. Corrija as falsas.**

1. Teresa quer fazer exames.
2. Neste momento, Teresa não tem problemas de saúde.
3. A pressão de Teresa está alta.
4. Teresa precisa fazer esporte.
5. Teresa não recebe uma receita do médico.

Falando de medicamentos
Talking about medicines

Tomar [xarope / antibiótico / analgésico / cápsula]
Passar creme
Dissolver comprimidos
Colocar [emplastro / curativo]

Tomar um comprimido [de manhã e outro à noite / uma vez ao dia / a cada 8 horas / depois / antes do almoço / do jantar]

D | **Responda às perguntas.**

1. Quando foi a última vez que você ficou doente? O que você fez?
2. O que você prefere? Antibiótico ou remédio caseiro?
3. Aonde você vai quando precisa de um médico com urgência? Vai ao hospital ou chama um médico?

Pronunciando e escrevendo

LETRA l

Ouça e repita as palavras.

livre	geral
longe	anual
particular	hospital
consultório	gel
clínica	Brasil

EM FOCO

1 Onde dói?

A | Leia as frases. Repare nos pronomes destacados.

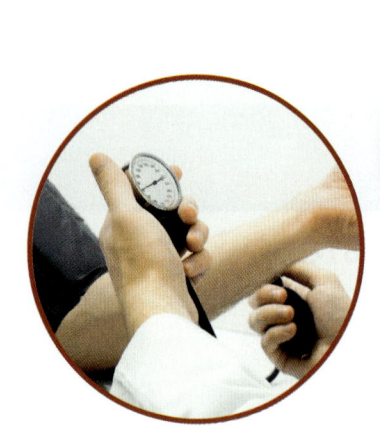

O médico **me** mediu a pressão.

A enfermeira vai **me** dar uma injeção.

O terapeuta **lhe** fez uma massagem.

Pronomes oblíquos átonos (objeto direto) / *Indirect object pronouns*

(eu)	me	(nós)	nos
(você)	lhe	(vocês)	lhes
(ele)	lhe	(eles)	lhes
(ela)	lhe	(elas)	lhes

B | Complete as frases com os pronomes adequados.

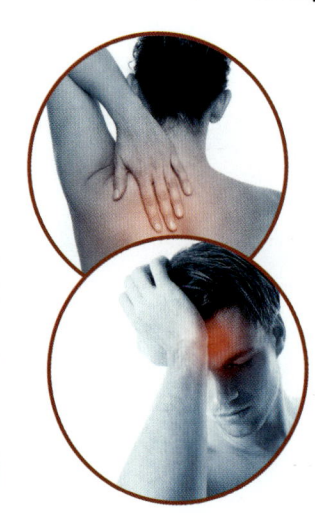

1. Tenho dores nas costas. Doem _____ as costas.
2. A cabeça dele está doendo. Dói _____ a cabeça.
3. Fui ao médico e ele _____ fez muitas perguntas.
4. Nosso professor de ginástica _____ recomendou mais exercícios.
5. Estivemos com nossos colegas e _____ demos o endereço do massagista.

2 | Tenho me sentido muito cansada.

A | O que se passa com Ana Carolina? Leia o texto e responda.

Ultimamente, **tenho trabalhado** mais de 14 horas diárias. **Tenho dormido** pouco e mal. Chego sempre tarde em casa, cansada, preocupada e irritada. Minha cabeça está sempre doendo.

Meu marido **tem sido** muito compreensivo. Ele **tem** me **ajudado** muito.

Preciso tirar férias. Não aguento mais.

Pretérito perfeito composto do indicativo / *Present perfect progressive*

Ultimamente, **tenho trabalhado** mais de 14 horas diárias.

Particípios passados regulares / *Regular past participles*

(eu)	tenho	ajud**ado**
(você)	tem	trabalh**ado**
(ele / ela)	tem	l**ido**
(nós)	temos	s**ido**
(vocês)	têm	dorm**ido**
(eles / elas)	têm	part**ido**

Particípios passados irregulares / *Irregular past participles*

abrir	aberto
dizer	dito
escrever	escrito
fazer	feito
pôr	posto
ver	visto
vir	vindo

Unidade 12 — A que horas é a consulta? **Em Foco**

B | **Faça frases usando as palavras dadas.**

1. Ultimamente / eu / sentir-se / cansado
2. Nos últimos dias / ele / ter / febre
3. Eu / não / ter / apetite / de manhã
4. Minha pressão / estar / alta / desde o final de semana
5. Nós / não / fazer / exames / nos últimos meses

C | **Cada aluno faz duas perguntas aos colegas sobre saúde usando: ultimamente ou nos últimos meses.**

3 | Já fiz vários exames, mas ninguém sabe o que eu tenho.

A | **Alguns pacientes dão respostas muito vagas. Leia-as.**

> Tomei vários medicamentos, mas não me lembro do nome de nenhum.

> Fiz tudo o que o médico sugeriu, mas nada resultou.

Pronomes indefinidos substantivos e adjetivos
Indefinite pronouns and adjectives

Variáveis / *Variable*	Invariáveis / *Invariable*
Pessoas e coisas / *People and things*	**Pessoas** / *People*
(+) algum / alguns; alguma(s) (-) nenhum / nenhuns; nenhuma(s)	(+) alguém / (-) ninguém
A: Você conhece algum pediatra? B: Não, não conheço nenhum.	A: Tem alguém na sala? B: Não tem ninguém.
todo(s) / toda(s)	**Coisas** / *Things*
A: Você já viu todas estas fotos? B: Sim, vi todas.	(+) tudo / (-) nada
Outras formas / *Other forms* muito(s); pouco(s); certo(s); diverso(s); outro(s); vários	A: Você já tomou tudo? B: Ainda não tomei nada.

158 NOTA 10

B | **Escolha a opção correta em cada frase.**

1. Beba **muito / muita / muitos** água.
2. Faça **tudo / todo / toda** o que o médico disse.
3. Tem **alguém / algum / algumas** no consultório?
4. Tive **muitos / muitas / muitos** dores no final de semana.
5. Cuido da minha alimentação **toda / todos / todo** os dias.
6. Não conheço **nenhuns / nenhuma / nenhum** cirurgião.
7. Há **várias / vários** crianças gripadas.
8. Ela emagreceu **pouco / poucas / poucos**.
9. Sandra tem **muito / muita / muitos** tosse.
10. **Ninguém / Nenhum / Nenhuma** falou com o enfermeiro.

C | **Trabalhando em pares, cada aluno responde a duas perguntas de um modo vago.**

1. Você já fez muitos exames?
2. Você tem sentido alguns sintomas de estresse ultimamente?
3. Quantas pessoas com alergia você conhece?
4. Você tem algum problema de saúde?

4 | Tomei o antibiótico e passei o creme.

A | **Relacione as colunas de modo a formar frases.**

A	B
1. Tome	a. fundo.
2. Passe	b. mais.
3. Dissolva	c. a febre.
4. Descanse	d. os comprimidos em água.
5. Marque	e. a pressão.
6. Respire	f. o creme duas vezes ao dia.
7. Tire	g. o xarope de 8 em 8 horas.
8. Meça	h. o retorno.

B | **O que você fez da última vez que ficou doente?**

1, 2, 3...AÇÃO!

1 | Cuidando da saúde

A | **Identifique os extratos dos textos abaixo.**

1. Aviso de posto de saúde
2. Folheto informativo
3. Campanha publicitária
4. Bula de medicamento

A DENGUE MATA. PREVINA-SE!

B Vacine-se contra a gripe

Melhore sua qualidade de vida!

Venha tomar sua vacina entre 1 de abril e 30 de maio.

Horário de funcionamento: de segunda a sexta, das 8 h às 17 h.

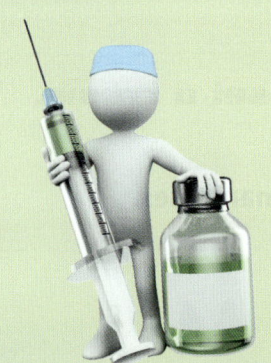

C Posologia

Adultos: Um comprimido revestido três a quatro vezes ao dia.

Crianças: Não é indicado para crianças com menos de 12 anos de idade.

Modo e Via de Administração

Administração por via oral. Ingerir os comprimidos revestidos inteiros, com água.

Efeitos secundários

As reações adversas reportadas incluem náuseas, vômitos, boca seca, nervosismo, dor de cabeça, tontura e visão turva.

D Previna-se contra a hipertensão!

- Controle sua pressão arterial
- Faça exercício sob orientação médica
- Reduza o consumo de sal
- Não fume
- Relaxe. O estresse aumenta a pressão arterial

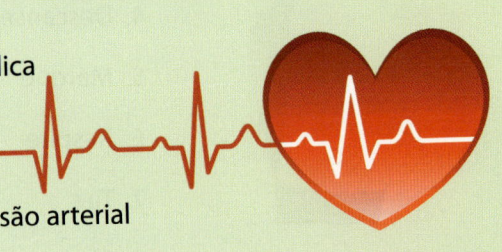

B | Relacione as frases abaixo com os textos da página anterior.

1. ☐ Controle seu peso. Faça uma alimentação saudável. Coma verduras e frutas, evite as frituras, os salgados e as gorduras. Prefira os grelhados e os cozidos. Modere ou evite a ingestão de álcool.

2. ☐ É uma doença infecciosa causada por um vírus. No Brasil, é transmitida através do mosquito Aedes. Existem quatro tipos: DEN-1, DEN-2, DEN-3 e DEN-4.

3. ☐ Antes de tomar qualquer medicamento, leia as informações da bula. Em caso de dúvida, consulte seu médico.

4. ☐ Entre os grupos prioritários estão crianças de seis meses a dois anos, gestantes, idosos, portadores de doenças crônicas e profissionais de saúde.

2 | Consultas

A Duas pessoas têm problemas de saúde. Ouça as queixas e complete os textos. A seguir, decida que médicos eles devem consultar.

Texto A

Primeiro, só _____ quando eu tomava algo muito quente ou muito frio. Depois, comecei a sentir _____. Agora, meus dentes doem o tempo todo, sem descanso. Tenho _____ mal e não consigo _____ direito. Sei que tenho de procurar um especialista, mas morro de medo de _____!

Texto B

Estou com _____ há uma semana. Já fiz de tudo. Tomei anti-inflamatórios, passei _____ e fiz _____. Nada parece resolver. Ao contrário, está cada vez _____. Não consigo dormir direito e mal consigo _____. Hoje tive de _____ ao trabalho. Não sei mais o que fazer!

B | Forme um grupo com dois colegas. Siga as instruções e simule as situações.

1. O aluno A vai marcar a consulta para o médico adequado.
2. O aluno B vai ser o paciente. No médico, vai explicar o que tem sentido nos últimos dias e como é seu estado hoje.
3. O aluno C é o médico. Faz as perguntas necessárias, avalia a condição do paciente, passa os remédios e dá alguns conselhos.

Dica do Dia — Remédios caseiros

1 **Você está gripado? Tome um chá de gengibre com alecrim!**

A Leia o texto abaixo sobre alguns remédios caseiros usados no Brasil.

Os remédios caseiros ou naturais são bastante populares em algumas regiões do Brasil. Algumas receitas são tradicionais, veja os exemplos abaixo:

- ✓ Água com açúcar (acalma pessoas assustadas ou muito nervosas, costuma funcionar bem com as crianças)
- ✓ Mel com limão (alivia a tosse)
- ✓ Suco de maracujá ou chá de camomila (combatem a ansiedade)
- ✓ Água com sal ou com gotas de limão (desentope o nariz)
- ✓ Suco de pó de guaraná, café ou açaí (dão energia e mantêm qualquer um acordado)

Entre todas as opções, os chás parecem ser os preferidos dos brasileiros. Para combater a ansiedade, aposte no chá de camomila. Para se livrar da indigestão, experimente o chá de carqueja. Para escapar das insônias: tente o chá de maracujá. Há chás para tudo: para curar problemas do fígado, dor de estômago, gases, gastrite, dor de garganta, colesterol alto, cólica menstrual...

Contra a gripe:
Chá de gengibre com alecrim

Ingredientes:
- folhas de alecrim (prefira o alecrim fresco)
- uma fatia fina de gengibre

Modo de fazer:
Leve uma xícara de água ao fogo. Quando ferver, desligue a chama e acrescente as folhas de alecrim e a fatia de gengibre. Adoce ao seu gosto.

Tome uma xícara de chá pelo menos três vezes ao dia.

Combate resfriados e problemas de garganta como coceira ou rouquidão.

B Em seu país, os remédios caseiros são populares?

C Você é adepto dessas soluções?

D Discuta as questões acima com o colega ao seu lado.

Unidade 13

Hoje é dia de trabalho!

Vamos lá?

1 | Organograma

A | Complete o organograma com as palavras da caixa abaixo.

Diretor de Marketing
Presidente
Vice-Presidente
Secretária
Gerente de Produto
Gerente de RH
Diretor de Recursos Humanos
Assistente / Auxiliar
Gerente de Comunicação

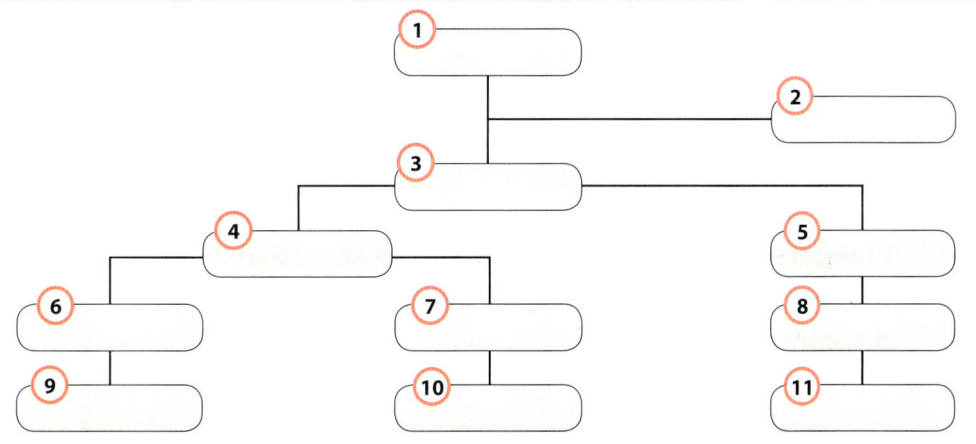

Nesta unidade, você vai aprender a:

- Falar sobre trabalho
- Fazer uma entrevista
- Falar utilizando o discurso indireto

In this unit, you will learn how to:

- *Talk about work*
- *Make an interview*
- *Report speech*

Descobrindo

1 Procurando emprego

A | Leia os perfis dos candidatos abaixo.

- Carolina Ferreira, 29 anos
- Graduada em Administração de Empresas pela FGV, pós-graduada em Gestão Hospitalar
- 7 anos de experiência no setor de saúde
- Casada, mãe de Beatriz (4 anos) e Lucas (1 ano)
- Fluente em inglês e espanhol
- Pretensão salarial: 5 mil reais mais benefícios

- Luciano Souza, 31 anos
- Graduado em Economia pela FEA-USP, pós-graduado em Gestão Empresarial
- 9 anos de experiência no mercado empresarial
- Solteiro, sem filhos
- Fluente em inglês, espanhol e francês
- Pretensão salarial: 5,5 mil reais mais benefícios

B | Ouça o texto e complete o anúncio abaixo.

_____ da área de saúde contrata _____. Requisitos necessários: _____ e experiência mínima comprovada de _____ em Gestão.

Dinamismo, _____ de comunicação e _____ para viagens são desejáveis. Possibilidade de trabalho _____ e horário flexível. Todos os _____ incluídos. Os _____ devem encaminhar _____ para o e-mail: rhseleciona@medicare.com.br, sob a sigla GERENTE.

C | Compare os perfis de Carol e Luciano de acordo com os critérios da tabela abaixo. Discuta com seu colega qual deles é o mais indicado para ocupar o cargo disponível.

	Carol	Luciano
Formação acadêmica		
Experiência profissional		
Disponibilidade		
Línguas		
Pretensão salarial		

D 🎧 **Ordene as frases abaixo. A seguir, ouça o diálogo e confira suas escolhas.**

1	Estou procurando emprego.
☐	Ah, você não é registrado, não tem carteira assinada.
☐	Isso mesmo.
☐	Na mesma área. Eu gosto de trabalhar com vendas.
☐	Sim, mas como temporário. Não tenho direito a nenhum benefício: vale-transporte, vale-alimentação, assistência médica, férias...
☐	Você está procurando emprego na mesma área ou quer tentar algo diferente?
☐	Já? Mas você acabou de ser contratado!
☐	Sim. Tenho lido os classificados.
☐	Obrigado.
☐	Tem acompanhado os anúncios dos jornais?
☐	Bom, eu vou ficar de olho.

Falando de trabalho
Talking about work

Áreas / Setores de mercado

Área comercial, Área de saúde, Setor de serviços, Setor empresarial, Setor industrial, Setor financeiro

Benefícios do trabalhador

vale-transporte, vale-refeição, vale-alimentação, férias acrescidas de 1/3, licença-maternidade, 13.º salário

E Seu colega vai a uma importante entrevista de trabalho. Ajude-o a se preparar seguindo o roteiro de perguntas abaixo. Em seguida, invertam os papéis.

- ✓ Qual é sua formação acadêmica?
- ✓ Qual é sua experiência profissional?
- ✓ Em sua opinião, quais são as suas principais qualidades?
- ✓ Em sua opinião, quais são os seus piores defeitos?
- ✓ Por que você quer trabalhar nesta empresa? O que você pode oferecer?
- ✓ O que esta empresa pode oferecer a você?
- ✓ Quem você mais admira? Por quê?
- ✓ Quais são suas pretensões salariais?

2 Trabalhando em equipe

A Complete o texto com as palavras da caixa. A seguir, ouça o texto e confira as suas respostas.

| resultados | habilidade | respeitar | expectativas | tirar proveito |
| experiências | contratar | distintos | cada vez mais | promover |

Trabalhar em equipe não é fácil. É preciso aprender a _____ as diferenças e, ao mesmo tempo, _____ delas.

O diálogo e a capacidade de negociação são fundamentais. Pessoas com *expertises* e _____ diversas, modos de pensar _____ e as mais variadas _____ precisam chegar a um acordo para alcançar bons _____.

Trabalhar em equipe não é fácil, mas é _____ necessário. Existem muitos livros sobre o tema e já há especialistas em *team coaching*. Muitas empresas multinacionais consideram a _____ de trabalhar em equipe um pré-requisito para _____ ou _____ seus empregados. No trabalho em equipe, o lema dos mosqueteiros parece ser bastante atual: "Um por todos e todos por um".

B Associe a coluna da esquerda com a coluna da direita.

A	B
1. Eu trabalho	a. gerente de atendimento.
2. Sou	b. a comunicação dos meus clientes.
3. Eu administro	c. em uma agência de comunicação.
4. Minha rotina de trabalho consiste	d. uma carteira de clientes.
5. Minha função é gerir	e. em responder a *e-mails*, participar de reuniões, escrever relatórios.

C | Andreia está de férias. Viajou com sua família para uma praia distante e deserta, um paraíso natural. Depois de dois dias de descanso, recebeu um *e-mail* da sua chefe. Leia a mensagem abaixo.

Cara Andreia,

Conquistamos um novo cliente na semana passada. Agora, temos um grande desafio pela frente: atendê-lo com qualidade.

Você é nossa gerente mais experiente, está fazendo falta na empresa. Você poderia encurtar suas férias e antecipar sua volta ao trabalho?

Contamos com você!

Um abraço,

Paula

D | Em sua opinião, o que Andreia deve fazer? Discuta com seu colega algumas das opções abaixo.

- Ignorar a mensagem e curtir as férias em família.
- Responder ao *e-mail*, mas não desistir das férias.
- Cancelar as férias e voltar ao trabalho.
- Negociar: não cancelar as férias, mas voltar um pouco mais cedo.

E | Escreva uma possível resposta de Andreia ao seu chefe.

Pronunciando e escrevendo

Letra s

🎧 Ouça e repita.

salarial	passada	empresa
secretária	pessoas	requisito
pretensão	assinado	presidente
descida	assistente	desafio
consciência	profissional	precisar

EM FOCO

1 Conversas de corredor

A | Leia o diálogo abaixo no escritório. Preste atenção aos verbos em destaque.

No escritório

Luciano: Vocês já **tinham visto** este modelo de relatório antes?

Carol: Não. Você gostou?

Luciano: Parece-me bem feito.

Carol: De agora em diante, vamos ter de adotá-lo?

Luciano: Ainda não sei. Quando eu telefonei ao cliente, ele já **tinha saído**.

Pretérito mais-que-perfeito composto do indicativo / *Past perfect*

Fill in the table with the verbs in the past perfect.

(eu)	**tinha imaginado.**
(você)	_____ (fazer)
(ele / ela)	_____ (escrever)
(nós)	_____ (dizer)
(vocês)	_____ (dar)
(eles / elas)	_____ (pôr)

B | Leia o depoimento de Ângela e complete as lacunas com o pretérito mais-que-perfeito composto dos verbos entre parênteses.

Eu _____ (gastar) horas no cabeleireiro e _____ (pagar) um dinheirão por uma roupa nova por causa de uma reunião importante. Eu _____ (deixar) tudo preparado na noite anterior: _____ (pôr) o despertador para tocar às 7 h, _____ (colocar) meu *tailleur* em cima da cadeira e _____ (limpar) meus sapatos. Levantei no horário, tomei banho e me vesti. Tomei o café da manhã na padaria e fui para o escritório. Eu _____ (planejar) chegar uns quinze minutos mais cedo para me preparar.

Cheguei ao trabalho e encontrei o escritório vazio. Levei um susto! Não vi a Dona Marta, nossa secretária, nem o Pedro, nosso estagiário. Os dois são sempre os primeiros a chegar. Então vi o relógio na parede e percebi tudo: eu _____ (esquecer) de ajustar o relógio para o horário de verão. _____ (chegar) uma hora adiantada!

C | Leia as afirmações abaixo. Classifique-as em verdadeiras (V) ou falsas (F).

1. Ângela é uma pessoa previdente. Gosta de se preparar para tudo e procura evitar contratempos e surpresas. ☐
2. Pedro, Ângela e Marta são colegas de trabalho. Pedro é chefe de Ângela e Marta é secretária de Pedro. ☐
3. Ângela não gosta de padarias, sempre toma o café da manhã em casa. ☐
4. Ângela chegou atrasada ao trabalho porque esqueceu de ajustar seu relógio. ☐

D | Complete o parágrafo abaixo. A seguir, desenvolva-o e escreva sua própria história.

Hoje de manhã, perdi a hora e cheguei quinze minutos atrasado/a no trabalho. Quando entrei no escritório, nossa reunião semanal já tinha começado. Meu chefe tinha deixado um bilhete sobre a minha mesa. Ele estava _____.

E | Trabalhe em pares. Faça perguntas ao seu colega e descubra a versão dele da história. A seguir, invertam os papéis.

2 | Que tal uma pausa para o café?

A | Leia o diálogo abaixo e preste atenção às palavras em destaque.

Ana: Você já sabe da novidade? A gerente com **quem** eu trabalho vai ser transferida para a nossa filial da Bahia.

Isabel: Quem? A Luana?

Ana: Sim, ela mesma. O trabalho de prospecção de clientes **que** ela fez na região deu bons resultados.

Isabel: Que legal! Ela deve estar contente.

Ana: Está mesmo. O escritório **onde** ela vai trabalhar fica no centro da cidade, num prédio moderno.

Isabel: Precisamos organizar uma festa de despedida para ela.

Ana: Sim, é uma boa ideia.

B | Escolha a opção correta. No diálogo acima, as palavras "quem", "que" e "onde" referem-se respetivamente a:

1. ☐ trabalho, Luana, escritório
2. ☐ Luana, trabalho, escritório
3. ☐ escritório, Luana, trabalho
4. ☐ trabalho, escritório, Luana

Pronomes relativos invariáveis / *Invariable relative pronouns*
Fill in the table with examples from exercice A.

onde *(relates to places)*	
que *(relates to people, things and places)*	
quem *(relates to people. It is preceded by a preposition)*	

C | Leia as frases e complete as lacunas com os pronomes relativos.

1. O funcionário de _____ eu reclamei ontem foi demitido.
2. Na cidade _____ eu moro há muitas empresas agropecuárias.
3. O cargo _____ eu ocupo é de chefia.
4. O escritório de advocacia _____ eu trabalho é o melhor do mercado.
5. O carro _____ dirijo pertence à empresa.

3 | Promoções e despedimentos

A | Leia os textos da coluna da esquerda e preste atenção às palavras em destaque. A seguir, complete o texto da coluna da direita.

"Você está demitido!"

Pedro: "Eu **tento** acordar cedo, mas não **consigo**. **Chego** atrasado ao trabalho todos os dias. Meu chefe **é** pontual e não **gosta** de atrasos. Ele não **tem** paciência comigo. Hoje de manhã, ele me **perguntou**: Por que você não **compra** um relógio novo?"

O que Pedro disse?

Ele disse que **tentava** acordar cedo, mas não **conseguia**. Ele confessou que **chegava** atrasado ao trabalho todos os dias. Ele disse que seu chefe **era** pontual, não **gostava** de atrasos, não **tinha** paciência com ele e que hoje de manhã **tinha** lhe **perguntado** porque ele não **comprava** um relógio novo.

"Você está contratada!"

Patrícia: "Eu **fui** a uma entrevista de trabalho ontem. **Levei** uma hora para chegar à empresa, mas não me **atrasei**. No final, **correu** tudo bem. **Foram** simpáticos e **elogiaram** meu currículo."

O que Patrícia disse?

Ela disse que _____ a uma entrevista de trabalho ontem e que _____ uma hora para chegar à empresa, mas que não se _____ e que no final, _____ tudo bem porque todos _____ simpáticos e _____ seu currículo.

Discurso indireto / *Reported speech*

Presente	Pretérito imperfeito
"**Chego** atrasado."	Ele disse que **chegava** atrasado.

Pretérito Perfeito	Pretérito mais-que-perfeito composto
"Ela me **perguntou**."	Ele disse que ela **tinha** lhe **perguntado**.

1, 2, 3...AÇÃO!

1 | Parabéns, você foi promovido!

A 🎧 Lucas conversa com sua namorada ao telefone. Tente completar a transcrição do diálogo com seu colega.

Lucas: Meu amor, eu tenho uma surpresa para você.

Ieda: Eu adoro surpresas!

Lucas: Fui promovido! Meu diretor _____ o último projeto que eu fiz. Aqui, é ele quem manda. Por isso, consegui a _____ e ganhei uma sala só para mim no prédio da sede.

Ieda: Onde?

Lucas: Naquele prédio onde comemoramos a festa do final de ano da firma.

Ieda: Ah… _____, meu amor!

Lucas: Ganhei também um aumento de _____ e muito mais _____, claro.

Ieda: Mas você já trabalha _____!

Lucas: Eu sei, mas não _____ reclamar.

Ieda: Eu também tenho uma _____ para você. Fiz o teste de gravidez ontem e deu positivo. Agora, você já pode me pedir em casamento!

B | Retome o exercício A e escreva o que Lucas e Ieda disseram. A seguir, compare sua versão com as versões dos seus colegas.

Lucas disse que _____

Ieda disse que _____

2 | É hora de decidir

A — Atualmente, Luciano trabalha como gerente em uma empresa nacional inovadora e com boa reputação no mercado brasileiro. Gosta do que faz e se relaciona bem com os colegas. No entanto, Luciano acaba de receber uma proposta de trabalho inesperada. Veja abaixo as condições dessa proposta.

- ✓ Cargo de gerência em uma empresa multinacional
- ✓ Possibilidade de carreira no exterior
- ✓ Salário 5% inferior ao atual
- ✓ Necessidade de deslocamentos frequentes às outras filiais da empresa na América Latina
- ✓ Oferta de uma bolsa de estudos para Luciano fazer seu MBA
- ✓ Assistência médica de qualidade superior
- ✓ Todos os benefícios
- ✓ Bônus anual

B — Luciano é recém-casado e sua esposa está grávida. Está bastante indeciso. Ajude Luciano a decidir. Liste os prós e contras relacionados à nova proposta de trabalho.

Prós	Contras

C — Qual é o emprego dos seus sonhos? Siga o exemplo do exercício A e descreva a proposta de trabalho ideal para você.

D — Faça a sua proposta de trabalho para o colega ao seu lado. Discutam os prós e contras dessa proposta. A seguir, invertam os papéis.

Dica do Dia — *Happy-Hour*

1 | Todo dia é dia de *Happy-Hour*.

A | Leia as dicas e os motivos para se fazer uma *Happy-Hour*.

Dez motivos para se fazer uma *Happy-Hour*

1. Fugir do trânsito caótico das grandes cidades.
2. Tomar um chope gelado em uma noite de verão.
3. Relaxar depois de um cansativo dia de trabalho.
4. Fazer amigos entre colegas de trabalho.
5. Ter uma boa desculpa para sair do regime.
6. Melhorar o clima de trabalho.
7. Trocar experiências e fazer contatos.
8. Criticar as decisões da empresa.
9. Rever amigos.
10. Falar mal do chefe.

Cinco dicas para uma *Happy-Hour* de sucesso

1. Escolha um local perto do trabalho. Ninguém quer ficar preso no trânsito.
2. É ótimo fazer amigos entre colegas, mas, até lá, lembre-se: colegas são colegas e amigos são amigos.
3. Evite falar de trabalho o tempo todo. A ideia é relaxar!
4. Não beba demais e lembre-se: sinceridade pode ser sinônimo de falta de educação.
5. Divirta-se!

B | Com a ajuda de um colega, organize uma *Happy-Hour* para sua classe. A seguir, discutam as diferentes propostas em conjunto.

Unidade 14

Gostarias de conhecer outros países lusófonos?

Vamos lá?

1 Lusofonia

A 🎧 Ouça o texto sobre o papel e a importância da língua portuguesa no mundo.

PORTUGAL
10,6 milhões

MACAU
607,5 mil

CABO VERDE
491.875 mil

GUINÉ-BISSAU
1,5 milhão

GUINÉ EQUATORIAL
757.000 mil

BRASIL
190,4 milhões

S. TOMÉ E PRÍNCIPE
187.356 mil

TIMOR-LESTE
1,1 milhão

MOÇAMBIQUE
20,5 milhões

ANGOLA
20,5 milhões

Fontes: INE (Cabo Verde, 2010; Guiné-Bissau, 2009; Moçambique, 2007; Timor-Leste, 2010; Angola, 2011; São Tomé e Príncipe, 2012; Portugal, 2014; Macau, 2013; IBGE (Brasil, 2010), Banco Mundial (Guiné Equatorial, 2013).

Nesta unidade, você vai aprender a:	In this unit, you will learn how to:
• Reconhecer algumas diferenças entre o português europeu e o português do Brasil	• Recognize some differences between European Portuguese and Brazilian Portuguese

Descobrindo

1 | Porque é que aprendes português?

A Ouça e leia os comentários de três falantes de português. Que variante é que eles estudaram? A europeia ou a brasileira?

"Decidi acrescentar o português ao meu portefólio linguístico, porque já trabalhava como intérprete. Fiz um curso intensivo em Lisboa, em 1998, e voltei em 2003 para uma especialização. Fiquei muito satisfeita com os resultados. Também gostei bastante do país. Estou a considerar mudar-me para lá."

(Sophie, França, 34 anos)

"Sempre gostei de viajar e de aprender línguas. Comecei a estudar português aos 15 anos. No início, eu tinha de me esforçar muito. Agora, já consigo me virar. No próximo ano, vou finalmente visitar o Rio de Janeiro. Quero passar minhas férias curtindo o sol carioca. Acho que vai ser legal."

(Marcel, Alemanha, 29 anos)

"Eu gosto de estudar línguas nos países de origem. Temos contato com os falantes nativos, fazemos amigos e conhecemos melhor a cultura local. Em 2012, frequentei um curso de Português em Salvador. Correu bem. No início, foi difícil, mas depois fiz um grande progresso. Sou capaz de falar e de escrever bem em português."

(Maria, Itália, 40 anos)

B O que acha das diferenças entre a pronúncia do português europeu e do português do Brasil?

Juízos e sentimentos *Judgments and feelings*	
Capacidade	**Sentimentos**
Consigo [compreender] Sou capaz de [ler o jornal] Acho [fácil / difícil] Tenho dificuldade em …	Fico nervoso… Fiquei [satisfeito / insatisfeito] Bloqueio… Custa-me [falar]

176 NOTA 10

C | **Relacione as frases com os estudantes.**

> Sophie   Marcel   Maria

1. _____ Estudou português por motivos profissionais.
2. _____ Gosta de viajar.
3. _____ Prefere aprender línguas nos países onde se falam.
4. _____ Planeia viver em Portugal.
5. _____ Estuda português desde a adolescência.
6. _____ Usa o português no trabalho.

D | **Responda às perguntas sobre a sua experiência de aprendizagem.**

1. O que tem sido mais difícil neste curso?
2. O que prefere fazer? Falar, ler ou escrever? Porquê?
3. Como tem sido o seu progresso nos últimos meses?

2 | Onde é que vocês fizeram o curso?

A | A Marta é professora de português e fala sobre a sua experiência de ensino. Ouça o diálogo e responda às perguntas.

1. Quais são as nacionalidades dos alunos da Marta?
2. Porque é que estudam português?

B | Uma das alunas da Marta descreve a experiência que teve em Portugal. Ouça o texto e marque no mapa as cidades onde estudou e os sítios que conheceu.

Unidade 14 — Gostarias de conhecer outros países lusófonos? Descobrindo

C Lisboa foi eleita como um dos melhores destinos europeus e a melhor cidade europeia para estadias de curta duração em 2013. O que sabe sobre a capital portuguesa? Já a visitou ou pensa visitar?

3 Países lusófonos

A Teste os seus conhecimentos sobre os países de expressão oficial portuguesa, escolhendo as opções corretas.

1. A unidade monetária de Moçambique é **o metical / a pataca / o escudo cabo-verdiano**.

2. Pepetela é um importante **escultor / pintor / escritor** angolano.

3. A kizomba é um estilo de música **timorense / angolano / cabo-verdiano**.

4. Um dos pratos típicos de Cabo Verde é a **cachupa / a muamba / o funge**.

5. A cantora Cesária Évora nasceu **em Luanda / no Mindelo / em Maputo**.

6. Angola e Moçambique tornaram-se países independentes na década de **60 / 70 / 80** do século XX.

7. A administração portuguesa deixou o território macaense em **1969 / 1979 / 1999**.

8. Malangatana foi um importante artista plástico e **biólogo / poeta / jornalista** moçambicano.

9. As línguas oficiais de Timor-Leste são o português e o **tétum / mambai / bunac**.

10. São Tomé foi um dos maiores produtores mundiais de **batata / cacau / café**.

Soluções:
1. o metical 2. escritor 3. angolano 4. cachupa 5. no Mindelo 6. 70 7. 1999 8. poeta 9. tétum 10. cacau

178 | NOTA 10

Pronunciando e escrevendo

Português europeu

🎧 **Ouça as palavras no português europeu e preste atenção à pronúncia das letras destacadas.**

A
da, bica, vilas
má, está, vogal

E
de, cave, cidade
é, época
vê, português, mesa

O
loja, hotel, só
zona, avô
do, azulejo, distrito

C
cabo, coleção, cultura
cedo, fácil

Ç
caça, Açores, açúcar

D
data, depois, dia, dois
durar

G
elegância, gostar, agudo
paguei, guia
género, estratégico

H
homem, humano

L
Lisboa, alegre, Portugal

Q
Joaquim, Henrique
quanto, quatro

R
rua, bairro, melro
histórico, passear

S
saber, compreensão, assinar
estudas, descer, piscina
desde, Lisboa
casa, coisa

T
tanto, ter, tinha, todos
tudo

X
próximo
xaile
táxi
exato

Z
zero, azar
juiz, paz, dez

Unidade 14 — Gostarias de conhecer outros países lusófonos? Descobrindo

EM FOCO

1 | Gostaria de conhecer Lisboa?

A | Alguns amigos imaginam o que fariam durante duas semanas em Portugal. Leia as respostas e preste atenção aos verbos destacados.

"Nós **alugaríamos** um carro, **conheceríamos** o Algarve e a costa alentejana. As praias são ótimas!"

"Eu **faria** uma viagem pelo Norte. **Visitaria** o Porto e **faria** uma viagem de barco pelo Douro."

Futuro do pretérito / Conditional

	Verbos regulares	Verbos irregulares		
		dizer	fazer	trazer
(eu)	visitar**ia**	diria	faria	traria
(você)	visitar**ia**	diria	faria	traria
(ele)	visitar**ia**	diria	faria	traria
(nós)	visitar**íamos**	diríamos	faríamos	traríamos
(vocês)	visitar**iam**	diriam	fariam	trariam
(eles)	visitar**iam**	diriam	fariam	trariam

B | O que faria nas situações seguintes? Comente com os seus colegas.

1. Você encontra uma carteira com 1.000 euros.
2. É meia-noite. Alguém tenta forçar a entrada na sua casa.
3. Tem uma tarde para realizar três desejos.
4. Uma empresa do setor do turismo diz-lhe que ganhou um prémio: um mês num destino à sua escolha.
5. O seu melhor amigo pede-lhe para ficar com o gato dele durante uma semana.
6. Você descobre que pode viajar no tempo.

2 | Queres ir connosco?

A | Leia as mensagens. Quais delas estão escritas no português europeu?

(A) Maria,

Como estás? Eu estou ótima. Diverti-me imenso em Maputo. O nosso hotel era ótimo! O Miguel acha que tu ias gostar muito de Moçambique. Há praias lindas e a noite é animadíssima. Eu ligo-te amanhã. Beijinhos

(B) Oi, Aninha,

Como vão as coisas por aí? Nós estamos nos divertindo bastante aqui em Camboriú. Ainda não deu para pegar praia, mas já fizemos vários passeios legais. Agora só falta mesmo aparecer o sol. Beijos.

(C) Marta,

Estou numa reunião importante. Acho que vai demorar. A que horas chegas a casa?
Podes passar pelo supermercado? Precisamos de comprar fruta e gelado para o jantar. Até logo.

(D) Oi, Renato,

Vou chegar atrasada por causa da greve dos ônibus. O trânsito está um caos. Levei 15 minutos só para tirar meu carro da garagem! Comecem a reunião sem mim, ok? Logo, logo apareço por aí. Obrigada.

(E) Rui,

Já tens planos para o fim de semana? Gostava de te mostrar a baía de Luanda. Eu e o João estamos a pensar em passar uns dias na capital. Queres ir connosco? Liga-me. Abraço.

(F) Oi, Rodrigo,

Tudo bem? Pensei em reunir nossa turma neste final de semana. Podemos fazer um churrasco no sítio do Marcelo. Ele já ofereceu a casa. Tem churrasqueira, piscina e quadra de tênis. Você topa? Abraços.

B | Leia novamente as mensagens escritas no português europeu e sublinhe o que as diferencia do português do Brasil a nível gramatical.

C | **Reescreva as frases abaixo no português europeu.**

1. Estou aprendendo português.
   _____

2. Nós gostamos de conhecer Lisboa no ano passado.
   _____

3. Preciso reservar a viagem.
   _____

4. Nós estamos em um hotel no centro.
   _____

5. Posso dar uma sugestão a você?
   _____

6. Eu me levantei bem cedo e fui ao museu.
   _____

7. João e Maria, onde fica seu hotel?
   _____

8. Pedro e Jaime estão passando as férias juntos.
   _____

D | **No português europeu, usa-se a segunda pessoa do singular em situações informais. Consulte o apêndice gramatical e forme frases.**

1. conhecer / Lisboa _____

2. onde / estudar _____

3. viver / no Porto _____

4. já / estar / no Algarve _____

5. ainda não / ir / aos Açores _____

6. querer / beber / um café _____

2 | Como se diz "geladeira" no português europeu?

A | Complete as frases com os equivalentes europeus das palavras entre parênteses.

1. Comida e bebida

rebuçados | torrada | sandes | chávenas | meia de leite

1. Queria uma _meia de leite_ (café com leite), por favor.
2. Gostas de _rebuçados_ (balas)?
3. Para mim, é uma _torrada_ (pão na chapa).
4. Onde estão as _chávenas_ (xícaras)?
5. Queres uma _sandes_ (sanduíche)?

Eu adoro sumo (suco) de laranja.

2. Coisas

mensagem | cabine telefónica | telemóvel | alcatifa | fato

1. Esse _____ (terno) fica-te bem.
2. O meu _____ (celular) é novo.
3. Você recebeu a minha _____ (torpedo)?
4. Cuidado! Não suje a _____ (carpete).
5. Onde há uma _____ (um orelhão)?

O frigorífico (a geladeira) está cheio.

3. Ações

planeou | aterrar | gravar | apanhar | avariou-se

1. Já _____ (planejou) as férias?
2. A que horas vais _____ (aterissar)?
3. Vou _____ (pegar) o avião às 18h.
4. Tens de _____ (salvar) o documento.
5. O meu telemóvel _____ (estragou)!

Você conduz (dirige) muito bem!

1, 2, 3...AÇÃO!

1 | Solte a língua!

A | **Leia o texto sobre as diferenças lexicais entre o português falado em Portugal e no Brasil. Em seguida, responda às perguntas.**

1. Que línguas contribuíram para a formação do português falado no Brasil durante o período da colonização?

2. Porque é que nem sempre existem equivalentes entre as duas variantes?

3. De que língua europeia é que o português tem importado bastantes palavras?

O português falado no Brasil é o resultado da interação entre o português europeu (PE), as línguas indígenas anteriores à colonização portuguesa iniciada no século XVI – como é o caso do tupi-guarani – e as línguas dos escravos africanos (o ioruba e o quimbundo) que chegaram ao Brasil no período da colonização. Do tupi-guarani, o português do Brasil (PB) integrou muitas palavras relacionadas com a fauna, a flora e a toponímia (capivara, açaí, pitanga, mandioca, Niterói) que não têm equivalentes no português europeu.

O legado africano, por sua vez, manifesta-se, sobretudo, nos rituais religiosos como o candomblé, na gastronomia baiana (exemplos: vatapá, acarajé) e em palavras de uso corrente (exemplos: moleque, caçula).

Num passado mais recente, os empréstimos linguísticos de origem inglesa contribuíram para aumentar as diferenças entre os dois países: *gol* (PB) / *golo* (PE); *esporte* (PB) / *desporto* (PE); *estresse* (PB) / *stress* (PE); *shopping* (PB) / *centro comercial* (PE); *mouse* (PB) / *rato* (PE); *show* (PB) / *espetáculo* (PE); *pet shop* / *loja de animais* (PE); *playground* (PB) / *parque infantil* (PE).

No dia a dia, usam-se palavras diferentes para designar os mesmos conceitos: cardápio (PB) / ementa (PE); café da manhã (PB) / pequeno-almoço (PE); terno (PB) / fato (PE); banheiro (PB) / casa de banho (PE); marrom (PB) / castanho (PE); ônibus (PB) / autocarro (PE); ponto de ônibus (PB) / paragem de autocarro (PE).

Também é de referir a existência de palavras com significados totalmente diferentes: "Comprei umas calças de **fazenda**". (PE) / "A **fazenda** de meu pai tem 1.000 hectares." (PB). Na primeira frase **fazenda** designa um tipo de tecido. Na segunda, refere-se a uma herdade.

Não obstante as diferenças a nível lexical, os portugueses e os brasileiros, em geral, comunicam sem dificuldade, recorrendo ao contexto para clarificar o significado das palavras.

B | As frases abaixo estão escritas no português europeu. Siga as regras do jogo e passe-as para o português do Brasil.

Regras do jogo:

Cada jogador lança o dado uma vez para determinar quem inicia o jogo.

O jogador com mais pontos lança novamente o dado e avança o número de casas indicado.

Quando um jogador não souber a resposta, perde a vez.

Boa sorte!

COMECE AQUI	**5** Recebeste a minha mensagem?	**10** Qual é o horário dos centros comerciais?
1 Traga-me a ementa, por favor.	**6** Posso ver o fato castanho que está na montra?	**11** Queria uma sandes de queijo e um sumo de laranja, por favor.
2 Podia dizer-me onde é a casa de banho?	**7** A que horas servem o pequeno-almoço?	**12** Há alguma praça de táxis perto daqui?
3 Conduza devagar!	**8 RECUE DUAS CASAS**	**13** Onde é a paragem de autocarro mais próxima?
4 AVANCE UMA CASA	**9** Ateste o depósito e verifique o óleo, por favor.	**14 CHEGADA**

Dica do Dia — As minhas palavras

1 Estratégias de aprendizagem

A | Leia o texto sobre algumas técnicas para aprender vocabulário.

- Aposte nas atividades lúdicas! Faça os seus cartões de memória e desafie os seus colegas. Escreva a palavra em português num lado do cartão e a tradução no verso.

- Se gosta de música, descarregue as letras das canções da internet. Ouça a música enquanto lê o texto. Em seguida, crie um texto lacunar. Apague algumas palavras e substitua-as por traços. Tente preencher o texto com as palavras em falta.

- Recorra a bancos de imagens, fotografias ou recortes relacionados com os temas das suas aulas e legende-as.

- Organize o seu vocabulário por temas. Dentro de cada tema, inclua as palavras mais frequentes e frases úteis.

- Não traduza as frases feitas palavra a palavra. Aprenda-as como um todo. (exemplos: "tomar o café da manhã"; "pegar o ônibus").

- Veja filmes portugueses ou brasileiros com legendas em português.

- Se o seu estilo de aprendizagem é mais visual, esteja atento àquilo que lê. Destaque as palavras novas com cores sugestivas.

- Leia banda desenhada. As imagens facilitam a compreensão da história e é um exercício divertido.

- Leia textos sobre temas do seu interesse. Procure os seus tópicos preferidos na internet. Tente adivinhar o significado das palavras pelo contexto e depois confirme no dicionário.

- Não faça só listas de vocabulário. Use as palavras novas em frases.

- Crie uma secção especial no seu caderno para as expressões idiomáticas.

B | Quais das estratégias da lista lhe parecem mais úteis? Já usa ou usou alguma delas?

Exercícios Extra

UNIDADE 0

1 **Escreva o nome das letras.**
Write the name of the letters.

A a _____   B b (bê)   C c (cê)   D d (dê)
E e (ê)   F f _____   G g _____   H h _____
I i (i)   J j _____   K k _____   L l (ele)
M m (eme)   N n (ene)   O o (ô)   P p (pê)
Q q _____   R r (erre)   S s _____   T t (tê)
U u (u)   V v (vê)   W w (dáblio)   X x _____
Y y (ípsilon)   Z z (zê)

2 **Siga o exemplo e descubra os nomes de cinco países lusófonos.**
Follow the example and find out the names of five Portuguese speaking countries.

eme-ô-cê cedilha-á-eme-bê-i-quê-u-ê: Moçambique

a) bê-erre-á-esse-i-ele

b) á-ene-gê-ô-ele-á

c) pê-ô-erre-tê-u-gê-á-ele

d) cê-á-bê-ô vê-é-erre-dê

e) tê-i-eme-ô-erre

a) _____
b) _____
c) _____
d) _____
e) _____

3 Complete os diálogos.
Fill in the conversations.

Diálogo 1
A: Oi! _____ é Fábio.
   E o _____?
B: Me chamo João.
A: Muito _____

Diálogo 2
A: _____ é seu nome?
B: Meu nome é Pedro. E o seu?
A: Sandro. _____
B: Igualmente.

Diálogo 3
A: O _____ significa "quadro"?
B: *Blackboard*.
A: _____
B: De nada.

Diálogo 4
A: _____ se diz "*pencil*"?
B: Lápis.
A: Obrigada.
B: _____.

4 Complete as palavras.
Fill in the words.

a) q__ad__o
b) l____ro
c) ca__et__
d) l____is
e) pa____a
f) re__ó__i__
g) c__d__r__o
h) a__onta____
i) com__uta__o__
j) bo____ac__a

AUTOAVALIAÇÃO

Marque o que você sabe fazer.
Mark what you can do.

☐ I can say my name.
☐ I can spell words.
☐ I can ask questions in the classroom.
☐ I can understand instructions.
☐ I can say hello and goodbye.

UNIDADE 1

OI! TUDO BEM?

1 | **Selecione as opções corretas.**
Select the right options.

Diálogo 1

A: Oi! Tudo bem?

B: Tudo. E com você?

A: **Tudo ótimo / Tudo / Oi.**

Diálogo 2

A: Bom dia, D. Maria.

B: **Bom dia / Boa tarde / Boa noite**, senhor Fernando.

Diálogo 3

A: Bom dia. Como está?

B: **Bem / Bom.** E você?

Diálogo 4

A: Olá! Como vai?

B: **Vamos / Vou** bem, obrigada.

2 | **Complete com: o, a, os, as ou X.**
Complete with: o, a, os, as or X.

A.

1. ___ Rio de Janeiro
2. ___ Europa
3. ___ Nova Iorque
4. ___ Ásia
5. ___ Paris
6. ___ Brasília

B.

1. ___ Brasil
2. ___ França
3. ___ Angola
4. ___ Moçambique
5. ___ Estados Unidos
6. ___ Canadá

C.

1. ___ escola
2. ___ universidade
3. ___ estudante
4. ___ mapa
5. ___ livros
6. ___ professoras

3 | **Complete as frases.**
Complete the sentences.

a) - _____ onde você é?

 - Sou _____ Bahia.

b) - _____ anos você tem?

 - Tenho 20.

c) - _____ eles trabalham?

 - Eles trabalham na pizzaria.

d) - _____ ele faz?

 - Ele é médico.

4 | **Selecione as opções corretas.**
Select the right options.

Texto A

Estes são Mariano e Sílvia. Ela é **inglesa / inglês** e ele é **brasileiro / brasileiros**. Ele é **médico / médica** e ela é **engenheiro / engenheira**. Eles **vive / vivem** e **trabalhamos / trabalham** em São Paulo.

Texto B

Mônica e Antônio são casados. Ela é **de / do** Rio de Janeiro e ele é **de / da** Santa Catarina. Eles vivem **em / no** Portugal, **em / no** centro **de / da** Lisboa.

5 | **Siga o exemplo.**
Follow the example.

falar	A: Você **fala** português?	B: **Falo, sim.**
estudar	a) A: Ele _____ na universidade?	B: _____
trabalhar	b) A: Vocês _____ no Brasil?	B: _____
viver	c) A: Ela _____ em Brasília?	B: _____
beber	d) A: Juca _____ água de coco?	B: _____
assistir	e) A: Você _____ a *shows*?	B: _____

ESCRITA

Escreva um texto sobre você.
Write a text about yourself.

AUTOAVALIAÇÃO

Marque o que você sabe fazer.
Mark what you can do.

- [ ] I can greet people.
- [ ] I can introduce people.
- [ ] I can say where I live.
- [ ] I can say what I do for a living.
- [ ] I can understand simple information about people (age, profession and address).

UNIDADE 2

QUE LUGAR MARAVILHOSO!

1 | **Escolha as opções corretas.**
Choose the right options.

a) Há _____ hospital perto daqui?
b) Não há _____ lanchonete perto do hotel.
c) Tem _____ parques em sua cidade?
d) A: Quantos museus você conhece em São Paulo?
   B: Não conheço _____.
e) A: Tem muitos restaurantes em seu bairro?
   B: Não, tem _____.

a) algum	nenhum	vários	muitos
b) muitos	pouca	alguma	nenhuma
c) muito	muitos	alguma	algum
d) algum	muitas	nenhum	vários
e) pouco	poucos	muitos	nenhum

2 | **Descubra o intruso.**
Find out the odd word.

a) **cidade**	antiga	moderna	longe	famosa
b) **infraestruturas**	parque	hospital	prefeitura	ônibus
c) **lazer**	cinema	teatro	praia	estado
d) **comida**	restaurante	bar	lanchonete	mata
e) **paisagem**	botequim	floresta	selva	rio

3 | **Escreva os números por extenso.**
Write the numbers in full.

128 _____
555 _____
1.001 _____
1.555 _____
3.333 _____
2.320 _____

4. Complete os textos com as palavras abaixo.
Complete the texts with the words below.

A. há / tem / são / é

Eu vivo em Brasília, a capital federal do Brasil. Brasília _____ uma cidade moderna e _____ um patrimônio arquitetônico muito interessante. _____ muitos edifícios que representam o estilo da arquitetura moderna brasileira. Os meus preferidos _____ a Catedral de Brasília e o Palácio do Congresso de Oscar Niemeyer.

B. ao lado do / entre / em frente / perto do

Meu bairro é ótimo. Fica _____ parque do Ibirapuera. Tem de tudo. _____ meu prédio há uma padaria, _____ a farmácia e o cabeleireiro. Na esquina, à direita, há uma lanchonete. _____, vive a minha namorada. Eu adoro o meu bairro.

5. Escreva cinco perguntas sobre os textos acima.
Write five questions about the texts above.

a) _____
b) _____
c) _____
d) _____
e) _____

ESCRITA

Escreva um texto sobre sua cidade ou seu país.
Write a text about your city or your country.

AUTOAVALIAÇÃO

Marque o que você sabe fazer.
Mark what you can do.

- [ ] I can locate people and things.
- [ ] I can locate places.
- [ ] I can ask questions about places.
- [ ] I can understand simple information about Brazilian states.

UNIDADE 3

SEU PRIMO É UM GATO!

1 | **Complete as perguntas com: *quem, como, que, quantos, onde* ou *quais*.**
Complete the questions with: quem, como, que, quantos, onde *or* quais.

a) _____ são eles?
b) _____ é seu namorado?
c) Do _____ você gosta?
d) _____ você trabalha?
e) _____ anos tem sua mãe?
f) _____ é seu cantor favorito?

2 | **Relacione as perguntas do exercício 1 com as respostas abaixo.**
Match the questions from exercise 1 with the answers below.

___ Tem 41.
___ Gosto de dançar e de ler.
___ São os meus primos.
___ É Caetano Veloso.
___ É um cara muito extrovertido.
___ No Rio.

3 | **Olhe para a fotografia. Em seguida, complete o diálogo com os possessivos.**
Look at the picture. Then, complete the conversation with the possessives.

A: Estes são _____ marido e _____ filhos.
B: Quantos anos têm _____ filhos, Joana?
A: Carlos tem 8 e Sara tem 6.
B: _____ filha também tem 6.
A: Qual é o nome do _____ marido?
B: Roberto. Os pais _____ também são de Manaus.
B: Sério? Que coincidência.

4 | **Olhe novamente para a fotografia e corrija os erros.**
Look at the picture again and correct the mistakes.

a) Joana tem castanho cabelo.
b) Carlos tem cabelo curtos e usa óculos.
c) Roberto não é careco.
d) Sara é moreno.
e) Joana é alto e magra.
f) Os meninos estão contente.

5 **Descreva um homem e uma mulher do grupo abaixo usando palavras das caixas. Escreva os textos em seu caderno.**
Describe a man and a woman from the group below using words from the boxes. Write the texts on your notebook.

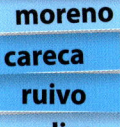

Daniela Ronaldo Manuel Sônia
Bruna Ricardo Vera Miguel

comprido
loiro
jovem
barba
curto
bonito
feio
moreno
careca
ruivo
liso
crespo
bigode
velho

6 **Complete as frases com os pronomes possessivos.**
Complete the sentences with the possessive pronouns.

a) A: De quem são as fotografias?   B: São _____ (nós).
b) A: De quem é o CD?   B: É _____ (ele).
c) A: O carro é do João?   B: Não, é _____ (eu).
d) A: Onde estão os _____ livros? (você)   B: Estão em cima da mesa.
e) A: Qual é _____ cantor favorito? (vocês)   B: É Gilberto Gil.

ESCRITA

Escreva um texto sobre sua família ou seu melhor amigo.
Write a text about your family or your best friend.

AUTOAVALIAÇÃO

Marque o que você sabe fazer.
Mark what you can do.

☐ I can talk about my family.

☐ I can describe someone.

☐ I can talk about my preferences.

☐ I can understand simple descriptions of people and things.

UNIDADE 4

TODO O SANTO DIA

1 | **Complete as frases com um verbo de cada par.**
Complete the sentences using a verb from each pair.

me levanto / me deito	a) Eu _____ às seis da manhã.
saio / entro	b) _____ de casa às sete.
como / tomo	c) _____ o café da manhã na padaria.
leio / vejo	d) _____ o jornal.
durmo / almoço	e) _____ no restaurante.
chego / estou	f) _____ a casa muito tarde.

2 | **Relacione as duas colunas da direita. Em seguida, conjugue os verbos e complete as frases.**
Match the two columns on the right. Then, conjugate the verbs and complete the sentences.

a) À noite, eu gosto de _____

b) Eu sempre _____

c) A que horas você _____?

d) Eu _____ todos os sábados.

e) Nós _____ na padaria.

f) Meu marido nunca _____

g) Geralmente, eu _____ de manhã.

h) Eles quase nunca _____

estar com	à academia
acordar	o jornal
pegar	café
dançar	os amigos
tomar	o ônibus
fazer	cedo
ler	ioga
ir	na discoteca

3 | **Escolha as opções corretas.**
Choose the right options.

a) **A / As / À** que horas você pega o trem?

b) **De / Da / Do** manhã, entro às oito.

c) Eu almoço **às / ao / a** meio-dia.

d) **À / Da / Na** noite, leio ou acesso a internet.

e) Amanhã **na / da / à** tarde, vou sair mais cedo.

4 | **Complete as frases com os pronomes reflexivos.**
Complete the sentences with the reflexive pronouns.

a) Eu _____ levanto cedo.
b) Nós nunca _____ deitamos tarde.
c) Todos _____ lembram de você.
d) Você _____ sente bem?

5 | **Faça as perguntas para as respostas abaixo.**
Ask questions for the answers below.

a) _____
São dez horas.

b) _____ a loja?
Abre às dez.

c) _____ ?
Eu volto na segunda-feira.

d) _____ ?
É quinta-feira.

6 | **Reorganize as palavras e escreva as frases em seu caderno.**
Put the words in the right order and write the sentences in your notebook.

a) com / corro / três vezes por semana / eu / um amigo
b) nós / tomamos / casa / café da manhã / sempre / o / em
c) Eles / futebol / jogam / muitas vezes
d) frequência / com / vai / à / academia / você / que
e) saem / muito / ao / eles / final de semana

ESCRITA

Escreva um texto sobre sua rotina diária.
Write a text about your daily routine.

AUTOAVALIAÇÃO

Marque o que você sabe fazer.
Mark what you can do.

- [ ] I can ask and tell the time.
- [ ] I can ask information about public schedules.
- [ ] I can exchange information about daily routines.
- [ ] I can ask questions about the current time in different Brazilian states.

UNIDADE 5

QUE COMIDINHA BOA!

1 | **Complete a lista de compras.**
Complete the shopping list.

a) uma _____ de vinho

b) dois _____ de leite

c) um _____ de geleia

d) três _____ de cerveja

e) um _____ de bolachas

f) uma _____ de ovos

2 | **Complete as frases usando o plural das palavras das caixas.**
Complete the sentences using the plural of the words in the boxes.

| hambúrguer | sanduíche | pão | coquetel | colher |
| pudim | pernil | saudável | limão | fácil |

a) Quantos _____ você vai colocar na limonada?

b) Queremos dois _____ de queijo, por favor.

c) Quantas _____ de açúcar leva a caipirinha?

d) Preciso comprar dois _____ para nosso churrasco.

e) Meus _____ favoritos levam rum.

f) Tenho duas receitas bem _____ para você.

g) Vou levar dois _____ para a festa, um de chocolate e outro de baunilha.

h) Por que você não compra _____ vegetarianos?

i) Que bom! Eles só preparam pratos _____.

j) Vou comprar dois _____ para o café da manhã.

3 Forme frases com as palavras abaixo.
Make sentences with the words below.

a) amanhã / comprar / leite / nós / supermercado / no

b) precisar / padaria / à / eu / ir

c) ter / ir / Paulo / e / açougue / de / Ana / ao

d) garrafas / precisar / eu / comprar / vinho / de / duas

e) quem / descascar / e / salada / a / batatas / montar / as / logo mais

f) ter / eu / encomendar / pizza / uma / de

g) sempre / eu / ter / pôr / mesa / a / de

h) nós / no sábado / ir / pizzaria / à

4 Quem diz as frases seguintes? O garçom ou o cliente?
Who says the following sentences? The waiter or the client?

a) Vou querer um misto-quente.

b) E para beber?

c) Para mim, é um suco de abacaxi.

d) Qual é o prato do dia?

e) A conta, por favor.

f) O que leva a moqueca?

g) Vai precisar de troco?

h) Vão desejar sobremesa?

ESCRITA

Escreva sobre o seu prato favorito.
Write about your favorite dish.

AUTOAVALIAÇÃO

Marque o que você sabe fazer.
Mark what you can do.

☐ I can talk about food and drinks.

☐ I can order food at the restaurant and on the phone.

☐ I can describe a dish.

☐ I can ask information about dishes.

☐ I can describe a restaurant.

☐ I can understand a recipe.

UNIDADE 6

O VERÃO ESTÁ CHEGANDO!

1 **Siga o exemplo e complete as frases.**
Follow the example and complete the sentences

a) Geralmente **venta** pouco e **faz** muito calor.

Hoje **está ventando** muito e _____ 35 ºC.

b) Eles costumam **surfar** juntos.

Agora _____ em uma praia de Floripa.

c) Nunca **relaxo** durante a semana.

Hoje é sábado e _____ na piscina.

d) Meus amigos adoram **dançar**.

Neste momento, _____ em uma discoteca.

e) Em geral, os brasileiros **fazem** muitas compras.

Hoje é domingo, a feira está cheia. Eles _____ compras.

2 **Organize as letras de modo a formar palavras.**
Unscramble the letters to form words.

a) lcrao _____

b) avne _____

c) hcuav _____

d) argoa _____

e) ubnalod _____

f) ompil _____

3 **Complete as frases com as palavras do exercício 2.**
Complete the sentences with words from exercise 2.

a) Há previsão de _____ para o final de semana?

b) Quando _____ em São Joaquim?

c) Que _____! Está fazendo 42 ºC.

d) A _____ é frequente em São Paulo.

e) O céu está _____, mas à tarde vai estar limpo.

4 | **Relacione as partes das frases.**
Match the parts of the sentences.

a) Você está a fim de		o ingresso?
b) Que filme			uma praia?
c) Quanto é			abre o museu?
d) A que horas			se encontra?
e) Onde a gente			está passando?
f) Como você vai		viaja?
g) Quando você			ele trabalha?
h) Com quem			para o trabalho?

5 | **Relacione as partes das frases.**
Match the parts of the sentences.

a) Você		podemos		sair hoje.
b) Eu não	sabe		vir mais cedo.
c) Eles		podem		onde é a lanchonete?
d) Vocês	sabe		o nome do cinema?
e) Nós não	posso		fazer a lição dela.
f) Ela não	sabem		ir à festa.

ESCRITA

Escreva um texto sobre seu tempo livre.
Write a text about your free time.

AUTOAVALIAÇÃO

Marque o que você sabe fazer.
Mark what you can do.

- [ ] I can talk about the weather.
- [ ] I can talk about my free time.
- [ ] I can invite someone.
- [ ] I can accept or decline an invitation.
- [ ] I can talk about my capacities.

UNIDADE 7

BOAS COMPRAS!

1 | **Complete as frases com as palavras adequadas.**
Complete the sentences with the right words.

a) Você tem este m_____ em m_____ ou em p_____?

b) Qual é o p_____ do colar?

c) Esse t_____ lhe fica muito bem!

d) Qual é a c_____ do dólar?

e) Qual número você c_____?

f) Esses s_____ são b_____.

g) Aqueles ó_____ são seus?

h) Esta b_____ está com desconto?

2 | **Corrija as palavras destacadas.**
Correct the words in bold.

a) O vestido está **quebrado**. _____

b) Tem esta blusa num **modelo** maior? _____

c) Quanto é o colar com **preço**? _____

d) Bom dia, quero **mudar** 1.000 reais. _____

e) Onde fica a casa de **dinheiro**? _____

f) Aceitam **notas** de crédito? _____

3 | **Sublinhe o intruso em cada coluna.**
Underline the odd word in each column.

A. **Cores**	B. **Acessórios**	C. **Padrões**	D. **Tamanhos**
azul	chapéu	listrado	grande
branco	cinto	liso	largo
legal	luvas	de bolinhas	bonito
amarelo	bolsa	xadrez	apertado
verde	bota	marrom	pequeno

4 | **Siga o exemplo.**
Follow the example.

Exemplo:

vestido (XS) / saia (L) – grande: **O vestido é menor do que a saia**.

a) saia vermelha (XS) / saia branca (L) / saia preta (M) – pequeno
b) colar azul (60 reais) / colar vermelho (30 reais) – caro
c) meu celular (120 g) / seu celular (180 g) – leve
d) cinto azul (40 reais) / cinto preto (50 reais) / cinto marrom (90 reais) – barato
e) gastos de Bruno (1.500 reais) / gastos de Cecília (1.500 reais) – tanto
f) salário de Cecília (5.000 reais) / salário de Bruno (4.000 reais) – bom

5 | **Escolha as opções corretas.**
Choose the right options.

a) **Este / Esta / Estes** sapatos são lindos!
b) Quanto custa **esse / aquela / esta** calça ali?
c) Gosto muito **deste / desse / daquele** terno na vitrine.
d) Você compra muito aqui **nesta / nessa / naquela** loja?
e) Qual celular você prefere? Esse ou **aquela / aquele / aqueles**?
f) Você vai muito **a esta / a essa / àquela** feira lá do Rio?

ESCRITA

Escreva um texto sobre seu tempo livre.
Write a text about your free time.

AUTOAVALIAÇÃO

Marque o que você sabe fazer.
Mark what you can do.

☐ I can describe clothes.
☐ I can ask and tell the price.
☐ I can exchange money.
☐ I can make comparisons.
☐ I can haggle.

UNIDADE 8

VIRE À ESQUERDA E SIGA EM FRENTE.

1 | **Relacione as expressões com as imagens.**
Match the expressions with the pictures.

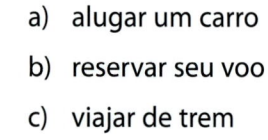

a) alugar um carro
b) reservar seu voo
c) viajar de trem
d) verificar o óleo do carro
e) fazer um cruzeiro
f) encher o tanque

2 | **Escreva instruções usando as palavras do exercício 1.**
Write instructions using words from exercise 1.

1. _____
2. _____
3. _____
4. _____
5. _____
6. _____

3 | **Siga o exemplo e complete o quadro.**
Follow the example and complete the table.

avançar	avance	não avance	avancem	não avancem
dar				não deem
estar		não esteja		
fazer				
seguir	siga			
ter			tenham	
ver				
vir				

4 | **Complete as frases abaixo com *para* ou *por*.**
Complete the sentences below with para *or* por.

a) Ele vem ao Brasil _____ visitar a família.
b) Vá _____ esta rua e depois vire à esquerda.
c) Precisamos de um guia _____ janeiro.
d) Quanto você pagou _____ viagem?
e) José não vai à praia _____ estar gripado.
f) Quando vocês partem _____ Curitiba?
g) Nós temos o mapa _____ você dar uma olhada.
h) Eu viajo _____ prazer.

5 | **Relacione os antônimos. Em seguida, escolha um de cada par e escreva frases.**
Match the opposites. Then, choose one from each pair and write sentences.

a) sair de	avançar
b) descer	perto de
c) à esquerda	retornar
d) longe de	esvaziar
e) ir	subir
f) parar	à direita
g) partir	entrar em
h) encher	vir

ESCRITA

Escreva um *e-mail* a um amigo dando instruções para ele sobre o que fazer em sua cidade.
Write an e-mail to a friend giving him instructions about things to do in your city.

AUTOAVALIAÇÃO

Marque o que você sabe fazer.
Mark what you can do.

☐ I can ask and give directions.
☐ I can follow instructions.
☐ I can give instructions.
☐ I can make suggestions.
☐ I can describe a route.

UNIDADE 9

ENFIM, FÉRIAS!

1 | **Siga o exemplo colocando as atividades no lugar adequado.**

~~tomar sol~~   fazer compras
passear   nadar
ir ao cinema   tirar fotografias
dançar   mergulhar
acampar   caminhar
fazer trilha   chutar bola
beber um chope   visitar uma exposição

A. **Na praia**	B. **No interior**	C. **Na cidade**
tomar sol		

2 | **Complete as frases com os verbos das caixas. Conjugue-os no *pretérito perfeito simples*.**

gostar   ser   chegar
ter   partir   conhecer
ir (2x)   alugar   estar

a) O guia _____ muito profissional durante toda a viagem.

b) Nós _____ muito do hotel. Queremos voltar.

c) Ele _____ à agência de viagens na terça-feira.

d) Eu ainda não _____ no Pantanal.

e) A que horas _____ o avião?

f) Nós _____ um carro quando _____ ao Rio.

g) Eles _____ Fabiana no cruzeiro.

h) Vocês já _____ problemas com a bagagem?

3 | **Complete as frases com as preposições apropriadas.**

a) Tenho uma reserva _____ duas pessoas.

b) _____ que horas é o *check-out*?

c) Pode me acordar _____ oito horas, por favor?

d) O hotel fica _____ centro?

e) A piscina está aberta _____ noite?

4 | **Siga o exemplo.**

- Quando você conheceu **a Paula**?
- Eu **a** conheci na festa.

a) - Onde você comprou esse mapa?
   - Eu ___ comprei no Rio.

b) - Preparem as malas.
   - Já ___ preparamos.

c) - A Júlia precisa de carona.
   - Não tem problema. Nós ___ levamos.

d) - Você viu as fotografias?
   - Ainda não ___ vi.

e) - Defina seu itinerário.
   - Já ___ defini.

f) - Eu faço o *check-in* pela internet.
   - Eu também ___ faço.

ESCRITA

Escreva um texto sobre as suas últimas férias.

AUTOAVALIAÇÃO

Marque o que você sabe fazer.

☐ I can book a hotel room.

☐ I can describe a hotel.

☐ I can do the *check-in* and the *check-out*.

☐ I can talk about vacation.

UNIDADE 10

QUANTO É O ALUGUEL?

1 | **Siga o exemplo.**

Sala
1. sofá _____
_____

Quarto
_____
_____

Banheiro
_____
_____

Cozinha
_____
_____

2 | **Relacione as palavras das três colunas de modo a formar frases.**

A	B	C
a) De quais	locadora	você prefere?
b) Quantos	cômodos	o aluguel?
c) Quanto	bairros	tem o apartamento?
d) Qual	zona	você mais gosta?
e) A que	é	você foi?

3 | **Escolha o verbo correto em cada par, conjugue-o e complete as frases.**

a) Nós _____ reformas em maio. (fazer / dar)

b) Quem _____ os móveis para cá? (pegar / trazer)

c) Ontem, meu vizinho me _____ uma mãozinha. (dar / ter)

d) Onde você _____ o quadro? No quarto ou na sala? (pôr / ver)

e) Nós ainda não _____ seu apartamento. Quando você nos convida? (ver / vir)

f) O encanador já _____? (ver / vir)

g) Minha geladeira estragou, tenho de _____-la (trocar / mudar).

h) Susana _____ o casaco na casa de Pedro (esquecer / lembrar).

4 | Complete as frases como no exemplo.

Exemplo:
Gostamos da casa e **vamos alugá-la**.

a) **A geladeira** é cara. Eu não _____ (comprar).

b) **O cano** entupiu. Amanhã, o encanador _____ (consertar).

c) **As paredes** estão sujas. Nós _____ (pintar).

d) **Os móveis** são pesados. Eu _____ (transportar).

e) Nós ainda não pagamos **o aluguel**. _____ (pagar) no dia 7.

5 | Complete a última palavra de cada alínea. Comece pela letra indicada.

a) piscina — quadra de tênis — *playground* — j _ _ _ _ _

b) sobrado — apartamento — casa — e _ _ _ _ _ _ _ _

c) micro-ondas — geladeira — batedeira — f _ _ _ _ _

d) sala — quarto — banheiro — c _ _ _ _ _

e) cadeira — poltrona — banco — s _ _ _

ESCRITA

Escreva um texto sobre sua casa e a zona onde mora.

AUTOAVALIAÇÃO

Marque o que você sabe fazer.

☐ I can describe a house.

☐ I can book an apartment.

☐ I can ask questions about renting services.

☐ I can exchange information about houses and neighborhoods.

UNIDADE 11

É hora da malhação!

1 | **Escolha a opção adequada em cada frase.**

a) Quando eu **era / fui** jovem, praticava judô.

b) Que horas **foram / eram** quando você **saía / saiu** da academia?

c) Eu **vi / via** todos os jogos da Copa do Mundo.

d) Ontem **caí / caía** e me **machuquei / machucava** nas costas.

e) Antes, eu **fazia / fiz** muitos exercícios para tonificar os abdominais.

f) Quantos quilos você **perdeu / perdia**?

g) A: Como **foi / era** a malhação?

B: **Foi / Era** muito legal!

h) Quantos anos você **teve / tinha** quando **ganhou / ganhava** a medalha?

2 | **Faça perguntas para as respostas abaixo.**

a) _____

Faz dois anos que eu malho.

b) _____

Frequento a academia desde maio.

c) _____

Não faço esporte porque não tenho tempo.

d) _____

Porque Paulo é um ótimo professor.

e) _____

Há cinco meses que não nado.

3 | Complete o texto com as palavras das caixas.

| malho | estimula | corpo | esporte | aulas |
| energia | faz | correr | corrige | músculos |

Eu vou à academia _____ uns três anos. _____ todos os dias. Faço muitas _____ diferentes. Durante a semana, também gosto de _____ no calçadão. Acho que o _____ faz bem ao _____ e à alma. A gente libera _____, alonga os _____, _____ a postura e _____ a circulação.

4 | Cada frase tem um erro. Corrija-o.

a) Faz três anos que visito esta academia. _____

b) Quanto você pega para usar a piscina? _____

c) Quem ganhou o Copo do Mundo? _____

d) O Danilo foi o grande vendedor da corrida. _____

e) Quantos *gols* vocês reservaram? _____

ESCRITA

Escreva um texto sobre seu esporte ou seu time favorito.

AUTOAVALIAÇÃO

Marque o que você sabe fazer.

☐ I can talk about sports.

☐ I can tell a story in the past.

☐ I can ask questions about sports.

☐ I can exchange information about gyms.

UNIDADE 12

A QUE HORAS É A CONSULTA?

1 | **Relacione A com B.**

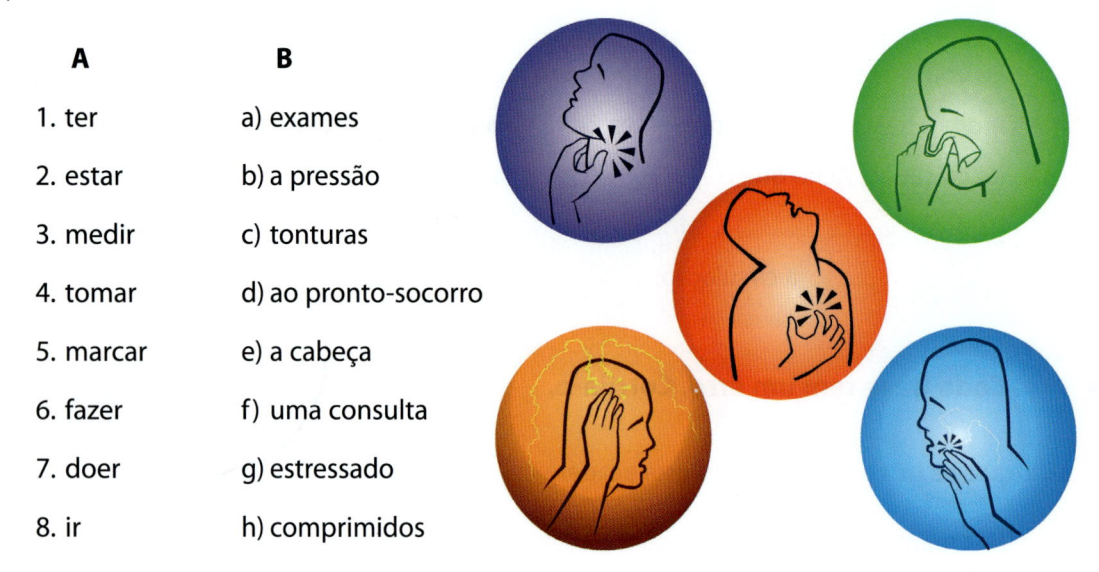

A	B
1. ter	a) exames
2. estar	b) a pressão
3. medir	c) tonturas
4. tomar	d) ao pronto-socorro
5. marcar	e) a cabeça
6. fazer	f) uma consulta
7. doer	g) estressado
8. ir	h) comprimidos

2 | **Complete as frases com as combinatórias do exercício 1. Conjugue os verbos no tempo apropriado.**

a) Anteontem, eu _____ ao _____.

b) Ontem, _____ vários _____ na clínica.

c) Minha cabeça _____ o tempo todo.
Também tenho muitas _____. Tenho de _____ uma _____.

d) Eu _____. Não consigo relaxar um minutinho!

e) Você já _____ os _____ ?

f) Você devia _____ sua _____.

3 | **Complete as frases com: me / te / lhe / nos / lhes.**

a) Nós já falamos com a enfermeira e ela _____ sugeriu outro remédio.

b) Você está se sentindo melhor? O que o médico _____ receitou?

c) Alguém _____ telefonou enquanto eu estava na consulta?

d) Estive com Fabiana e João e _____ dei o nome do xarope.

e) A: O doutor Antônio já _____ mostrou os resultados dos exames?
B: Não, faz uma hora que eu estou esperando.

4 | **Complete as frases com as palavras das caixas.**

> alguns   muitas   vários   ninguém
> tudo   nenhuma   alguém   muito

a) Eu tenho tido _____ dores de cabeça.

b) Ele não se sente _____ bem.

c) Eu já consultei _____ médicos.

d) Já tomei _____ comprimidos.

e) Tem _____ no consultório.

f) Não há _____ cura para esse mal.

g) Nós não conhecemos _____ com essa doença.

h) O médico fez _____ o que pôde.

5 | **Sublinhe a opção correta em cada frase.**

a) Você já foi **à refeição / ao pronto-socorro / à ambulância**?

b) Vocês marcaram **a receita / a consulta / o emplastro**?

c) Quando você **passou / engoliu / carregou** o creme?

d) Quantas **comprimidos / xaropes / cápsulas** devo tomar ao dia?

e) Quem vai colocar **o emplastro / a tensão / o analgésico** em você?

f) Meus **dentes / cabeça / estômago** estão doendo muito.

ESCRITA

Escreva um texto sobre remédios caseiros do seu país.

AUTOAVALIAÇÃO

Marque o que você sabe fazer.

☐ I can say how I am feeling.

☐ I can describe symptoms.

☐ I can ask and answer questions about health.

☐ I can make a medical appointment at the doctor.

UNIDADE 13

HOJE É DIA DE TRABALHO!

1 | Complete as frases com as palavras da caixa.

> oferecer experiência melhorar currículo
> pontos fortes equipe inglês formação

a) Você gosta de trabalhar em _____?

b) Qual é sua _____ acadêmica?

c) Qual é sua _____ profissional?

d) O que você pode _____ a esta empresa?

e) Você tem um bom _____?

f) Quais são seus _____?

g) O que você precisa _____?

h) Como está seu _____?

2 | Escolha o verbo correto, conjugue-o e complete as frases.

a) Quando nós saímos, eles já _____
(apresentar / assinar) o contrato.

b) A empresa nunca _____
(alcançar / fazer) resultados tão bons como este ano.

c) Ontem à tarde, os sócios ainda não _____
(chegar / pensar) a um acordo.

d) Eu já _____
(terminar / planejar) o relatório antes de falar com você.

3 | Una as frases usando: *que, quem* e *onde*.

a) Trabalhei em uma empresa de informática. A empresa tinha um péssimo ambiente de trabalho.

_____

_____

b) Eu estagiei em um escritório de advocacia. Havia mais de 50 advogados nesse escritório.

c) Nós encontramos um velho amigo. Não falávamos com ele há anos.

d) João foi contratado por uma agência de comunicação. A agência só atende grandes clientes.

4 | Passe as frases para o discurso indireto.

a) Cristiane: Você já trabalhou com João?

b) Pedro: Ontem fizemos uma apresentação.

c) Ana: O que vocês acharam do nosso projeto?

d) Rodrigo: O cliente ficou muito satisfeito com minha proposta.

ESCRITA

Escreva um texto sobre seu trabalho.

AUTOAVALIAÇÃO

Marque o que você sabe fazer.

☐ I can understand information about jobs.

☐ I can read a curriculum.

☐ I can talk about some simple business routines.

☐ I can report speech.

UNIDADE 14
GOSTARIAS DE CONHECER OUTROS PAÍSES LUSÓFONOS?

1 | **Português do Brasil (PB) ou português europeu (PE)? Identifique a variante.**

a) Tu estás satisfeito com os teus resultados?
b) Nós estamos a estudar em Lisboa desde março.
c) Eu gostava de conhecer o litoral de Portugal.
d) Eu preciso encontrar um trabalho.
e) Onde fica o vosso hotel?
f) O que é que fizeste ontem?
g) Eu sempre anoto as palavras novas em meu caderno.
h) Estamos pensando em passar férias no Algarve.
i) Podia dar-me uma informação, por favor?
j) Nós nos levantamos cedo e vamos correr.
l) Amanhã, eu trago-te os apontamentos.
m) Abram os vossos livros na página 12.

2 | **Passe as frases escritas no português do Brasil do exercício 1 para o português europeu.**

ESCRITA

Escreva um texto sobre seu curso de Português.

AUTOAVALIAÇÃO

Marque o que você sabe fazer.

☐ I can identify some differences between Brazilian Portuguese and European Portuguese.

Transcrições

UNIDADE 0

7.
www.g1.globo.com
www.uol.com.br
www.terra.com.br
www.planalto.gov.br
www.stf.jus.br
www.sescsp.org.br

10.
1. **A:** Como se diz "aula" em inglês?
   B: *Lesson*.
2. **A:** Como se escreve seu nome?
   B: á-ene-á
3. **A:** Como se diz "*dictionary*" em português?
   B: Dicionário.
4. **A:** Como se diz isto?
   B: Caderno.
5. **A:** Como se diz "*good evening*" em português?
   B: Boa noite.

17.
Tchau / Até logo / Até mais / Até amanhã

UNIDADE 1
OI! TUDO BEM?

DESCOBRINDO

2.D.
A: De onde o senhor é?
B: Sou de São Paulo.
A: Onde o senhor mora?
B: Eu moro em Niterói.
A: Também trabalha em Niterói?
B: Não, trabalho no Rio.

3.B.
Meu nome é Andreia Gomes. Sou brasileira e tenho 28 anos. Sou de Mato Grosso, mas vivo em São Paulo. Sou professora de ginástica e estudo línguas. Sou casada e tenho um filho. Ele tem 2 anos.

PRONUNCIANDO E ESCREVENDO

B.
a) 13   b) 2   c) 14   d) 17   e) 50   f) 21   g) 73

D.
sete / oito / quinze / vinte / trinta / trinta e cinco / quarenta e um / cinquenta e cinco / sessenta e três / setenta e um / noventa e nove

1, 2, 3…AÇÃO!

1. A. / C.

Texto 1
Estes são Thomas e Ingrid. Eles são alemães. Thomas tem 24 anos e Ingrid tem 21. Eles são modelos. Moram e trabalham em Berlim.

Texto 2
Este é Douglas. Ele é americano, de Nova Iorque. Ele mora e trabalha no Rio. Ele é advogado. Douglas tem uma namorada brasileira. Ela se chama Paula.

Texto 3
Esta é Mariza. Ela é médica. Mariza é brasileira. Ela mora e trabalha em Salvador. Ela é casada e tem um filho.

Texto 4
Meu nome é Edson e esta é Adriana, minha mulher. Nós temos dois filhos.

E.
Meu nome é Adriana, sou de Angola, mas vivo em Brasília com meu marido Edson. Ele é jornalista. Eu sou psicóloga. Tenho 31 anos.

UNIDADE 2
QUE LUGAR MARAVILHOSO!

DESCOBRINDO

1.B.
Qual é a capital do Brasil?
É Brasília.
Qual é a moeda corrente?
É o real.
Quantos estados o Brasil tem?
Tem 26.
O que é a caipirinha?
É uma bebida.
Qual é o esporte mais popular?
É o futebol.
Qual é a festa mais popular?
É o Carnaval.
Onde fica a Amazônia?
Fica no Norte.
O que é o samba?
É um estilo de música.

2.D.
Sandro: Eu estou em Minas Gerais.
Rodrigo: Em Minas? O que você está fazendo no Sudeste?
Sandro: Estou num congresso.
Rodrigo: Susana está com você?
Sandro: Não, ela está no escritório em São Paulo.

1, 2, 3…AÇÃO!

2.A.

Texto 1
Olinda fica no estado de Pernambuco, na região Nordeste do Brasil. Tem quase 400 mil habitantes e é "Patrimônio Histórico e Cultural da Humanidade". Tem monumentos muito interessantes: igrejas dos séculos XVI, XVII e XVIII. O Carnaval de Olinda é muito famoso.

Texto 2
O Rio de Janeiro fica no estado de mesmo nome, na região Sudeste do Brasil. É a segunda cidade mais populosa do Brasil, com quase 6.4 milhões de habitantes. Os principais símbolos do Rio são o Pão de Açúcar e a estátua do Cristo Redentor, sempre de "braços abertos". As praias de Copacabana, do Leblon e de Ipanema são muito populares. O Jardim Botânico e o bairro de Santa Teresa são muito bonitos.

UNIDADE 3
SEU PRIMO É UM GATO!

VAMOS LÁ?

1.A.
Meu nome é Edson. Sou casado e tenho três filhos: o Rodrigo, o Nelson e a Malu. Minha mulher se chama Denise. O Rodrigo tem onze anos, o Nelson tem treze e a Malu tem dezenove.

DESCOBRINDO

2.E.
Marta: Vocês gostam de viajar?
Marcos: Eu adoro!
Laura: Eu também.
Marta: Vocês têm facebook?
Laura: Eu tenho.
Marcos: Eu não. Detesto redes sociais.
Marta: Vocês praticam esportes?
Laura: Eu não pratico.
Marcos: Eu jogo futebol.
Marta: Que tipo de música vocês preferem?
Laura: Eu adoro bossa nova.
Marta: E você, Marcos?
Marcos: Eu me interesso por música clássica.
Marta: Vocês gostam de cozinhar?
Marcos: Não, não gosto muito.
Laura: Eu gosto bastante.

1, 2, 3 ... AÇÃO!

1.B.
Ronaldo é tolerante. Ele é trabalhador e estudioso.
Ronaldo é um amigo. Ele é um cara dinâmico e extrovertido.
Meu irmão tem bom astral, mas é muito desligado.

UNIDADE 4
TODO O SANTO DIA

DESCOBRINDO

2.A.
A: Qual é o horário dos *shoppings* aqui em São Paulo?
B: Os *shoppings* abrem às 10 horas e fecham às 22 horas.
A: Aos domingos também?
B: Não, aos domingos e feriados só funcionam das 14 horas às 20 horas.
A: E os bancos?
B: Abrem às dez da manhã e fecham às quatro da tarde.
A: E os correios?
B: Estão abertos das oito da manhã às cinco da tarde.
A: Os restaurantes fecham cedo?
B: Depende. Muitos fecham às onze, mas outros ficam abertos de madrugada.

3.B.
Eu me levanto às seis e meia. Normalmente, saio de casa bem cedo porque há sempre muito trânsito. Vou de carro. Chego à empresa às oito, tomo um cafezinho e às oito e meia começo a trabalhar. Ao meio-dia, almoço e retorno para a empresa à uma hora. Às terças-feiras, vou à academia. À noite, janto e depois acesso a internet. Todos os dias falo com meu namorado por telefone porque ele vive longe. Geralmente, eu me deito depois das onze.

UNIDADE 5
QUE COMIDINHA BOA!

VAMOS LÁ?

1.B.
A: A pizza é muito apreciada no Brasil?
B: É, especialmente em São Paulo. Temos até o dia nacional da pizza!
A: Jura? Quando é?
B: No dia 10 de julho. Você gosta de pizza?
A: Adoro, mas prefiro massa fina e crocante.
B: Eu gosto de todos os tipos. Quanto mais, melhor! Gosto do rodízio de pizzas. Você pode experimentar vários sabores e pode comer quanto quiser.
A: Parece bom! Que pizzas você prefere?
B: Tem várias. Aqui na pizzaria, a Marguerita e a Caprese com mussarela, tomate, manjericão e pasta de azeitonas saem muito.

DESCOBRINDO

2.B.
A: Bom dia, sejam bem-vindos.
B: Bom dia, mesa para duas pessoas, por favor.
A: Aceitam entradas?
B: Não, obrigado. Qual é o prato do dia?
A: Temos filé grelhado e canelone de ricota.
B: Eu vou querer o filé.
C: Para mim, um espaguete ao sugo.
A: E para beber?
B: Eu vou tomar uma coca-cola. E você?
C: Eu quero um suco de abacaxi com hortelã.
(30 minutos depois)
A: Vão querer sobremesa?
B: Não, obrigado.
C: Eu vou! Um sorvete de baunilha com calda de amora.

E.
1. O copo está quebrado. Poderia trazer outro, por favor?
2. O filé está frio. Pode esquentar, por favor?
3. Está faltando uma colher na mesa.
4. Poderia trazer mais pão, por favor?
5. Há um erro na conta.

3.A.
A: Alô, é da Margherita?
B: Sim.
A: Eu quero fazer um pedido.
B: O que vai ser?
A: Uma pizza grande margherita e uma pequena de atum.
B: Uma margherita grande e uma brotinho de atum?
A: Sim, isso mesmo.
B: Massa fina ou normal?
A: Normal.
B: Vai querer borda recheada?
A: Não.
B: Alguma bebida? Temos uma promoção: a cada pizza grande você ganha um refrigerante em lata.
A: Vou querer um guaraná.
B: Mais alguma coisa?
A: Não, só isso. Quanto tempo de espera?
B: Mais ou menos 30 minutos. Qual é o endereço para entrega?
A: Rua Santa Justina, número 100, apartamento 74, Vila Olímpia.
B: São 48,50. Vai precisar de troco?
A: Não, vou pagar em cheque.
B: A Margherita agradece, tenha uma boa noite.
A: Obrigada.

1, 2, 3…AÇÃO!

1.B.
1. Adoro rodízio de pizza e massas. Minha bebida favorita é o vinho. Prefiro restaurantes bonitos e simples, com ambientes aconchegantes.
2. Gosto muito de provar pratos diferentes e exóticos. Vou com frequência a restaurantes japoneses. São mais caros, mas são muito bons. De vez em quando, gosto também de uma comidinha caseira. É sempre bom variar.
3. Adoro um churrasco com a família e uma feijoada bem caprichada. Como muito e bem. Não pode faltar cerveja para os adultos, nem refrigerante para as crianças. Quando janto fora, prefiro restaurantes com preço fixo.

UNIDADE 6
O VERÃO ESTÁ CHEGANDO!

DESCOBRINDO

1.B.
1. Como está o tempo hoje no Rio?
2. Costuma chover no Rio no verão?
3. Como é o inverno no Brasil?
4. O que os amigos vão fazer?

1.C.
Muito sol e poucas nuvens nesta manhã de sexta-feira em Cuiabá. No momento, os termômetros registram 31 graus. Mais uma vez, Cuiabá confirma seu título de uma das cidades mais quentes do Brasil. Para o final de semana, a previsão é de sol forte, com pancadas de chuva ao final da tarde – Mariana Oliveira, ao vivo, para o *Bom Dia, Cuiabá*.

2.C.
João: Vai ter um *show* de forró.
Paula: Oba! Quando?
João: No sábado. Você quer ir?
Paula: Quero. Onde vai ser?
João: Num clube na Barra.
Paula: Podemos ir juntos para lá?
João: Claro!
Paula: A que horas combinamos?
João: Que tal às oito?
Paula: É um pouco cedo.
João: Às 20h30 é melhor?
Paula: É. Combinado.
João: Você pode levar alguém.
Paula: Vou levar meu namorado.
João: Tudo bem.
Paula: Tchau. Um abraço.
João: Tchau.

1, 2, 3…AÇÃO!

1.A.
O sábado vai começar quente e úmido. No início da tarde, o tempo deve virar. Não há previsão de chuva – no máximo pode cair uma garoa –, mas

a sensação vai ser de frio durante todo o dia. No domingo, o sol reaparece entre as nuvens, elevando a temperatura. Há possibilidade de pancadas de chuva no final da tarde.

UNIDADE 7
BOAS COMPRAS!

DESCOBRINDO

2. C.
A: Bom dia. Quero comprar reais.
B: Pois não. Quanto a senhora quer trocar?
A: 750 dólares. Quanto dá em reais?
B: Dá 1.350 reais mais impostos.
A: Pode trocar, por favor?
B: Certamente.

3. B.
1. Qual é seu número?
2. Quais sandálias você prefere?
3. Você gosta?
4. Quanto é?

4. A.
A: Quanto custam esses colares?
B: O colar de pedras custa 35 reais e o vermelho 55.
A: Gostei do colar vermelho, mas está caro. Você pode fazer um desconto?
B: Faço os dois colares por 75 reais.
A: Eu quero apenas o colar de pedras vermelhas.
B: E a pulseira? Combina com o colar.
A: Não, não gosto de pulseiras. Só uso colares.
B: Ok, então faço por 30 reais.
A: Negócio fechado!

UNIDADE 8
VIRE À ESQUERDA E SIGA EM FRENTE.

DESCOBRINDO

1. B.
1. Moça, há algum banco por aqui?
2. Onde é o Hotel Bondinho?
3. Onde fica o Jardim Botânico?
4. Por favor, minha senhora, pode me dizer onde fica o correio?

1. C.
1. - Moça, há algum banco por aqui?
   - Há um naquela esquina.
2. - Onde é o Hotel Bondinho?
   - É no fim da quadra.
3. - Onde fica o Jardim Botânico?
   - Fica a duas quadras daqui.
4. - Por favor, minha senhora, pode me dizer onde fica o correio?
   - É ali, ao lado do supermercado.

2. B.
A: Boa tarde, preciso alugar um carro.
B: Boa tarde. Que tipo de carro o senhor procura?
A: Preciso de um carro para quatro pessoas, com ar-condicionado e bagageiro espaçoso.
B: Temos um Clio sedan 1.6 prata e um Corsa sedan 1.4 vermelho.
A: E quanto é a diária?
B: São 107 reais.
A: E esse valor inclui a quilometragem?
B: Inclui.
A: Prefiro o Clio.
B: Para quando o senhor precisa do carro?
A: Para o próximo final de semana, de sexta a domingo.
B: O senhor deseja contratar algum seguro?
A: Sim, quero cobertura completa.
B: Como quiser.
A: O que devo fazer em caso de pane?
B: Ligue, por favor, para o nosso serviço de atendimento 24 horas.
A: Vocês podem entregar o carro em meu hotel?
B: Certamente. Preencha este formulário com o endereço do hotel e seus dados para contato, por favor.
B: Até que horas posso devolver o carro no domingo?
A: Até as 21 horas, com o tanque cheio.

1, 2, 3...AÇÃO!

1.B.

Diálogo 1
A: Qual é o preço do passeio de *buggy*?
B: São 90 reais.
A: Por grupo?
B: Não, por pessoa.
A: O passeio dura o dia inteiro?
B: Não. Tem a duração de seis horas.
A: Um pouco caro.
B: A empresa faz um desconto de 10% para pagamento via depósito bancário.
A: Qual é o preço das outras atividades?
B: Custam 10 reais cada.

Diálogo 2
A: A que horas parte o trem de Curitiba?
B: Parte às 8h15.
A: Quanto tempo leva a viagem?
B: Três horas.
A: Quanto é o bilhete de ida?
B: Depende. Você quer viajar no vagão econômico, turístico ou executivo?
A: Qual é a diferença de preço entre o econômico e o turístico?
B: O bilhete econômico custa 65 reais e o turístico 84.
A: Prefiro o econômico.
B: O bilhete turístico custa só mais 19 reais e inclui refrigerante, lanche e guia.
A: Ok. Então, prefiro esse.

DICA DO DIA

1.B.
A: Quero ir até Botafogo. Sabe onde tenho que descer?
B: Está na linha certa. É só descer na quinta estação.
A: Obrigada!

UNIDADE 9
ENFIM, FÉRIAS!

DESCOBRINDO

2.A.
A: Eu vou ao Rio de Janeiro neste final de semana. Que hotel você recomenda?
B: Eu gosto muito do Hotel Paraíso.
A: Onde fica?
B: Fica em Ipanema, a três quarteirões da praia.
A: É bem localizado?
B: Claro, fica numa zona comercial, com lojas, bancas de jornais, bancos, cafés e restaurantes.
A: Fica perto de alguma estação de metrô?
B: Não, mas é fácil pegar um táxi.
A: É muito caro? Qual é a classificação do hotel?
B: O hotel é 4 estrelas. Não é barato, mas é bom.
A: Você acha que vale a pena?
B: Sim, o hotel é novo e moderno. Todos os quartos têm ar-condicionado, frigobar, televisão LCD e telefone.
A: O hotel tem piscina?
B: Tem piscina, uma quadra esportiva, sala de ginástica e SPA.

2.B.

Diálogo 1
A: Bom dia. Sejam bem-vindos.
B: Bom dia. Precisamos de um quarto. Há algum disponível?
A: Para quantas noites?
B: Para três.
A: Temos uma suíte.
B: Quanto é a tarifa?
A: São 130 reais o casal, com café da manhã.

Diálogo 2
A: Boa noite. Você pode me acordar amanhã, às 7 horas? Preciso fazer o *check-out* bem cedo.
B: Em que quarto a senhora está?
A: Estou hospedada no 345.
B: Com certeza, senhora. Já está anotado.
A: Também vou precisar de um táxi.
B: Não há problema.
A: Obrigada.

E.
- **A:** Boa tarde. Tenho uma reserva em nome de Sônia Barbosa para quatro pessoas.
- **B:** Boa tarde. Seja bem-vinda. Vou precisar de um documento de identificação.
- **A:** Aqui está.
- **B:** Obrigado. A senhora poderia preencher este formulário?
- **A:** Certamente. A que horas é o café da manhã?
- **B:** É servido entre as 7 e as 10 horas. Agora, é só assinar aqui.
- **A:** Qual é o código para acessar o *wi-fi*?
- **B:** Paraiso321. O seu quarto é o 435, fica no quarto andar. Boa estadia.
- **A:** Obrigada.

1, 2, 3…AÇÃO!

2.A.
- **Ricardo:** Paraty ou Campos do Jordão?
- **Letícia:** Estou cansada de praia, prefiro Campos.
- **Ricardo:** Tudo bem. Vamos de carro ou contratamos uma *van*?
- **Letícia:** Eu prefiro ir de carro. Acho que é mais romântico.
- **Ricardo:** Tem razão. Podemos ficar num hotel no centro da cidade. O que acha?
- **Letícia:** Ah, não! Eu quero um lugar bem especial.
- **Ricardo:** Que tal uma pousadinha sossegada e romântica no alto da serra?
- **Letícia:** Acho perfeito para as nossas férias!

UNIDADE 10
QUANTO É O ALUGUEL?

DESCOBRINDO

2.A.
- **Rita:** Procuro um apartamento para alugar em Salvador por duas semanas.
- **Vendedor:** Que tipo de apartamento procura?
- **Rita:** Preciso de um apartamento com uma sala e dois quartos.
- **Vendedor:** Até quanto quer pagar?
- **Rita:** Até 1.500 reais.
- **Vendedor:** Tenho um perto do centro com essas características.
- **Rita:** Qual é a área útil?
- **Vendedor:** Tem 70 m².
- **Rita:** Quanto é o aluguel?
- **Vendedor:** São 500 reais por semana.
- **Rita:** O que o aluguel inclui?
- **Vendedor:** Serviços de limpeza e arrumação.
- **Rita:** Ótimo! Fico com ele.

2.B.
Achei um apartamento lindo em Salvador. O preço é bom. O apartamento tem 100 m² de área útil. Logo na entrada, à esquerda, fica o primeiro quarto com cama de casal. A seguir, vem o banheiro e logo depois a cozinha. A sala fica à direita da porta de entrada e o segundo quarto fica ao fundo. Tem um beliche. Os dois quartos têm sacadas. Há também um terraço próximo à cozinha.

2.D.
- **Rita:** A cozinha está equipada?
- **Vendedor:** Está, sim. A cozinha tem fogão com forno, geladeira, lavadora de roupa, cafeteira e torradeira.
- **Rita:** Também tem micro-ondas?
- **Vendedor:** Tem, sim.

1, 2, 3…AÇÃO!

2.A.
- **Vendedor:** A senhora gostou da casa?
- **Maria:** Sim, gostei. Não é uma mansão, mas também não é um barraco. É exatamente o que eu preciso. Tem dois quartos confortáveis, dois banheiros e uma sala espaçosa.
- **Vendedor:** A cozinha não é muito grande, mas tem uma boa área de serviço.
- **Maria:** Tem. Também gosto do piso de madeira na sala e nos quartos; mas a melhor parte é a varanda. Posso colocar uns vasos de flores, uma mesinha e uma poltrona. Acho que dá até para colocar uma rede. Este bairro é seguro?
- **Vendedor:** O condomínio tem segurança 24 horas por dia.
- **Maria:** Qual é o preço do imóvel?
- **Vendedor:** Está dentro da faixa de preços que a senhora definiu: são 450 mil reais.
- **Maria:** Sim, está dentro do preço. E quais são as opções de pagamento?
- **Vendedor:** São 10% de entrada e o restante pode ser financiado em até 10 anos.
- **Maria:** É preciso fiador?
- **Vendedor:** Sim, mas também aceitamos fiança bancária.
- **Maria:** Ótimo. E a entrega das chaves?
- **Vendedor:** A entrega das chaves acontece na data do pagamento da entrada e assinatura do contrato.
- **Maria:** Ok. Posso dar uma resposta até o final desta semana?
- **Vendedor:** Claro. O imóvel fica reservado para a senhora até o final da semana.

UNIDADE 11
É HORA DA MALHAÇÃO!

VAMOS LÁ?

1.B.
- **Carlos:** Qual é o seu esporte preferido?
- **Mateus:** Atualmente é a natação. Estou torcendo por uma medalha brasileira nos Jogos Olímpicos de 2016.
- **Carlos:** Temos alguma chance?
- **Mateus:** Claro que sim.
- **Carlos:** E no nado sincronizado?
- **Mateus:** É mais difícil, mas tudo é possível.

DESCOBRINDO

2.A.
- **Sandra:** Meu irmão vai se casar em junho. Eu tenho de perder 5 kg até lá. O que eu faço?
- **Paula:** Vá à minha academia e fale com Pedro. Ele é o meu *personal*. Já perdi 2 kg com a ajuda dele.
- **Sandra:** Boa ideia! Vou fazer isso! Você já fez pilates?
- **Paula:** Não. Só sigo as orientações do Pedro, ainda tenho de perder mais 3 kg.
- **Sandra:** Ok, vou seguir o seu conselho.

2.B.
Eu estou adorando a minha nova academia. A sala de musculação é muito boa, os aparelhos são novos e estão sempre limpos. A sala é enorme e bem ventilada, nunca fica lotada. Dá para malhar à vontade. Eu faço musculação e pilates, mas também há *body pump*, ginástica localizada, natação, hidroginástica, ioga, *spinning*, boxe e até danças de salão. Há vários planos. O mais barato é o anual. As mensalidades saem por 90 reais, sem incluir a piscina. A academia abre todos os dias, das 7 às 23 horas. Você também pode contratar os serviços de um *personal trainer* e de um nutricionista. E o melhor de tudo: é pertinho de casa!

3.B.
O Brasil é o país do futebol. A seleção brasileira detém o recorde de vitórias na Copa do Mundo: foi 5 vezes campeã. O Brasil também é o país do vôlei, do tênis de mesa, da natação, do futsal, da capoeira, do skate, do judô e do atletismo. Esses são alguns dos esportes mais praticados no Brasil.
A Fórmula 1 também caiu no gosto dos brasileiros, especialmente com o sucesso de Ayrton Senna. No iatismo, o herói nacional é o bicampeão olímpico Robert Scheidt. Guga conquistou o coração dos brasileiros no tênis e Cielo fez sucesso na natação.
Além das modalidades esportivas internacionais, o Brasil também é pioneiro em algumas práticas: o futevôlei e a peteca.

3.C.
- **Luisão:** Não vai ao treino de futebol hoje, Fábio?
- **Fábio:** Não, tenho aula de tênis, depois vou assistir ao jogo do Palmeiras.
- **Luisão:** Aquele timeco? Que perda de tempo! Bom mesmo é o Corinthians.
- **Fábio:** Ok, não vamos discutir. Vamos mudar de assunto. Vamos falar sobre a Copa do Mundo.
- **Luisão:** Você comprou algum ingresso?
- **Fábio:** Comprei para o Maracanã. É o melhor estádio do mundo. Fiz questão de ir para o Rio.
- **Luisão:** Bom, tenho de ir, não quero me atrasar.
- **Fábio:** Tchau.

UNIDADE 12
A QUE HORAS É A CONSULTA?

DESCOBRINDO

2.A.
Lúcia: Nossa, Roberto, você está se sentindo bem?
Roberto: Não, pelo contrário, estou me sentindo muito mal.
Lúcia: O que você tem?
Roberto: Meu corpo dói e eu não consigo comer nada, fico enjoado. Deve ser gripe.
Lúcia: Não está com febre?
Roberto: Não sei, não medi minha temperatura; mas estou sentindo calafrios.
Lúcia: Então, com certeza, está com febre! Tem de tomar um analgésico.

3. A.
A: Bom dia. Preciso marcar uma consulta.
B: Bom dia, senhora. É sua primeira vez?
A: É, sim.
B: Por favor, preencha esta ficha.
A: Aqui tem.
B: Aguarde na sala 3, por favor.
A: Obrigada.

1, 2, 3…AÇÃO!

2.A.

Texto A
Primeiro só doía quando eu tomava algo muito quente ou muito frio. Depois comecei a sentir pontadas. Agora, meus dentes doem o tempo todo, sem descanso. Tenho dormido mal e não consigo mastigar direito. Sei que tenho de procurar um especialista, mas morro de medo de dentistas!

Texto B
Estou com torcicolo há uma semana. Já fiz de tudo. Tomei anti-inflamatórios, passei pomada, fiz acupuntura. Nada parece resolver. Ao contrário, está cada vez pior. Não consigo dormir direito e mal consigo andar. Hoje tive de faltar ao trabalho. Não sei mais o que fazer!

UNIDADE 13
HOJE É DIA DE TRABALHO!

DESCOBRINDO

1.B.
Multinacional suíça da área de saúde contrata Gerente Administrativo. Requisitos necessários: pós-graduação e experiência mínima comprovada de 5 anos em Gestão.
Dinamismo, facilidade de comunicação e disponibilidade para viagens são desejáveis. Possibilidade de trabalho à distância e horário flexível. Todos os benefícios incluídos. Os interessados devem encaminhar currículo para o e-mail rhseleciona@medicare.com.br, sob a sigla GERENTE.

D.
A: Estou procurando emprego.
B: Já? Você acabou de ser contratado!
A: Sim, mas como temporário. Não tenho direito a nenhum benefício: vale-transporte, vale-alimentação, assistência médica, férias…
B: Ah, você não é registrado, não tem carteira assinada.
A: Isso mesmo.
B: Você está procurando emprego na mesma área ou quer tentar algo diferente?
A: Na mesma área. Eu gosto de trabalhar com vendas.
B: Tem acompanhado os anúncios dos jornais?
A: Sim. Tenho lido os classificados.
B: Bom, eu vou ficar de olho.
A: Obrigado.

2.A.
Trabalhar em equipe não é fácil. É preciso aprender a respeitar as diferenças e, ao mesmo tempo, tirar proveito delas. O diálogo e a capacidade de negociação são fundamentais. Pessoas com expertises e experiências diversas, modos de pensar distintos e as mais variadas expectativas precisam chegar a um acordo para alcançar bons resultados.
Trabalhar em equipe não é fácil, mas é cada vez mais necessário. Existem muitos livros sobre o tema e já há especialistas em team coaching. Muitas empresas multinacionais consideram a habilidade de trabalhar em equipe um pré-requisito para contratar ou promover seus empregados. No trabalho em equipe, o lema dos mosqueteiros parece ser bastante atual: "Um por todos e todos por um".

1, 2, 3…AÇÃO!

1.A.
Lucas: Meu amor, eu tenho uma surpresa para você.
Ieda: Eu adoro surpresas!
Lucas: Fui promovido! Meu diretor adorou o último projeto que eu fiz. Aqui, é ele quem manda. Por isso, consegui a promoção e ganhei uma sala só para mim no prédio da sede.
Ieda: Onde?
Lucas: Naquele prédio onde comemoramos a festa do final de ano da firma.
Ieda: Ah… parabéns, meu amor!
Lucas: Ganhei também um aumento de salário e muito mais trabalho, claro.
Ieda: Mas você já trabalha tanto!
Lucas: Eu sei, mas não posso reclamar.
Ieda: Eu também tenho uma surpresa para você. Fiz o teste de gravidez ontem e deu positivo. Agora você já pode me pedir em casamento!

UNIDADE 14
GOSTARIAS DE CONHECER OUTROS PAÍSES LUSÓFONOS?

VAMOS LÁ?

1.A.
Com cerca de 245 milhões de falantes, o português é a língua oficial de sete países: Angola, Moçambique, Cabo Verde, Brasil, Guiné-Bissau, São Tomé e Príncipe e Portugal. Além disso, é uma das línguas oficiais de Timor-Leste, Macau e da Guiné Equatorial. Atualmente, a importância da "língua de Camões" no mundo é inegável: o português ocupa a sexta posição entre as línguas mais faladas do mundo.

DESCOBRINDO

2. A.
Fabiana: Faz quanto tempo que você ensina português a estrangeiros?
Marta: Doze anos.
Fabiana: De onde são os seus alunos?
Marta: Eles vêm de todo o mundo, mas sobretudo da Espanha, da Alemanha, dos Estados Unidos e também do Japão.
Fabiana: Por que querem aprender português?
Marta: Alguns têm interesse na cultura portuguesa, outros vão para Angola, Guiné e Moçambique. Também dou aulas a intérpretes e tradutores. Alguns dos meus alunos são luso-descendentes e querem aprender para falar com a família.
Fabiana: E o amor não é motivo?
Marta: Claro que sim!

B.
Estive em Portugal durante um mês. Adorei Lisboa. É uma cidade muito interessante. Diverti-me imenso com os outros estudantes.
Nesse mês, tive a oportunidade de conhecer Portugal e descobri lugares incríveis. Fiz surf na Nazaré e viajei de carro pela costa. No Norte, visitei o Porto, Guimarães e Braga. Quero voltar no próximo ano para explorar o Sul.

Soluções

UNIDADE 0

7. www.g1.globo.com;
www.uol.com.br;
www.terra.com.br;
www.planalto.gov.br;
www.stf.jus.br;
www.sescsp.org.br
10. 1. b.   2. c.   3. e.   4. a.   5. d.
15. 1. para o quadro.   2. o áudio.   3. em pares.
4. seu nome.   5. a opção correta.   6. a frase.
7. o texto.   8. A com B.   9. a situação.
17. Tch**au** / **A**té l**o**go / **A**té m**ai**s / **A**té a**ma**nh**ã**

UNIDADE 1
OI! TUDO BEM?

VAMOS LÁ?

1. A-3; B-1; C-2

DESCOBRINDO

1. B. João é **português**. Ele mora **no Brasil**. Ele trabalha **em São Paulo**. Ele dirige **uma empresa de informática**.
2. C. 4. Eu moro em Niterói.   6. Não, trabalho no Rio.
2. Sou de São Paulo.   3. Onde o senhor mora?
5. Também trabalha em Niterói?
E. 1. Qual é seu nome?   2. De onde você é?   3. Onde você mora?   4. Quantos anos você tem?   5. O que você faz?
3. A. brasileira / 28 anos / Mato Grosso / casada
C. A-2; B-6; C-3; D-5; E-4; F-1

PRONUNCIANDO E ESCREVENDO

B. a) 13   b) 2   c) 14   d) 17   e) 50   f) 21   g) 73
D. sete / oito / quinze / vinte / trinta / trinta e cinco / quarenta e um / cinquenta e cinco / sessenta e três / setenta e um / noventa e nove

EM FOCO

1. A. A **Alemanha**; A **Espanha**; A **Itália**; O **Reino Unido**; **Portugal**; A **Argentina**; O **Brasil**
B. Países: da / do / do / das / do / de
Cidades: de / de / de / de / do / de
C. Eu **sou** / Ele **é** / Ela **é** / Nós **somos** / Elas **são**
Quadro (Nacionalidades): brasileira / brasileiros / brasileiras; inglês / ingleses / inglesas; espanhol / espanhola; alemã; belgas
2. A. tenho / tem / temos
B. 1. Ela tem 26 anos.   2. Ela é de Minas.   3. Ela trabalha em Belo Horizonte.   4. Ela tem dois filhos.
3. A. Eu **sou** juiz. Eles **são médicos**. Vítor **é cirurgião**. Ele **é** dentista. Eles **são estudantes**.
Quadro (Profissões): fotógrafa / professoras / cirurgião / estudantes

4. A. Trabalhar: (Eu) trabalho / (Ele / Ela) trabalha
Viver: (Eu) vivo / (Ele / Ela) vive / (Vocês) vivem
Dirigir: (Ele / Ela) dirige / (Vocês) dirigem
B. 2. O intérprete fala inglês e francês.   3. Nós estudamos na faculdade.   4. Juca escreve livros.
5. O senhor Paulo vive em Belo Horizonte.   6. Os fotógrafos tiram fotografias.   7. A juíza trabalha no tribunal.   8. O empresário dirige uma empresa.

1, 2, 3...AÇÃO!

1. A. 1. B; 2. C; 3. A; 4. D
B. Texto 1: alemães / 24 / 21 / modelos / trabalham
Texto 2: americano / Rio / advogado / brasileira
Texto 3: médica / brasileira / Salvador / casada

UNIDADE 2
QUE LUGAR MARAVILHOSO!

VAMOS LÁ?

1. A. 1. Norte   2. Nordeste   3. Centro-Oeste   4. Sudeste   5. Sul

DESCOBRINDO

1. A. 1. a.   2. b.   3. b.   4. a.   5. b.   6. c.   7. a.   8. c.
2. A. Bahia   B. São Paulo   C. Amazonas
D. 1. a.   2. c.   3. c.
3. B. 1. o candomblé?   2. a feijoada?   3. a bossa nova (ou o samba)?   4. a capoeira?   5. um berimbau?

EM FOCO

1. B. Comer e beber: bares / botequins
Serviços: delegacias de polícia
Natureza: praias
Lazer: discotecas / museus
D. Quadro (Quantificadores): **algumas** praias / **muitas** lojas / **bastante** atividade / **nenhuma** área verde / **muitos** supermercados / **vários** monumentos / **pouca** segurança
E. nenhum / muitas / vários / alguns
2. B. Várias respostas possíveis. Sugestões:
1. A Amazônia não é ao lado do Rio de Janeiro. Fica na região Norte.   2. O estado do Paraná é muito longe do Acre.   4. O estado de Rondônia não fica ao lado do estado de Mato Grosso.
D. Zeca e Manuel estão na recepção da clínica. José e Vilma estão no corredor. Há dois quadros na parede.

1, 2, 3...AÇÃO!

1. B. 1. Não, Susana vive longe do Rio de Janeiro.
2. Curitiba é linda, organizada e multicultural. A qualidade de vida é muito boa e o sistema de transportes é eficiente.   3. Há parques, áreas verdes, comércio, restaurantes e cinemas.

4. É uma zona nobre da cidade com farmácias, supermercados, cinemas, restaurantes e *shoppings*.

2. A. Cidade: Olinda. Localização e características: É uma cidade que fica no estado de Pernambuco, na região Nordeste do Brasil. É "Patrimônio Histórico e Cultural da Humanidade".

   Cidade: Rio de Janeiro. Localização e características: Fica no estado do Rio de Janeiro, na região Sudeste. É a segunda cidade mais populosa do Brasil.

UNIDADE 3
SEU PRIMO É UM GATO!

VAMOS LÁ?

1. A. 1. Malu 2. Denise 3. Nelson 4. Rodrigo

DESCOBRINDO

1. A. irmão / filho / avô / tio / primo / sobrinho / cunhado / sogro / genro
   C. 1. b 2. a 3. b 4. c 5. a
   D. 1-C; 2-A; 3-B
   E. Sugestões: Eduardo é jovem, moreno e tem cabelos encaracolados. Também tem barba e bigode.
2. E. 2, 3 e 5.

EM FOCO

1. A. Carla: D; Beto: H; Zé: A; Vilma: G
   B. Gisele: divertida / preguiçosa / tímida
      André: aventureiro
   C. (+) divertido(a); sociável; trabalhador(a); otimista; dedicado(a); charmoso(a); sincero(a)
      (-) arrogante; mentiroso(a); egoísta; antipático(a); infiel; preguiçoso(a); desligado(a)
2. A. Quadro *(ser e estar)*: Estar: Ela está contente. Ser: A academia é grande, os professores são simpáticos e profissionais.
   B. 1. está 2. é 3. está 4. está 5. é 6. são
3. A. Quadro (possesivos): meu / seus / nossa / seu
   B. Meu / Minha / dela / dela / dela / dele / minha

1, 2, 3…AÇÃO!

1. B. tolerante / trabalhador; dinâmico / extrovertido; desligado
   C. Sugestão: Jacqueline. Ela é independente e animada, combina com Ronaldo.

DICA DO DIA

1. B. 1. As influências mais evidentes são a africana, a indígena, a portuguesa, a italiana, a alemã e a japonesa.
   2. O brasileiro é caloroso, prestativo, solidário e hospitaleiro. Gosta de conviver. Adora estar com a família e com os amigos.

UNIDADE 4
TODO O SANTO DIA

VAMOS LÁ?

1. A. 1. É quarta-feira. 2. Estamos em junho. 3. É dia 16.

DESCOBRINDO

1. B. 13:15 São treze e quinze. / É uma e quinze. 18:25 São dezoito e vinte e cinco. / São seis e vinte e cinco. 20:30 São vinte e trinta. / São oito e meia. 22:45 São vinte e duas e quarenta e cinco. / São quinze para as onze. 00:00 É meia-noite. 01:05 É uma e cinco.
2. A. 10 h / 22 h / 14 h / 10 h / 16 h
3. A. B - Levantar-se; D - Escovar os dentes; E - Tomar o café da manhã; F - Ir para o trabalho; J - Jantar; L - Dormir
   B. 1. b. 2. c. 3. c. 4. b. 5. a. 6. c. 7. a. 8. c.

EM FOCO

1. B. Chegar ao trabalho / Pegar o ônibus / Jantar com a família / Almoçar no restaurante / Ver TV / Preparar o café da manhã / Sair de casa / Ir ao supermercado
   Quadro: se veste / se veste / nos vestimos / se vestem / se vestem
   C. me levanto / Tomo / me sento / Escrevo / me concentro / saio / convido
3. B. 1. para 2. de / de 3. no 4. para 5. na 6. ao 7. à 8. no

1, 2, 3…AÇÃO!

1. A. A - estudante B - médico F - engenheiro
      G - secretária J - cozinheiro
   B. 1. comissária de bordo 2. jornalista 3. advogado
   C. Texto A - garçonete Texto B - médico

DICA DO DIA

1. B. 1. Tem quatro. Três no continente e um nas ilhas.

UNIDADE 5
QUE COMIDINHA BOA!

VAMOS LÁ?

1. B. 1. Celebram o dia nacional da Pizza. 2. São Paulo. 3. É um tipo de serviço. O cliente pode experimentar vários sabores e comer quanto quiser. 4. Marguerita e Caprese.

DESCOBRINDO

1. C. 1. Susana pede um pão com manteiga na chapa e um suco de maracujá. Mário pede um café com leite e um misto quente.
2. A. Frases corretas: 1, 3 e 4.
   B. Filé grelhado / espaguete ao sugo / coca-cola / suco de abacaxi e sorvete de baunilha
   C. Qual é o prato do dia? / Eu vou querer / Para mim
   D. 1. taça de vinho 2. copo de água 3. xícara
      4. pires 5. colher de sopa 6. faca 7. prato raso
      8. prato fundo 9. garfo
   E. 1. copo 2. filé 3. colher 4. pão 5. conta
3. A. 1. a. 2. b. 3. b. 4. c.

EM FOCO

2. B. garrafas / gramas / caixas / lata / quilo / pacotes / cachos / maços / dúzia / pé / litro / vidro
3. A. Quadro (Expressando o futuro): vou beber / vai preparar / vamos tomar / vão / vão
   B. Antes do jantar: assar a carne / cozinhar os legumes / preparar as bebidas / temperar a salada / fazer o arroz
   Durante e depois do jantar: enxugar a louça / pôr e tirar a mesa / lavar a pia / servir a comida / limpar a cozinha / arear as panelas
4. A. 7 / 4 / 2 / 6 / 5 / 1 / 3 / 8
   Quadro (Plural de nomes e adjetivos): doses / copos / limões / colheres
   B. feijões; guaranás; licores; difíceis; pastéis; hambúrgueres; bares; camarões; quindins

1, 2, 3...AÇÃO!

1. B.

	ALEXANDRA	RODRIGO	PAULO
Rodízio de pizza	√		
Massas	√		
Comida caseira		√	√
Cozinha exótica		√	
Pizzarias	√		
Bons vinhos	√		
Cerveja			√
Refrigerantes			√
Ambientes aconchegantes	√		
Restaurantes caros		√	
Restaurantes com preço fixo			√

DICA DO DIA

1. A. A: Moqueca B: Churrasco C: Feijoada

UNIDADE 6
O VERÃO ESTÁ CHEGANDO!

VAMOS LÁ?

1. 1. O céu está limpo. 2. Está fazendo muito calor.
   3. Está relampejando. 4. Que ventania!
   5. O céu está muito nublado. 6. Que neblina!
   7. Já está chovendo. 8. Que frio!

DESCOBRINDO

1. B. 1. Está calor, faz 38 °C. 2. Sim, muito. 3. Em geral, o inverno é ameno, mas, no sul, pode nevar. 4. Vão tomar água de coco e surfar.
   C. 1. b 2. a 3. c.
2. B. 1. Ela quer convidá-lo para sair. 2. Eles vão se encontrar no bar do Juca. 3. Eles combinam às nove.
   C. 1. g. 2. a. 3. d. 4. h. 5. f. 6. i. 7. c. 8. b. 9. e.

EM FOCO

1. A. Quadro (Presente Contínuo): está descansando / está fazendo / está curtindo
   B. 1. Ele está tomando sol e ouvindo música.
   2. Eles estão namorando. 3. Eu estou assistindo a um filme. 4. Nós estamos celebrando.
   5. Paulo está surfando.
2. B. 1. Quanto 2. Até 3. Qual 4. Que 5. Qual
   1. São 20 reais. 2. Até as 17 h. 3. São dez reais.
   4. Samba. 5. "Colegas"
4. A. 1. e. 2. a. 3. d. 4. b. 5. c.
   C. 1. faz 2. pode 3. sabem 4. traz 5. quer 6. diz

1, 2, 3...AÇÃO!

1. A. Previsão A.

UNIDADE 7
BOAS COMPRAS!

VAMOS LÁ?

1. B. joalheria / loja de produtos eletrônicos / perfumaria / floricultura / loja de roupas / livraria

DESCOBRINDO

3. B. a. 3 b. 2 c. 1 d. 4
4. A. custam / custa 35 reais / 55 / está caro / fazer um desconto / Eu quero / faço por

EM FOCO

1. A. Quadro (Demonstrativos): **este** vestido / **estes** vestidos; **esse** colar / **essa** joia / **essas** joias; **aquela** bolsa / **aqueles** relógios / **aquelas** bolsas

   B. A. esse, esses   B. aquela   C. este   D. estes
   E. essas

   C.

2. A. 1. mais memória do que   5. mais caro do que
   B. 1. tantos   2. melhor   3. tanto   4. tão   5. tanto
3. B. 1. a mais bonita   2. o mais barato   3. a maior
   4. a melhor   5. a … mais prática

1, 2, 3…AÇÃO!

1. B. 1. Verdadeiro   2. Falso   3. Verdadeiro   4. Falso
   5. Falso
   C. 2. A qualidade é importante.   4. O internauta brasileiro gosta de comprar eletrodomésticos, produtos de informática e equipamentos eletrônicos *online*.   5. A maioria das lojas aceita várias formas de pagamento: à vista ou em parcelas, em dinheiro vivo, cheque ou cartões de crédito ou débito.

UNIDADE 8
VIRE À ESQUERDA E SIGA EM FRENTE.

VAMOS LÁ?

1. A - Vire à esquerda   B - Vire à direita
   C - Dê a preferência   D - Siga em frente
   E - Proibido buzinar   F - Estacionamento Regulamentado
   G - Parada obrigatória

DESCOBRINDO

1. B. 1. a)   2. a)   3. a)   4. b)
   D.

2. A. Aluguel de carros (ou locação de veículos).
   B. D-1; C-2; B-3; A-4
   C. 1. Para o próximo final de semana, de sexta a domingo.   2. Sim.   3. Vence no domingo.
   4. Ele deseja cobertura completa.   5. Deve entregar com o tanque cheio.   6. Até as 21 h.

EM FOCO

1. A. Quadro (Imperativo): escolha / inclua
   B. 1. Pegue   2. Reserve   3. Cuide / Não ande
   4. Mostre   5. Troque / encha   6. Não se atrase
   7. Não deixe   8. Venha / Aproveite
   C. Ordem: 4 e 6   Pedido: 5   Sugestão: 1 / 2 / 3 / 7 / 8
   D. Ajudem / compre / esqueça / Tenha
2. A. A-5, 7, 10   B-1   C-4   D-8   E-3   F-9   G-6   H-2
   B. No posto de gasolina: 1. Encha o tanque.
   2. Troque o óleo.   3. Calibre os pneus.   4. Limpe o para-brisas.
   No caixa eletrônico: 1. Tecle entrar.   2. Insira o cartão.   3. Digite seu código.   4. Escolha a operação.   5. Saque o dinheiro.   6. Retire o cartão.
   Quadro (Imperativo): estejam / seja
3. A. 1. por   2. para   3. para   4. à / na   5. para   6. pela
   B. Na estação de trem: 5   Na rodoviária: 2 / 5
   No táxi: 1 / 3 / 4 / 6   Na rua: 1 / 4 / 6

227

1, 2, 3...AÇÃO!

1. B.

	PASSEIO EM NATAL	PASSEIO DE TREM
Duração	Seis horas	Três horas
Preço	90 reais por pessoa	65 reais (bilhete econômico) 84 reais (bilhete turístico)
Outras informações úteis	Desconto de 10% para pagamento via depósito bancário	O bilhete turístico inclui refrigerante, lanche e guia

DICA DO DIA

1. B.

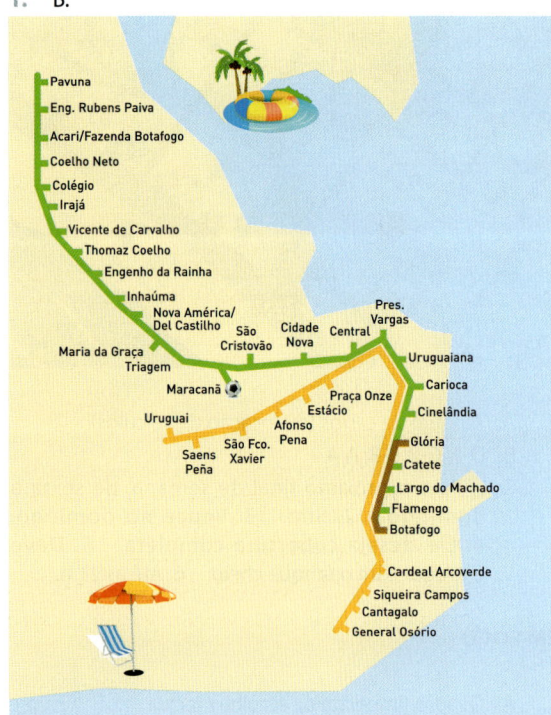

UNIDADE 9
ENFIM, FÉRIAS!

DESCOBRINDO

1. B. 1. F (Ana Maria não vive no Rio).   2. F (Marcelo prefere viajar de avião.)   3. V   4. F (Santa Teresa é um bairro.)
2. A. Localização: Zona Comercial Quartos: ar-condicionado, frigobar, telefone e televisão LCD Comodidades: piscina, quadra esportiva, sala de ginástica e SPA.
   B. Diálogo 1: quantas noites? / a tarifa? / café da manhã
   Diálogo 2: acordar / 345 / um táxi
   D. 1 / 6 / 8 / 2 / 4 / 7 / 3 / 5 / 9

EM FOCO

1. B. 1. Os hóspedes do 34 não dormiram.
   2. Anteontem o ar-condicionado estragou.
   3. Ontem o bar fechou cedo.   4. O gerente recebeu duas reclamações.   5. No domingo passado a TV do 502 estragou.   6. Hoje de manhã um cliente reclamou.
   C. Sugestões: Eles já conheceram uma ilha. Eles ainda não pescaram.
2. A. Márcia: lanterna, agasalhos, casaco
   Thiago: máscara de *snorkel*, nadadeiras, chinelos, toalha de praia, calção
3. B. 1. estiveram   2. foi   3. teve   4. foi
4. A. 1. Sim, eu já as visitei.   2. Não, ele ainda não os provou.   3. Leandro a bebeu ontem à noite.   4. Eu os encontrei no parque.   5. Eu as tirei em Curitiba.

1, 2, 3...AÇÃO!

1. B.

	REGIÃO NORDESTE	REGIÃO SUDESTE	REGIÃO SUL
O que fazer?	Visitar Natal, Fortaleza, Salvador e Maceió.	Visitar o estado do Rio de Janeiro e as cidades de Paraty e Teresópolis.	Fazer surfe, tomar sol, praticar esportes, curtir praia e passear
Por que ir?	As praias são ótimas, com areia branca e água transparente.	Conhecer cidades, fazer passeios de barco, mergulhar, caminhar na natureza e ir às serras fluminenses.	Conhecer as praias de Santa Catarina, Florianópolis e o Rio Grande do Sul.

2. B. Pousada Flores da Serra.

UNIDADE 10
QUANTO É O ALUGUEL?

VAMOS LÁ?

1. A-7 B-10 C-9 D-11 E-8 F-5 G-2 H-4 I-6 J-3 K-1

DESCOBRINDO

1. B. 1. Susana procura um apartamento com 70 m², com uma sala e um quarto.   2. Jardins, Pinheiros e Vila Madalena.   3. O bairro dos Jardins é o mais sofisticado e Vila Madalena é o mais descolado.   4. Nos Jardins.
   C. Tipo de imóvel: andar   Detalhes do imóvel: de 1.000 até 3.000 reais / 70 m² / 1

E. Sugestão: O apartamento da Vila Madalena é o melhor porque é o mais barato e tem 2 quartos.
   F. 1. A   2. E   3. F   4. B   5. D   6. C
2. A. 1. d.   2. c.   3. e.   4. b.   5. a.
   B. 100 m² / quartos / cama de casal / o banheiro / sala / ao fundo / terraço / sacadas
   C. Chaleira elétrica - 7; Micro-ondas - 6; Máquina de café - 8; Torradeira - 3; Batedeira - 4; Balança - 2; Panificadora doméstica - 1; Moedor - 5
   D. Torradeira e micro-ondas

EM FOCO

1. A. Sala de estar: A-12; B-1; C-5; D-10
   Sala de jantar: E-2; F-9; G-7; H-8
   Quarto: I-6; J-15 K-3; L-11
   Banheiro: M-14; N-4; O-13; P-16
2. A. A-3; B-5; C-1; D-2; E-6; F-4
   B. vi / tive / trouxe / achou / brincou / disse / assinei / fiz / souberam / deram / consegui / começaram / puderam / tive / fizeram / paguei
   C. 1. …viu o apartamento.   2. …trouxe… / …achou o apartamento uma graça   3. …fez a mudança…   4. …apresentaram…   5. …e o pai não puderam fazer as reformas.   6. …pagou…
   D. dar - dei; dizer - diz / disse / vai dizer; fazer - faço / fiz / vou fazer; trazer - trazem / trouxeram / vão trazer; ver - vemos / vimos /vamos ver; vir - vimos / viemos / vamos vir; querer - quer / quis / vai querer; pôr - ponho / pus / vou pôr; poder - pode / pôde / vai poder; saber - sei / soube / vai saber
   E. 1. Os pais deram a mobília de quarto.   2. A vovó pôs plantas na varanda.   3. Dois amigos trouxeram pizzas.   4. O decorador veio na sexta e no sábado.   5. O namorado fez alguns trabalhos de bricolagem.   6. Os vizinhos quiseram ajudar.
3. B. 1. Eu vou vê-la   2. Colocamo-lo   3. vão reformá-la   4. Fi-la   5. Pu-la   6. chamamo-lo   7. Compraram-na   8. Vai assiná-lo

1, 2, 3…AÇÃO!

1. B. 1. Há muitos *shopping centers* e lojas de artigos de luxo. Essas zonas concentram boa parte da população com alto poder aquisitivo da cidade.
   2. Aos finais de semana, as padarias ficam lotadas e os paulistanos aproveitam para fazer *jogging* e circular nas ciclovias.   3. Na Zona Leste vive muita gente jovem e trabalhadora. Vai abrigar o novo estádio de futebol do Corínthians.   4. Nos últimos anos, o centro ganhou vida nova com muitos projetos de recuperação e investimentos no setor imobiliário.
   A. 1. b   2. c   3. c

UNIDADE 11
É HORA DA MALHAÇÃO!

VAMOS LÁ?

1. A. Corrida, tênis, ciclismo, canoagem, futebol, esgrima, judô, tiro ao alvo, vôlei, equitação, halterofilismo, natação, nado sincronizado, surfe, basquetebol, ioga e ginástica rítmica.
   B. 1. Jogos Olímpicos de 2016.   2. Estão falando sobre natação e nado sincronizado.   3. Sim, especialmente na natação.

DESCOBRINDO

1. B. Daniela: 1, 3 e 5.   Cacá: 2, 4 e 6.
2. A. 1. a.   2. c.
   B. Os equipamentos são novos. A mensalidade é de 90 reais por mês. Paula pode fazer aulas todos os dias.
   D. 1. Futebol   2. Natação   3. Ioga   4. Tênis   5. Ciclismo   6. Corrida
   E. Sugestões: Jurema: tênis.   Mariana: ioga.
3. B. 1. F   2. F   3. V   4. V   5. V
   C. 1. V   2. V   3. F (Fábio só comprou um ingresso para o estádio do Maracanã.)   4. F (Para Fábio, o Maracanã é o melhor estádio do mundo.)   5. F (Não sabemos se Luisão pratica outros esportes.)

EM FOCO

1. A. 1-B; 2-D; 3-C; 4-A
   B. Quadro (Pretérito imperfeito): -ar: (eu) treinava / (ele / ela) treinava / (vocês) treinavam
   -er: (ele / ela) dizia / (vocês) diziam
   -ir: (eu) sentia / (você) sentia / (vocês) sentiam
   Quadro (Verbos irregulares): Ser: (eu) era / (ele / ela) era / (vocês) eram
   Ter: / eu) tinha / (ele / ela) tinha / (vocês) tinham
   Pôr: (você) punha / (ele / ela) punha / (nós) púnhamos / (eles / elas) punham
   Vir: (eu) vinha / (você) vinha / (nós) vínhamos / (você) vinham
   1. Comecei a surfar quando tinha 18 anos.
   2. Ontem, malhei muito. Quando terminei já eram 9 horas da noite.   3. Antigamente, eu costumava treinar com meu irmão.   4. Todas as vezes que o professor dizia "força", eu me sentia motivada.
   C. 1. comia muitas verduras   2. fazia exercício   3. controlávamos o peso.   4. corriam
   D. 1. tinha   2. havia   3. eram / era   4. costumava   5. era   6. ia
2. B. 1. estava andando   2. estava saindo 3. estávamos fazendo   4. estava jogando / estava torcendo
3. A. Quadro (preposições + pronomes): comigo / mim

1, 2, 3...AÇÃO!

1. A. Texto 1: B   Texto 2: A   Texto 3: C

UNIDADE 12
A QUE HORAS É A CONSULTA?

VAMOS LÁ?

1. A. 1 - cabeça; 2 - ombro; 3 - braço; 4 - costas; 5 - pulso; 6 - calcanhar; 7 - peito; 8 - barriga; 9 - mão; 10 - perna; 11 - joelho; 12 - pé

DESCOBRINDO

2. A. tem dores no corpo / não tem apetite / tem enjoo
3. A. 2 / 7 / 3 / 5 / 4 / 1 / 6
   C. 1. Verdadeiro   2. Verdadeiro   3. Falso (A pressão dela está boa.)   4. Verdadeiro   5. Verdadeiro

EM FOCO

1. B. 1. Doem me   2. Dói lhe   3. me   4. nos   5. lhes
2. A. Ela tem trabalhado muito e dormido pouco. Está muito cansada e tem dor de cabeça.
   B. 1. Ultimamente, eu tenho me sentido cansado.   2. Nos últimos dias ele tem tido febre.   3. Eu não tenho tido apetite de manhã.   4. Minha pressão tem estado alta desde o final de semana.   5. Nós não temos feito exames nos últimos meses.
3. B. 1. muita   2. tudo   3. alguém   4. muitas   5. todos   6. nenhum   7. várias   8. pouco   9. muita   10. ninguém
4. A. 1. g.   2. f.   3. d.   4. b.   5. h.   6. a.   7. c.   8. e.

1, 2, 3...AÇÃO!

1. A. 1. B   2. D   3. A.   4. C.
   B. 1. D   2. A   3. C   4. B
2. A. Texto A: doía / pontadas / dormido / mastigar / dentistas
   Texto B: torcicolo / pomada / acupuntura / pior / andar / faltar

UNIDADE 13
HOJE É DIA DE TRABALHO!

VAMOS LÁ?

1. A. 1. Presidente   2. Secretária   3. Vice-presidente   4. Diretor de Marketing   5. Diretor de Recursos Humanos   6. Gerente de Comunicação   7. Gerente de Produto   8. Gerente de RH   9. Assistente / Auxiliar   10. Assistente / Auxiliar   11. Assistente / Auxiliar

DESCOBRINDO

1. B. Multinacional suíça / Gerente Administrativo / pós-graduação / 5 anos / facilidade / disponibilidade / à distância / benefícios / interessados / currículo
   C.

	CAROL	LUCIANO
Formação acadêmica	Administração de Empresas e Gestão Hospitalar	Economia e Gestão Empresarial
Experiência profissional	sete anos	nove anos
Disponibilidade	casada, com filhos	solteiro, sem filhos
Línguas	inglês e espanhol	inglês, espanhol e francês
Pretensão salarial	5 mil reais mais benefícios	5,5 mil reais mais benefícios

   D. 1 / 4 / 5 / 7 / 3 / 6 / 2 / 9 / 11 / 8 / 10
2. A. respeitar / tirar proveito / experiências / distintos / expectativas / resultados / cada vez mais / habilidade / contratar / promover
   B. 1. c.   2. a.   3. d.   4. e.   5. b.

EM FOCO

1. A. tinha feito / tinha escrito / tínhamos dito / tinham dado / tinham posto
   B. tinha gasto / tinha pago / tinha deixado / tinha posto / tinha colocado / tinha limpado / tinha planejado / tinha esquecido / Tinha chegado
   C. 1. V   2. F   3. F   4. F
2. B. 2.
   C. 1. quem   2. onde   3. que   4. onde   5. que
3. A. tinha ido / tinha levado / tinha atrasado / tinha corrido / tinham sido / tinham elogiado

1, 2, 3...AÇÃO!

1. A. adorou / promoção / parabéns / salário / trabalho / tanto / posso / surpresa
   C. Lucas disse que tinha uma surpresa para Ieda e contou que tinha sido promovido, porque seu diretor tinha adorado o projeto dele. Além da promoção, tinha ganhado uma sala só para ele no prédio da sede onde eles tinham comemorado a festa de final de ano. Lucas também disse que tinha ganhado um aumento de salário, mas que teria de trabalhar mais. Apesar disso, sabia que não podia reclamar.

   Ieda disse que adorava surpresas e que também tinha uma surpresa para ele: revelou que tinha feito o teste de gravidez e que tinha dado positivo. Por isso, ele já a podia pedir em casamento.

UNIDADE 14
GOSTARIAS DE CONHECER OUTROS PAÍSES LUSÓFONOS?

DESCOBRINDO

1. A. Variante europeia: Sophie
   Variante brasileira: Marcel e Maria
   C. Sophie: 1, 4 e 6   Marcel: 2 e 5   Maria: 3
2. A. 1. A Marta tem alunos espanhóis, alemães, americanos e japoneses.
   2. Estudam português europeu por motivos profissionais, por interesse e porque têm amigos ou família em países de língua oficial portuguesa.

   B.

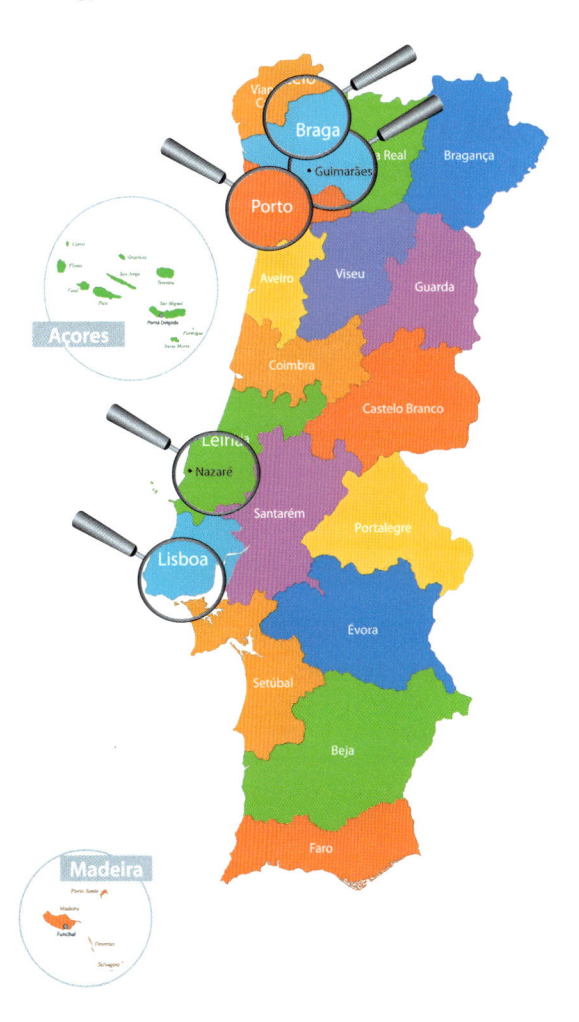

EM FOCO

1. B. Várias soluções possíveis. Sugestões: 1. Eu iria à delegacia.   2. Eu telefonaria para a polícia.   3. Eu tomaria um café e falaria com uma personalidade histórica, daria um passeio num lugar maravilhoso e concederia três desejos a alguém.   4. Eu iria ao Tibete.   5. Eu diria que sim.   6. Eu convidaria um amigo e iríamos ao século XVIII.

2. A. Mensagens A, C e E.
   B. Mensagem A: Como **estás**? Eu estou ótima. **Diverti-me** imenso em Maputo. **O** nosso hotel era ótimo! **O** Miguel acha que **tu ias** gostar muito de conhecer Moçambique. Há praias lindas e a noite é animadíssima. Eu **ligo-te** amanhã. Beijinhos
   Mensagem C: Estou **numa** reunião importante. Acho que vai demorar. A que horas **chegas** a casa? **Podes** passar pelo supermercado? **Precisamos de** comprar fruta e gelado para o jantar. Até logo.
   Mensagem E: Rui, Já **tens** planos para o **fim de semana**? **Gostava** de **te** mostrar a baía de Luanda. Eu e **o** João **estamos a pensar** em passar uns dias na capital. **Queres** ir connosco? **Liga-me**. Abraço.
   C. 1. Estou a aprender português.   2. Nós gostámos de conhecer Lisboa no ano passado.   3. Preciso de reservar a viagem.   4. Nós estamos num hotel no centro.   5. Posso dar-te uma sugestão?   6. Eu levantei-me muito cedo e fui ao museu.   7. João e Maria, onde fica o vosso hotel?   8. O Pedro e o Jaime estão a passar as férias juntos.
   D. 1. Conheces Lisboa?   2. Onde estudas?   3. Vives no Porto?   4. Já estiveste no Algarve?   5. Ainda não foste aos Açores?   6. Queres beber um café?

2. A. 1. Comida e bebida: 1. meia de leite   2. rebuçados   3. torrada   4. chávenas   5. sandes
   2. Coisas: 1. fato   2. telemóvel   3. mensagem   4. alcatifa   5. cabine telefónica
   3. Ações: 1. planeou   2. aterrar   3. apanhar   4. gravar   5. avariou-se

1, 2, 3...AÇÃO!

1. A. 1. O português europeu, as línguas indígenas anteriores à colonização portuguesa e as línguas dos escravos africanos (o ioruba e o quimbundo).
   2. As diferenças existem devido à influência das línguas indígenas e africanas, à realidade de cada país e aos empréstimos linguísticos que têm sido diferentemente adaptados em cada variante.
   3. Do inglês.
2. B. 1. Pode me trazer o cardápio, por favor?   2. Por favor, onde fica o banheiro?   3. Dirija devagar.   5. Você recebeu meu torpedo?   6. Posso ver o terno marrom que está na vitrine?   7. A que horas servem o café da manhã?   9. Encha o tanque e confira o óleo, por favor.   10. Qual é o horário dos *shoppings*?   11. Queria um sanduíche de queijo e um suco de laranja, por favor.   12. Tem um ponto de táxi aqui perto?   13. Onde fica o ponto de ônibus mais próximo?

SOLUÇÕES DOS EXERCÍCIOS

UNIDADE 0

1. a; efe; gê; agá; jota; cá; quê; esse; xis
2. a) Brasil   b) Angola   c) Portugal   d) Cabo Verde   e) Timor
3. Diálogo 1: Meu nome; seu; prazer
   Diálogo 2: Qual; Muito prazer
   Diálogo 3: que; Obrigada/Obrigado
   Diálogo 4: Como; De nada
4. a) quadro   b) livro   c) caneta   d) lápis   e) pasta   f) relógio   g) caderno   h) apontador   i) computador   j) borracha

UNIDADE 1
OI, TUDO BEM?

1. Diálogo 1: Tudo ótimo   Diálogo 2: Bom dia   Diálogo 3: Bem   Diálogo 4: Vou
2. A. 1. o   2. a   3. ✗   4. a.   5. ✗   6. ✗
   B. 1. o   2. a   3. ✗   4. ✗   5. os   6. o
   C. 1. a   2. a   3. o/a   4. o   5. os   6. as
3. a) De; da   b) Quantos   c) Onde   d) O que
4. Texto A: inglesa / brasileiro / médico / engenheira / vivem / trabalham
   Texto B: do / de / em / no / de
5. a) A: estuda   B: Estuda.   b) A: trabalham   B: Trabalhamos.   c) A: vive   B: Vive.   d) A: bebe   B: Bebe.   e) A: assiste   B: Assisto.

UNIDADE 2
QUE LUGAR MARAVILHOSO!

1. a) algum   b) nenhuma   c) muitos   d) nenhum   e) poucos
2. a) longe   b) ônibus   c) estado   d) mata   e) botequim
3. cento e vinte e oito; quinhentos e cinquenta e cinco; mil e um; mil quinhentos e cinquenta e cinco; três mil trezentos e trinta e três; dois mil trezentos e vinte
4. Texto A: é / tem / há / são   Texto B: perto do / ao lado do / entre / em frente
5. Sugestões: Onde você vive? O que há em Brasília? Onde fica seu bairro? Onde é o cabeleireiro? Há padarias em seu bairro?

UNIDADE 3
SEU PRIMO É UM GATO!

1. a) Quem   b) Como   c) que   d) Onde   e) Quantos   f) Qual
2. a) São os meus primos.   b) É um cara muito extrovertido.   c) Gosto de dançar e de ler.   d) No Rio.   e) Tem 41.   f) É Caetano Veloso.
3. meu, meus; seus; Minha; seu; dele
4. a) cabelo castanho   b) curto   c) careca   d) morena   e) alta   f) contentes
5. Sugestões: Sônia: Ela é jovem e ruiva, tem olhos verdes, cabelo curto e usa óculos.
   Ricardo: Ele tem cabelo branco, bigode e olhos castanhos.
6. a) nossas   b) dele   c) meu   d) seus   e) seu

UNIDADE 4
TODO O SANTO DIA

1. a) me levanto   b) Saio   c) Tomo   d) Leio   e) Almoço   f) Chego
   2. Sugestões: a) estar com os amigos   b) acordo cedo   c) pega o ônibus   d) faço ioga   e) tomamos café   f) vai à academia   g) leio o jornal   h) dançam na discoteca
3. a) A   b) De   c) ao   d) À   e) à
4. a) me   b) nos   c) se   d) se
5. a) Que horas são?   b) A que horas abre   c) Quando você volta?   d) Que dia é hoje?
6. a) Eu corro com um amigo três vezes por semana.   b) Nós sempre tomamos o café da manhã em casa.   c) Eles jogam futebol muitas vezes.   d) Você vai à academia com frequência?   e) Eles saem muito ao final de semana.

UNIDADE 5
QUE COMIDINHA BOA!

1. a) garrafa   b) litros   c) vidro   d) garrafas   e) pacote   f) dúzia
2. a) limões   b) sanduíches   c) colheres   d) pernis   e) coquetéis   f) fáceis   g) pudins   h) hambúrgueres   i) saudáveis   j) pães
3. a) Amanhã nós vamos comprar leite no supermercado.   b) Eu preciso ir à padaria.   c) Ana e Paulo têm de ir ao açougue.   d) Eu preciso comprar duas garrafas de vinho.

e) Quem vai descascar as batatas e montar a salada logo mais?   f) Eu tenho de encomendar uma pizza.   g) Eu sempre tenho de pôr a mesa.   h) Nós vamos à pizzaria no sábado.

4. Garçom: b) g) h)   Cliente: a) c) d) e) f)

UNIDADE 6
O VERÃO ESTÁ CHEGANDO!

1. a) está fazendo   b) estão surfando   c) estou relaxando   d) estão dançando   e) estão fazendo
2. a) calor   b) neva   c) chuva   d) garoa   e) nublado   f) limpo
3. a) chuva   b) neva   c) calor   d) garoa   e) nublado
4. a) Você está a fim de uma praia?   b) Que filme está passando?   c) Quanto é o ingresso?   d) A que horas abre o museu?   e) Onde a gente se encontra?   f) Como você vai para o trabalho?   g) Quando você viaja?   h) Com quem ele trabalha?
5. a) Você sabe o nome do cinema?   b) Eu não posso sair hoje.   c) Eles podem vir mais cedo.   d) Vocês sabem onde é a lanchonete?   e) Nós não podemos ir à festa.   f) Ela não sabe fazer a lição dela.

UNIDADE 7
BOAS COMPRAS!

1. a) modelo / marrom / preto   b) preço   c) terno   d) cotação   e) calça   f) sapatos / bonitos   g) óculos   h) blusa
2. a) apertado   b) tamanho   c) desconto   d) trocar   e) câmbio   f) cartão
3. A. legal   B. bota   C. marrom   D. bonito
4. a) A saia vermelha é a menor.   b) O colar azul é mais caro do que o vermelho.   c) Meu celular é mais leve do que o seu.   d) O cinto azul é o mais barato.   e) Bruno gasta tanto quanto Cecília.   f) O salário da Cecília é melhor do que o de Bruno.
5. a) Estes   b) aquela   c) daquele   d) nesta   e) Aquele   f) àquela

UNIDADE 8
VIRE À ESQUERDA E SIGA EM FRENTE.

1. 1. e)   2. a)   3. f)   4. d)   5. c)   6. b)
2. 1. Faça um cruzeiro.   2. Alugue um carro esportivo.   3. Encha o tanque.   4. Verifique o óleo do carro.   5. Viaje de trem.   6. Reserve seu voo.

3. dê; não dê; deem / esteja; estejam; não estejam / faça; não faça; façam; não façam / não siga; sigam; não sigam /tenha; não tenha; não tenham / veja; não veja; vejam; não vejam / venha; não venha; venham; não venham
4. a) para   b) por   c) para   d) pela   e) por   f) para   g) para   h) por
5. a) entrar em   b) subir   c) à direita   d) perto de   e) vir   f) avançar   g) retornar   h) esvaziar

UNIDADE 9
ENFIM, FÉRIAS!

1. Sugestões: A. nadar; mergulhar; tirar fotografias; beber um chope; chutar bola   B. passear; acampar; fazer trilha; caminhar   C. fazer compras; visitar uma exposição; dançar; ir ao cinema
2. a) foi   b) gostamos   c) foi   d) estive   e) partiu   f) alugamos / chegamos   g) conheceram   h) tiveram
3. a) para   b) A   c) às   d) no   e) à
4. a) o   b) as   c) a   d) as   e) o   f) o

UNIDADE 10
QUANTO É O ALUGUEL?

1. Sala - 2. poltrona   Quarto - 3. cama   4. guarda-roupa   Banheiro - 5. vaso sanitário (privada)   6. espelho   7. pia   8. chuveiro   Cozinha - 9. fogão   10. armários   11. mesa   12. cadeira
2. a) De quais bairros você mais gosta?   b) Quantos cômodos tem o apartamento?   c) Quanto é o aluguel?   d) Qual zona você prefere?   e) A que locadora você foi?
3. a) fizemos   b) trouxe   c) deu   d) pôs   e) vimos   f) veio   g) trocá-la   h) esqueceu
4. a) vou comprá-la   b) vai consertá-lo   c) vamos pintá-las   d) vou transportá-los   e) Vamos pagá-lo
5. a) jardim   b) edifício   c) fogão   d) cozinha   e) sofá

UNIDADE 11
É HORA DA MALHAÇÃO!

1. a) era   b) eram / saiu   c) vi   d) caí / machuquei   e) fazia   f) perdeu   g) foi / Foi   h) tinha / ganhou
2. Sugestões:
   a) Há quanto tempo você malha?   b) Desde quando você frequenta a academia?   c) Por que você não pratica esporte?   d) Por que você treina com Paulo?   e) Há quanto tempo você não nada?

3. faz / Malho / aulas / correr / esporte / corpo / energia / músculos / corrige / estimula
4. a) frequento   b) paga   c) a Copa   d) vencedor   e) marcaram

UNIDADE 12
A QUE HORAS É A CONSULTA?

1. 1. c)   2. g)   3. b)   4. h)   5. f)   6. a)   7. e)   8. d)
2. a) fui / pronto-socorro   b) fiz / exames   c) dói / tonturas / marcar / consulta   d) estou estressado   e) tomou / comprimidos   f) medir / pressão
3. a) nos   b) lhe   c) me   d) lhes   e) te
4. a) Eu tenho tido muitas dores de cabeça.   b) Ele não se sente muito bem.   c) Eu já consultei vários médicos.   d) Já tomei alguns comprimidos.   e) Tem alguém no consultório?   f) Não há nenhuma cura para esse mal.   g) Nós não conhecemos ninguém com essa doença.   h) O médico fez tudo o que pôde.
5. a) ao pronto-socorro   b) a consulta   c) passou   d) cápsulas   e) o emplastro   f) dentes

UNIDADE 13
É DIA DE TRABALHO!

1. a) equipe   b) formação   c) experiência   d) oferecer   e) currículo   f) pontos fortes   g) melhorar   h) inglês
2. a) tinham assinado   b) tinha alcançado   c) tinham chegado   d) tinha terminado
3. a) Trabalhei em uma empresa de informática que tinha um péssimo ambiente de trabalho.   b) Eu estagiei em um escritório de advocacia onde havia mais de 50 advogados.   c) Nós encontramos um velho amigo com quem não falávamos há anos.   d) João foi contratado por uma agência de comunicação que só atende grandes clientes.
4. a) Cristiane perguntou se eu já tinha trabalhado com João.   b) Pedro disse que eles tinham feito uma apresentação ontem.   c) Ana perguntou o que nós tínhamos achado do projeto deles.   d) Rodrigo disse que o cliente tinha ficado muito satisfeito com a proposta dele.

UNIDADE 14
GOSTARIAS DE CONHECER OUTROS PAÍSES LUSÓFONOS?

1. PE: a) b) c) e) f) i) l) m)   PB: d) g) h) j)
2. d) Eu preciso de encontrar um trabalho.   g) Eu anoto sempre as palavras novas no meu caderno.   h) Estamos a pensar em passar férias no Algarve.   j) Nós levantamo-nos cedo e vamos correr.

Apêndice Gramatical

UNIDADE 0

POSSESSIVOS
POSSESSIVES

meu	my / mine
seu	your / yours

Meu nome é Manuel.
My name is Manuel.

Meu nome é Ana. E o seu?
My name is Ana. What's yours?

INTERROGATIVOS
QUESTION WORDS

- Use *qual* to ask about someone's name:

  Qual é seu nome?
  What's your name?

- Use *o que* to ask about what something means:

  O que significa "livro"?
  What does "livro" mean?

- Use *como* to ask about how something is said or to ask about how a word is written or pronounced:

  Como se diz "book"?
  How do you say "book"?

  Como se escreve "livro"?
  How do you write "book"?

  Como se pronuncia "aula"?
  How do you pronounce "aula"?

  Como se traduz …?
  How do you translate…?

ARTIGOS INDEFINIDOS
INDEFINITE ARTICLES

- Articles agree in gender and number with nouns.

MASCULINE	FEMININE
SINGULAR	
um livro *a book*	uma escola *a school*
PLURAL	
uns livros *some books*	umas escolas *some schools*

PRONOMES DEMONSTRATIVOS
DEMONSTRATIVE PRONOUNS

isto	this
isso	that
aquilo	that (over there)

- *isto*, *isso* and *aquilo* are used on their own.

- Use *isto* for things that are near you:

  Como você diz isto?
  How do you say this?

- Use *isso* for what is near the person you are talking to:

  O que é isso?
  What is that?

- Use *aquilo* for what is both far from you and the person you are talking to:

  Como se diz aquilo?
  How do you say that (over there)?

- More examples

  A: **O que é isto?**   *What is this?*
  B: **Isso é um caderno.**   *That is a notebook.*

  A: **O que é isso?**   *What is that?*
  B: **Isto é uma caneta.**   *This is a pen.*

  A: **O que é aquilo?**   *What is that?*
  B: **Aquilo é um lápis.**   *That is a pencil.*

UNIDADE 1
OI! TUDO BEM?

PRONOMES PESSOAIS
SUBJECT PRONOUNS

SINGULAR	
eu	I
tu	You (M / F)
você	You (M / F)
ele	He
ela	She
PLURAL	
nós	We
vocês (vós)	You (M / F)
eles	They (M); (M + F)
elas	They (F)

- **Subject pronouns replace nouns:**

  Sandro é brasileiro. Ele é professor.
  Sandro is Brazilian. He is a teacher.

  Beto e eu somos amigos. Nós trabalhamos em Belo Horizonte.
  Beto and I are friends. We work in Belo Horizonte.

- ***tu*** **is only used in some regions of Brazil. It is often replaced by *você* in informal situations.**

- ***você*** **and *vocês* are followed by the verb in the third person singular or plural:**

  Você é americano?
  (Você = Peter)
  Are you American?

  Vocês são portugueses?
  (Vocês = Peter + John)
  Are you Portuguese?

  Vocês trabalham no Brasil?
  (Vocês = Mary + Ruth)
  Do you work in Brazil?

- ***vós*** **is considered an old-fashioned form and it has been replaced by *vocês*.**

- **Use *o senhor* / *a senhora* when addressing someone in very formal situations:**

  O senhor é brasileiro?
  Are you Brazilian?

  A senhora mora em Angra?
  Do you live in Angra?

  Onde os senhores trabalham?
  Where do you work?

  De onde os senhores são?
  Where are you from?

- **Subject pronouns may be omitted because the verb forms identify the subject:**

  (Eu) sou americano.
  I am American.

PRESENTE DO INDICATIVO
PRESENT SIMPLE

VERBOS IRREGULARES
IRREGULAR VERBS

	SER (TO BE)	TER (TO HAVE)
eu	sou	tenho
tu	és	tens
você	é	tem
ele /ela	é	tem
nós	somos	temos
vocês	são	têm
eles/elas	são	têm

VERBOS REGULARES
REGULAR VERBS

- **There are three main groups of regular verbs ending in -ar, -er and -ir. To conjugate them in the present tense replace the ending of the infinitive by the endings below:**

	-ar	-er	-ir
eu	-o	-o	-o
tu	-as	-es	-es
você	-a	-e	-e
ele/ela	-a	-e	-e
nós	-amos	-emos	-imos
vocês	-am	-em	-em
eles/elas	-am	-em	-em

Use the Present Simple to talk about:

1. **Facts:**

   Eu sou americano.
   I am American.

2. **Regular events or routines**:

   Ele estuda português.
   He studies Portuguese.

3. **Ongoing stable situations**:

   Eles moram no Rio.
   They live in Rio.

INTERROGATIVOS
QUESTION WORDS

- Use *onde* to ask about place:

  Onde você mora?
  Where do you live?

- Use *de* + *onde* to ask about origin:

  De onde você é?
  Where are you from?

- Use *quem* to ask about someone's identity:

  Quem é ele?
  Who is he?

ORDEM DAS PALAVRAS
WORD ORDER

- **Affirmative statements:**

  Eu sou italiano.
  I am Italian.

- **To make negative statements use *não* before the verb:**

  Eu não sou italiano.
  I am not Italian.

- **To make questions do as below:**

1. **Subject + verb**

   Você trabalha no Rio?
   Do you work in Rio?

2. **Question word + subject + verb**

   Onde vocês vivem?
   Where do you live?

3. **Preposition + question word + subject + verb**

   De onde você é?
   Where are you from?

ARTIGOS DEFINIDOS
DEFINITE ARTICLES

- Definite articles agree in gender and number with the noun.

MASCULINE	FEMININE
SINGULAR	
o livro *the book*	**a escola** *the school*
PLURAL	
os livros *the books*	**as escolas** *the schools*

- Use *o(s)* and *a(s)* with:

1. **Things you are sure your listeners know about:**

   o livr**o**   *the book*
   a escol**a**   *the school*

2. **Names of countries, continents, islands, oceans, mountains and rivers:**

   o Brasi**l**   *Brazil*
   a Europ**a**   *Europe*
   o Oceano Atlântic**o**   *The Atlantic Ocean*

   Some exceptions:

   Portugal, Angola, Moçambique, Cuba, Cabo Verde, Marrocos

3. **Names of people (optional):**

   O João; **A** Maria

4. **Forms of address:**

   Como vai o senhor / a senhora?
   How are you doing?

- **Do not use definite articles when you talk about jobs (1), cities, towns and villages (2) and things in general (3):**

1. **Eu sou engenheiro.**
   I am an engineer.

2. **Manaus, Santa Catarina**

   Some exceptions:

   o Porto; o Rio de Janeiro; o Recife

3. **Gosto de música.**
   I like music.

4. When addressing someone directly:

   Senhor Antônio, como vai?
   How are you doing, Mr. Antônio?

PREPOSIÇÕES + ARTIGOS DEFINIDOS
PREPOSITIONS + DEFINITE ARTICLES

The definite articles form contractions with the prepositions *de* and *em*:

de + a = da	em + a = na
de + o = do	em + o = no
de + as = das	em + as = nas
de + os = dos	em + os = nos

Eu sou dos Estados Unidos.
I am from the United States.

Ele estuda na universidade.
He studies at the university.

Vocês vivem na Alemanha?
Do you live in Germany?

Eu moro nos Emirados Árabes.
I live in the Arab Emirates.

SUBSTANTIVOS
NOUNS

Gênero
Gender

- **Nouns ending in -o, -l and -ema are masculine:**

   o livr**o** — the book
   o jorna**l** — the newspaper
   o cin**ema** — the cinema

- **Concrete nouns ending in -ão are mostly masculine:**

   o cora**ção** — the heart
   o lim**ão** — the lemon

- **Nouns ending in -a, -ade and -gem are feminine:**

   a escol**a** — the school
   a id**ade** — the age
   a via**gem** — the trip

Some exceptions:

   o dia *the day;* **o mapa** *the map*

- **To form the feminine of nouns ending in -o, -eu, -ão, -or, -ês and -z follow the rules below:**

	MASCULINE	FEMININE
-o → -a	médic**o**	médic**a**
-eu → -eia	europ**eu**	europ**eia**
-ão → -ã	alem**ão**	alem**ã**
-or + a	cant**or**	cant**ora**
-ês + a	ingl**ês**	ingl**esa**
-z + a	jui**z**	juí**za**

- **Abstract nouns ending in -ão and -e are mostly feminine:**

   a li**ção** — *the lesson*
   a paix**ão** — *the passion*
   a sed**e** — *the thirst*

- **Nouns ending in -e, -ista and -m can be both feminine and masculine. The gender is indicated by the article:**

   o / a estudant**e** — *the student*
   o / a dent**ista** — *the dentist*
   o / a jove**m** — *the young man / girl*

Número
Number

- **To form the plural of nouns ending in vowel, -ão, -r, -l, -s and -z follow the rules below.**

	SINGULAR	PLURAL
vowel + s	médic**o**	médic**os**
-ão + s → -ães → -ões	m**ão** alem**ão** li**ção**	m**ãos** alem**ães** li**ções**
-r + -es	professo**r**	professo**res**
-l → -is	espanho**l**	espanhó**is**
-s + es	franc**ês**	franc**eses**
-z + es	jui**z**	juí**zes**

239

UNIDADE 2
QUE LUGAR MARAVILHOSO!

HÁ
THERE IS / THERE ARE

- Use *há* with singular and plural objects:

    A: Há bares em sua rua?
    Are there any bars in your street?

    B: Há um.
    There is one.

- In spoken informal discourse *há* is often replaced by *tem*:

    Tem / Há uma padaria na minha rua.
    There is a bakery in my street.

QUANTIFICADORES
QUANTIFIERS

muito(s)	muita(s)	many / very
pouco(s)	pouca(s)	few
algum / alguns	alguma(s)	some / any
nenhum / nenhuns	nenhuma(s)	no, not any, none

- Quantifiers agree in gender and number with the noun they modify:

    Há muitas lojas no Rio.
    There are many shops in Rio.

- When referring to a verb or an adjective quantifiers are unchangeable:

    Eu viajo muito.
    I travel a lot.

    A cidade é muito moderna.
    The city is very modern.

- Use *nenhum* or *nenhuma* in negative sentences with singular countable nouns:

    Não há nenhum bar.
    There isn't any bar.

    A: Tem lanchonetes por aqui?
    Are there bakeries around here?
    B: Não tem nenhuma.
    There aren´t any.

- *nenhuns* and *nenhumas* are often left out before plural countable nouns:

    Não há (nenhuns) jardins.
    There aren't any gardens.

SER / ESTAR
TO BE

Permanent location	Temporary location
A: Onde é o bar?	**A: Onde está o livro?**
B: É ao lado do banco.	**B: Está em cima da mesa.**
A: Where is the bar?	*A: Where is the book?*
B: It is next to the bank.	*B: It is on the table.*

PREPOSIÇÕES E LOCUÇÕES DE LUGAR
PREPOSITIONS AND PREPOSITIONAL PHRASES OF PLACE

ao lado de	next to
atrás de	behind
dentro de	inside
em	in
em cima de	on / on top of
embaixo de	under
em frente de	opposite
entre	between
junto de	near
longe de	far from
perto de	near

O banco é longe do restaurante?
Is the bank far from the restaurant?

O cinema é ao lado da clínica.
The cinema is next to the clinic.

A escola é entre o hotel e a padaria.
The school is between the hotel and the bakery.

O livro está em cima da secretária.
The book is on the desk.

UNIDADE 3
SEU PRIMO É UM GATO!

ADJETIVOS
ADJECTIVES

- Adjectives describe a noun or a pronoun.

  Ele é bonito. *He is handsome.*
  Pedro é tímido. *Pedro is shy.*

- Adjectives usually come after the noun.

  Ela é uma professora simpática.
  She is a nice teacher.

- Adjectives agree in gender and number with the noun.

  cabelo loiro — *blond hair*
  moça simpática — *nice girl*

  livros novos — *new books*
  casas grandes — *big houses*

  Adjectives ending in -ão, -o, -ês, -eu and -ol have a feminine form.

	Masculine	Feminine
-ão → -ã	alem**ão**	alem**ã**
-ês + a	ingl**ês**	ingl**esa**
-eu → -eia	europ**eu**	europ**eia**
-o → -a	american**o**	american**a**
-ol + a	espanh**ol**	espanh**ola**

- Adjectives ending in -a, -e, -ista, -l, -m and -z have the same form for feminine and masculine.

  Ela / Ele é egoísta, legal e alegre.
  She / He is selfish, loyal and playful.

- Adjectives ending in -es without accent have one form.

  simples
  simple

- To form the plural of adjectives follow the same rule of the nouns.

SER / ESTAR
TO BE

- Use *ser* to talk about permanent features:

  Eu sou italiano. *I am Italian.*
  Ele é professor. *He is a teacher.*
  Ela é alta. *She is tall.*

  Você é solteiro? *Are you single?*
  O Brasil é grande. *Brazil is big.*
  A casa é bonita. *The house is nice.*

- Use *estar* to talk about temporary features and feelings:

  Eu estou cansado. *I am tired.*
  Está frio. *It is cold.*
  Ana está zangada. *Ana is angry.*
  Você está triste? *Are you sad?*

- Some expressions with the verb *estar*:

  estar com sede — *to be thirsty*
  estar com fome — *to be hungry*
  estar com sono — *to be sleepy*
  estar com frio — *to be cold*
  estar com calor — *to be hot*
  estar com pressa — *to be in a hurry*

  A: **Eu estou com frio.** *I am cold.*
  B: **Eu também.** *Me too.*

GOSTAR DE
TO LIKE

- *Gostar* + *de* + noun

  Você gosta de chocolate?
  Do you like chocolate?

- *Gostar* + *de* + verb

- **Eles gostam de dançar?**
  Do they like to dance?

POSSESSIVOS
POSSESSIVES

meu(s)	minha(s)	my / mine
teu(s)	tua(s)	your / yours
seu(s)	sua(s)	your / yours
nosso(s)	nossa(s)	our / ours
seu(s)	sua(s)	your / yours

- Possessive adjectives agree in gender and number with the thing possessed. They come before the noun.

  meu prim**o** — *my cousin*
  minha prim**a** — *my cousin*
  meus prim**os** — *my cousins*
  minhas prim**as** — *my cousins*

241

- The use of the articles before the possessives is optional:

  (a) minha mãe   my mother

- In informal spoken discourse, *teu* is sometimes used instead of *seu*.

  A: Como vão seus pais?
  B: Vão bem. E os teus?

  A: How are your parents doing?
  B: They are doing well. And yours?

- dele / dela / deles / delas

  The forms *dele(s)* and *dela(s)* agree in gender and number with the possessor. They go after the noun.

O livro dele	His book
A mãe dele	His mother
Os pais dele	His parents
As amigas dele	His friends
A casa dela	Her house
O marido dela	Her husband
As irmãs dela	Her sisters
Os irmãos dela	Her brothers

- Possessives can also be used as pronouns (replacing nouns):

  A: De quem é o livro?
     Whose book is this?
  B: É meu.
     It is mine.

  A: O carro é seu?
     Is the car yours?
  B: Não, é dele.
     No, it is his.

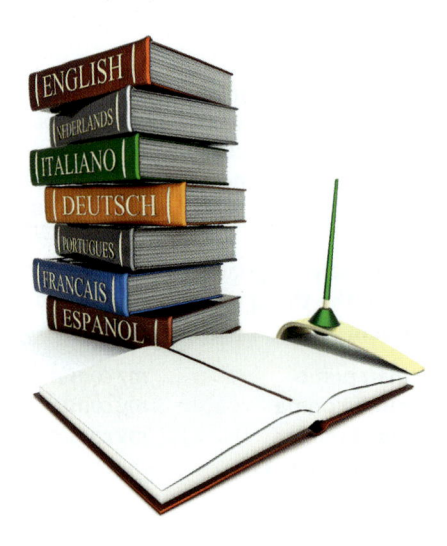

UNIDADE 4
TODO O SANTO DIA

PREPOSIÇÕES
PREPOSITIONS

- *a* + articles

a + a = à / a + as = às
a + o = ao / a + os = aos

  Nós vamos à praia.
  We go to the beach.

  Você vai ao cinema?
  Are you going to the cinema?

PREPOSIÇÕES DE TEMPO
PREPOSITIONS OF TIME

- *a / a ... de ...* + articles

à tarde	in the afternoon
à noite	in the evening
à uma hora	at 1 pm
ao meio-dia	at noon
às dez **da** manhã	at 10 am
às duas **da** tarde	at 2 pm
às nove **da** noite	at 9 pm
aos domingos	on Sundays
às segundas	on Mondays

- *de*

de manhã	in the morning
de noite	in the night
no dia 10 **de** maio	on may the 10th

- *de* (+ article) ... *a* (+ article) ...

de segunda **a** sexta	from Monday to Friday
de abril **a** maio	from april to may
das 10h **às** 14h	from 10 am to 2 pm

- *em* (+ article)

em abril	in april
em 2000	in 2000
na sexta	on Friday
no domingo	on Sunday
no dia 10	on the 10th
no inverno	in the winter

PREPOSIÇÕES DE MOVIMENTO
PREPOSITIONS OF MOVEMENT

- *a / para*

Você vai **à** praia hoje?	*Are you going to the beach today?*
Para onde eles vão?	*Where are they going to?*
O ônibus vai **para** o centro?	*Is the bus going to the center?*

- **In informal spoken speech *a* is often replaced by *em*:**

  Vou na academia todos os dias.
  I go to the gym everyday.

- *de / em* + article

| Vou **de** carro. | *I go by car.* |
| Vou **no** carro da Maria. | *I go in Maria's car.* |

EXPRESSANDO FREQUÊNCIA
EXPRESSING FREQUENCY

todos os dias	*every day*
todas as semanas	*every week*
todos os meses	*every month*
raramente	*rarely*
frequentemente	*often*
muitas vezes	*many times*
às vezes	*sometimes*
poucas vezes	*few times*
nunca	*never*
quase nunca	*hardly ever*
sempre	*always*

- **Frequency expressions may come at the beginning, in the middle or at the end of the sentence:**

  Vou à academia todos os dias.
  Todos os dias vou à academia.
  Vou todos os dias à academia.
  I go to the gym everyday.

- *sempre*

  Nós sempre pegamos este ônibus.
  We always take this bus.

- *nunca* + verb

  Eu nunca como chocolate.
  I never eat chocolate.

VERBOS REFLEXIVOS
REFLEXIVE VERBS

- **Reflexive pronouns are used when the subject and the object of the verb are the same.**

  Some examples of reflexive verbs:

deitar-se	*to lie down*
levantar-se	*to get up*
machucar-se	*to hurt oneself*
sentar-se	*to sit down*
sentir-se	*to feel*
vestir-se	*to get dressed*

Reflexive pronouns

eu	**me**	*myself*
tu	**te**	*yourself*
você	**se**	*yourself*
ele	**se**	*himself*
ela	**se**	*herself*
nós	**nos**	*ourselves*
vocês	**se**	*yourselves*
eles	**se**	*themselves*

Eu me lavo. *I wash myself.*
Ele se diverte. *He enjoys himself.*
Você se sente bem? *Do you feel well?*

- **In informal spoken speech reflexive pronouns usually come before the verb or are left out:**

  Eu (me) levanto cedo.
  I get up early.

UNIDADE 5

QUE COMIDINHA BOA!

EXPRESSANDO O FUTURO
EXPRESSING THE FUTURE

- Use the verb *ir* in the present simple followed by the infinitive of the main verb to express the future.

eu	vou	estudar
tu	vais	fazer
você	vai	almoçar
ele/ela	vai	cozinhar
nós	vamos	partir
vocês	vão	comer
eles/elas	vão	correr

Nós vamos estudar juntos.
We are going to study together.

Eles vão almoçar na sexta-feira.
They are going to have lunch next Friday.

- Use the verb *ir* by itself.

Eu vou ~~ir~~ para casa.
I am going home.

- To express the future, you can also use the verb in the present:

Eu tenho uma reunião na segunda.
I have a meeting next Monday.

Time expressions

depois de amanhã	the day after tomorrow
amanhã	tomorrow
logo mais	later
na próxima semana	next week
no ano que vem	next year

EXPRESSANDO OBRIGAÇÃO
EXPRESSING OBLIGATION

- *ter* (conjugated) + *de* + Infinitive

Eu tenho de estudar.
I have to study.

- In informal spoken discourse, *que* is often used instead of *de*.

Nós temos que comprar carne.
We have to buy meat.

EXPRESSANDO NECESSIDADE
EXPRESSING NEED

- *precisar* + Infinitive

Eu preciso comprar leite.
I need to buy milk.

PLURAL
PLURAL

- To form the plural of nouns and adjectives ending in -l, change the -l to -is or -éis.

	Singular	Plural
-al → -ais	leg**al**	leg**ais**
-el → -eis	past**el**	past**éis**
-il → -is	fun**il**	fun**is**
-il → -éis	<u>ú**til**</u>	<u>ú**teis**</u>
-ol → -óis	anz**ol**	anz**óis**
-ul → -uis	az**ul**	azu**is**

SUBSTANTIVOS CONTÁVEIS E INCONTÁVEIS
COUNTABLE AND UNCOUNTABLE NOUNS

- Countable nouns can be counted and have a plural form.

uma receita / duas receitas
(one recipe / two recipes)

um convidado / cinco convidados
(one guest / five guests)

- Uncountable nouns can be made countable with expressions like:

um copo de água	a glass of water
uma garrafa de vinho	a bottle of wine
uma xícara de café	one cup of coffee
duas xícaras de café	two cups of coffee

- Some uncountable names in English are countable in Portuguese.

frutas *(fruit);* **informações** *(information);*
bagagens *(luggage);* **pães** *(bread);* **conselhos** *(advice)*

- *quanto / quanta* + uncountable nouns

Quanto dinheiro você tem?
How much money do you have?

Quanta água você bebe?
How much water do you drink?

- *quantos / quantas* + countable nouns

Quantos morangos leva o bolo?
How many strawberries does the cake need?

Quantas pessoas você vai convidar?
How many people are you going to invite?

UNIDADE 6
O VERÃO ESTÁ CHEGANDO!

GERÚNDIO
PRESENT PARTICIPLE

- To form the present participle replace the ending of the infinitive by:

-ar	almoç~~ar~~	almoç**ando**
-er	com~~er~~	com**endo**
-ir	dorm~~ir~~	dorm**indo**

PRESENTE CONTÍNUO
PRESENT PROGRESSIVE

Estar + *Gerúndio*

eu	estou almoçando.
tu	estás trabalhando?
você	está descansando?
ele	está dormindo.
nós	estamos escrevendo.
vocês	estão vendo o filme?
eles	estão trabalhando.

- Use the *present progressive* to talk about:

1. Present trends:

    Esta novela está fazendo sucesso.
    This soap opera is a bit hit.

2. Activities going on in the present moment:

    O que você está fazendo?
    What are you doing?

3. Activities that began in the past and are still in progress in the present:

    Eles estão organizando uma festa.
    They are organizing a party.

4. The verb *estar* + *gerúndio* is often used to talk about the weather:

    Está fazendo frio.
    It is cold.

    Está ventando.
    The wind is blowing.

    Está relampejando.
    It is lightening.

- Do not use *the present progressive* to talk about fixed arrangements or plans in the future. Use *ir* + infinitive instead.

    Eu vou viajar no dia 14.
    I am travelling on the 14th.

PRESENTE DO INDICATIVO
PRESENT SIMPLE

- Verbs with spelling changes in the first person singular:

c ⇒ ç

| conhecer | conhe**ç**o, conhece… |

gu ⇒ g

| conseguir | consi**g**o, consegue… |

g ⇒ j

| dirigir | diri**j**o, dirige… |
| fugir | fu**j**o, foge… |

- Verbs with vowel changes in the first person singular:

e ⇒ i

preferir	pref**i**ro, prefere…
sentir	s**i**nto, sente…
despir	d**i**spo, despes…
vestir	v**i**sto, veste…

o ⇒ u

| dormir | d**u**rmo, dorme… |

- Other changes:

pedir	peço, pede…
perder	perco, perde…
poder	posso, pode…
saber	sei, sabe…

VERBOS IMPESSOAIS
IMPERSONAL VERBS

- Verbs like *chover* or *nevar* are only used in the third person singular:

    Chove muito no Norte.
    It rains a lot in the North.

    Nunca neva em minha cidade.
    It never snows in my city.

UNIDADE 7
BOAS COMPRAS!

DEMONSTRATIVOS
DEMONSTRATIVES

SINGULAR		
este	esta	this
esse	essa	that
aquele	aquela	*that
PLURAL		
estes	estas	these
esses	essas	those
aqueles	aquelas	*those

*over there

- Variable demonstrative adjectives agree in gender and number with the noun.

    Este vestido é caro.
    This dress is expensive.

    Estes vestidos são caros.
    These dresses are expensive.

    Aquela camiseta é bonita.
    That T-shirt is nice.

    Aqueles sapatos são bonitos.
    Those shoes are nice.

- Demonstratives can also be used as pronouns when they replace a noun.

    A: **Qual saia você prefere?**
    B: **Prefiro esta.**

    A: *Which skirt do you prefer?*
    B: *I prefer this one.*

PREPOSIÇÕES + DEMONSTRATIVOS
PREPOSITIONS + DEMONSTRATIVES

a + aquele(s) = àquele(s)
a + aquela(s) = àquela(s)

de + este(s) = deste(s)
de + esta(s) = desta(s)
de + esse(s) = desse(s)
de + essa(s) = dessa(s)
de + aquele(s) = daquele(s)
de + aquela(s) = daquela(s)

em + este(s) = neste(s)
em + esta(s) = nesta(s)
em + esse(s) = nesse(s)
em + essa(s) = nessa(s)
em + aquele(s) = naquele(s)
em + aquela(s) = naquela(s)
em + isto = nisto

Eu compro sempre nesta loja.
I always buy in this store.

Vamos àquela sapataria.
We go to that shoe store.

Você gosta desta bolsa?
Do you like this bag?

COMPARAÇÕES
COMPARISONS

Desigualdade
Inequality

- *mais / menos* + adjective / adverb + (do) que

    O anel é mais barato do que o colar.
    The ring is cheaper than the necklace.

- *mais / menos* + noun + (do) que

    Você tem menos dinheiro do que eu.
    You have less money than me.

- verb + *menos / mais* + *do que*

    Ele gasta mais do que eu.
    He spends more than me.

- Irregular adjectives

bom / boa	melhor	better
bons / boas	melhores	better
mau / má	pior	worse
maus / más	piores	worse
ruim	pior	worse
ruins	piores	worse
grande	maior	bigger
grandes	maiores	bigger
pequeno/a	menor	smaller
pequenos	menores	smaller

A camiseta azul é menor do que a vermelha.
The blue T-shirt is smaller than the red.

Igualdade
Equality

- *tão* + adjective / adverb + *quanto*

    Este relógio é tão bom quanto esse.
    This watch is as good as that.

O casaco preto fica tão bem em você quanto o azul.
The black coat suits you as well as the blue.

- **tanto(s) / tanta(s) + noun + quanto**

   Eu uso tantas gravatas quanto você.
   I wear as many ties as you do.

   Eu compro tantos sapatos quanto ela.
   I buy as many shoes as she does.

- **verb + *tanto* + *quanto***

   Eu gasto tanto quanto você.
   I spend as much as you do.

O SUPERLATIVO
THE SUPERLATIVE

- **To compare several elements use:**
   o / a + noun + *mais* / *menos* + adjective

   Quero comprar o celular mais moderno.
   I want to buy the most modern cell phone.

- **Irregular superlatives**

bom	o melhor
	the best
boa	a melhor
	the best
mau	o pior
	the worst
má	a pior
	the worst
grande	o / a maior
	the biggest
pequeno	o menor
	the smallest
pequena	a menor
	the smallest

Esta joalheria é a melhor.
This jewelry store is the best.

- **muito bom / ótimo**

   Esta marca é ótima.
   This brand is very good.

- **Some adjectives have irregular forms:**

bom	ótimo	*very good/great*
mau / ruim	péssimo	*very bad*
fácil	facílimo	*very easy*
difícil	dificílimo	*very difficult*
grande	enorme	*very big/enourmous*

UNIDADE 8
VIRE À ESQUERDA E SIGA EM FRENTE.

IMPERATIVO
IMPERATIVE

VERBOS REGULARES
REGULAR VERBS

Affirmative

-AR	fal**e**	fal**em**	*speak*
	fal**a** (tu)		
-ER	com**a**	com**am**	*eat*
	com**e** (tu)		
-IR	divid**a**	divid**am**	*divide*
	divid**e** (tu)		

Negative

-AR	Não fal**e**	Não fal**em**
	Não fal**es** (tu)	
-ER	Não com**a**	Não com**am**
	Não com**as** (tu)	
-IR	Não divid**a**	Não divid**am**
	Não divid**as** (tu)	

Use imperatives for:

- **Commands:**

   Não chegue atrasado!
   Do not be late!

- **Instructions:**

   Vire à esquerda.
   Turn left.

- **Advice:**

   Visite o Rio
   Visit Rio.

- **Requests:**

   Traga seu mapa para cá.
   Please bring your map over here.

- **In informal spoken discourse, the imperative form of *tu* is sometimes used instead of *você*.**

   Vem comigo. (instead of *venha*)

POR + ARTIGOS DEFINIDOS
POR + DEFINITE ARTICLES

- The preposition *por* contracts with the definite articles:

por + o = pelo	
por + a = pela	
por + os = pelos	
por + as = pelas	

POR / PARA

- Use *por* to:

  1. Indicate periods of time:

     Eu vou ficar no Rio por um mês.
     I am going to stay in Rio for one month.

  2. Indicate movement:

     Vá por esta rua.
     Go through this street.

  3. Talk about reasons:

     Eu não viajei por estar doente.
     I did not travel because I was ill.

     (= porque estava doente)

  4. Talk about exchanges:

     Eu paguei muito por esse livro.
     I have paid a lot for that book.

  5. Express preference:

     Por mim, ficamos em casa.
     As far as I am concerned, we stay home.

- Use *para* to:

  1. Talk about deadlines:

     Eu preciso do mapa para sábado.
     I need the map for Saturday.

  2. Refer to goals in the future:

     Eu estudo português para falar com meus amigos.
     I study Portuguese to talk with my friends.

  3. Indicate destination:

     Nós vamos para o Recife.
     We are going to Recife.

  4. Indicate for whom something is intended:

     Trouxe o livro para você.
     I brought the book for you.

UNIDADE 9
ENFIM, FÉRIAS!

PRETÉRITO PERFEITO SIMPLES DO INDICATIVO
SIMPLE PAST / PRESENT PERFECT

VERBOS REGULARES
REGULAR VERBS

Replace -ar, -er and -ir of the infinitive by:

	-AR	-ER	-IR
eu	-ei	-i	-i
tu	-aste	-este	-iste
você	-ou	-eu	-iu
ele	-ou	-eu	-iu
nós	-amos	-emos	-imos
vocês	-aram	-eram	-iram
eles	-aram	-eram	-iram

VERBOS IRREGULARES
IRREGULAR VERBS

	SER	IR	ESTAR	TER
eu	fui		estive	tive
tu	foste		estiveste	tiveste
você	foi		esteve	teve
nós	fomos		estivemos	tivemos
vocês	foram		estiveram	tiveram
eles	foram		estiveram	tiveram

- Use the *pretérito perfeito simples* to:

  1. Talk about completed actions in the past:

     Eu fui ao museu ontem.
     I went to the museum yesterday.

  2. Express opinion about past actions or events:

     A viagem foi ótima.
     The trip was great.

  3. Narrate:

     Nós escolhemos o destino e reservamos o hotel.
     We chose the destination and booked the hotel.

- Verbs ending in -car, -çar and -gar have spelling changes in the first person singular:

  c ⇒ qu

ficar	fiquei, ficaste, ficou…

g ⇒ gu

| pagar | **paguei,** *pagou..* |

ç ⇒ c

| dançar | **dancei,** *dançou…* |

Time expressions:

anteontem	the day before yesterday
ontem	yesterday
no domingo passado	last Sunday
na semana passada	last week
no mês passado	last month
no ano passado	last year
no século passado	last century

PRONOMES OBLÍQUOS (OBJETO DIRETO)
DIRECT OBJECT PRONOUNS

- The direct object answers the questions: who? or what?

SUBJECT	VERB	DIRECT OBJECT
Eu *I*	vi *have seen*	seu primo. *your cousin.*
Nós *We*	visitamos *have visited*	o museu. *the museum.*
Ele *He*	vai comprar *is going to buy*	o livro. *the book.*

- The direct object can be replaced by pronouns:

  Eu conheço o Paulo. Eu o conheci na primavera.
  I know Paulo. I met him in the Spring.

  Veja os preços e compare-os.
  See the prices and compare them.

- Direct object pronouns

eu	**me**	me
tu	**te**	you
você	**o / a**	you
ele	**o**	him / it
ela	**a**	her / it
nós	**nos**	us
vocês	**vos**	you
eles	**os**	them
elas	**as**	them

- According to the norm, the direct object pronouns come before the verb in negative sentences, questions introduced by interrogatives (*que, quem, onde, porque, quando*) after some adverbs (*ainda, sempre, só*) and some conjunctions (*como, que, quando, se*).

  In Brazilian Portuguese the pronoun is often placed before the conjugated verb regardless of the rules.

  Ele gostou da casa e a comprou.
  (comprou-a)
  He liked the house and he bought it.

UNIDADE 10
QUANTO É O ALUGUEL?

PRONOMES OBLÍQUOS (OBJETO DIRETO)
DIRECT OBJECT PRONOUNS

- The pronouns *o, a, os* and *as* change in the following situations:

1. They change to *lo, la, los* and *las* after verb forms ending in -r, -s and -z. Note that these letters are dropped:

   A: **Quando você vai ver o *flat*?**
   B: **Eu vou vê-lo amanhã.**

   A: *When are going to see the flat?*
   B: *I am going to see it tomorrow.*

2. When the object pronouns *o, a, os* and *as* follow verb forms ending in -ão, -õe or -m, they change to *no, na, nos* or *nas*. Note that the verb endings are not affected by the change.

   A: **Eles alugaram o *loft*?**
   B: **Alugaram-no ontem.**

   A: *Did they rent the loft?*
   B: *They rented it yesterday.*

3. As in informal spoken speech the pronouns usually precede the verb, the changes mentioned above do not take place.

   A: **Vocês compraram a mobília?**
   B: **Nós a comprámos no final de semana.**

   A: *Have you already bought the furniture?*
   B: *We bought it in the weekend.*

UNIDADE 11
É HORA DA MALHAÇÃO!

PRETÉRITO IMPERFEITO DO INDICATIVO
IMPERFECT

VERBOS REGULARES
REGULAR VERBS

- Replace -ar, -er and -ir of the infinitive by:

	-ar	-er	-ir
eu	-ava	-ia	
tu	-avas	-ias	
você	-ava	-ia	
ele	-ava	-ia	
nós	-ávamos	-íamos	
vocês	-avam	-iam	
eles	-avam	-iam	

Use the *pretérito imperfeito* to:

1. Make descriptions in the past:

    A academia era ótima.
    The gym was great.

2. Talk about actions in the past without a clear beginning or end:

    Nessa época, nós vivíamos no Rio.
    At that time, we lived in Rio.

3. Refer to actions in progress in the past:

    Enquanto eu estava estudando, o telefone tocou.
    While I was studying the phone rang.

4. Talk about habits in the past:

    Eu costumava jogar futebol todas as semanas.
    I used to play soccer every week.

5. Refer to age and time in the past:

    Quando eu tinha 20 anos, gostava de surfar.
    When I was 20, I liked to surf.

    Era uma hora quando chegamos.
    It was one o'clock when we arrived.

6. Give background information:

    Quando saímos, estava chovendo.
    When we left, it was raining.

    Eu não fui ao ginásio porque estava doente.
    I did not go to the gym because I was ill.

PREPOSIÇÕES + PRONOMES
PREPOSITIONS + PRONOUNS

- Some pronouns have special forms after prepositions:

eu	(para) **mim**	*(for) me*
tu	(para) **ti**	*(for) you*
você	(para) **você / si**	*(for) you*
ele	(para) **ele**	*(for) him*
ela	(para) **ela**	*(for) her*
nós	(para) **nós**	*(for) us*
vocês	(para) **vocês**	*(for) you*
eles	(para) **eles**	*(for) them*
elas	(para) **elas**	*(for) them*

com + eu	**comigo**	*with me*
com + tu	**contigo**	*with you*
com você	**com você**	*with you*
com ele	**com ele**	*with him*
com ela	**com ela**	*with her*
com + nós	**conosco**	*with us*
com vocês	**com vocês**	*with you*
com eles	**com eles**	*with them*
com elas	**com elas**	*with them*

FAZ QUANTO TEMPO...?
HOW LONG...?

- To ask about elapsed time use *faz quanto tempo que* or *há quanto tempo*:

    Faz quanto tempo que você joga tênis?
    How long have you been playing tennis?

    Há quanto tempo você nada?
    How long have you been swimming?

- Note that the verbs *fazer* and *haver* in this context are only used in the third person singular:

    Faz um ano.
    It has been one year.

    Faz dois anos.
    It has been two years.

    Há um mês.
    It has been one month.

    Há cinco meses.
    It has been five months.

UNIDADE 12
A QUE HORAS É A CONSULTA?

PRETÉRITO PERFEITO COMPOSTO DO INDICATIVO
PRESENT PERFECT PROGRESSIVE

eu	tenho	descansado
tu	tens	estudado
você	tem	lido
ele	tem	dormido
nós	temos	feito
vocês	têm	comido
eles	têm	vindo

PARTICÍPIO PASSADO
PAST PARTICIPLE

REGULAR

comprar	comprado	bought
comer	comido	eaten
partir	partido	left

IRREGULAR

abrir	aberto	opened
descobrir	descoberto	found out
dizer	dito	said
escrever	escrito	written
fazer	feito	done
ganhar	ganho	won
gastar	gasto	spent
pagar	pago	payed
pôr	posto	put
ver	visto	seen
vir	vindo	come

- **Use this tense to talk about:**

1. Actions that started in the past and still affect the present:

    Tenho comido muito.
    I have been eating a lot.

2. Repeated actions in the past that might happen again in the present:

    Tenho dormido mal.
    I have been sleeping badly.

Do not use this tense to:

1. Talk about actions that have just happened:

    Acabei de falar com ele.
    I have just talked to him.

2. Build sentences with *já* (already) or *nunca* (never):

    Nunca fui a Salvador.
    I have never been to Salvador.

Time expressions

| ultimamente | lately |
| nos últimos dias | the last days |

PRONOMES INDEFINIDOS
INDEFINITE PRONOUNS

alguém	someone, anyone
ninguém	nobody, no one
tudo	everything
nada	nothing

- Use *ninguém* and *nada* in negative sentences.

    Ninguém veio ontem.
    Nobody came yesterday.

    Não vi ninguém.
    I have not seen anybody.

    Não fiz nada.
    I have not done anything.

- *tudo / todo*

    Use *tudo* with:

1. Invariable demonstrative pronouns (*isto, isso, aquilo*):

    Eu li tudo aquilo ontem.
    I read all that yesterday.

2. With the meaning of "everything":

    Nós vimos tudo isso.
    We have seen all that.

3. Use *todo(s)* and *toda(s)* with nouns and variable demonstrative adjectives:

    Eu falei com todos os pacientes.
    I have talked with all the patients.

    Ele tossiu toda a noite.
    He coughed the whole night.

    Ele leu todos esses livros.
    He has read all those books.

PRONOMES OBLÍQUOS (OBJETO INDIRETO)
INDIRECT OBJECT PRONOUNS

- The indirect object answers the questions: whom? and for whom?

Subject	Verb	Direct object	Indirect object
Eu I	dei have given	o livro the book	à Ana. to Ana.

Examples of verbs that have indirect objects:

dar	to give
emprestar	to lend
ensinar	to teach
enviar	to send
mostrar	to show
obedecer	to obey
oferecer	to offer
perguntar	to ask
responder	to answer
telefonar	to call

- **Indirect object pronouns**

eu	**me**	to me
tu	**te**	to you
você	**lhe**	to you
ele	**lhe**	to him
ela	**lhe**	to her
nós	**nos**	to us
vocês	**lhes**	to you
eles	**lhes**	to them
elas	**lhes**	to them

Eu lhe contei tudo.
I told him everything.

Eles me escreveram uma carta.
They wrote a letter to me.

Quem te deu esse livro?
Who gave you that book?

- In informal spoken discourse indirect object pronouns are often replaced by the preposition *para* followed by subject pronouns:

Eu contei tudo para ele.

Eles escreveram uma carta para mim.

Quem deu esse livro para você?

UNIDADE 13
HOJE É DIA DE TRABALHO!

PRETÉRITO MAIS-QUE-PERFEITO COMPOSTO DO INDICATIVO
PAST PERFECT

eu	tinha	descansado
tu	tinhas	chegado
você	tinha	comido
ele	tinha	partido
nós	tínhamos	posto
vocês	tinham	visto
eles	tinham	vindo

- Use this tense to talk about actions or events that took place before other actions in the past:

Quando chegamos, eles já tinham saído.
When we arrived, they had already left.

Quando você telefonou, o diretor já tinha falado comigo.
When you called, the director had already talked to me.

Quando a reunião começou, nós já tínhamos lido sua proposta.
When the meeting started, we had already read your proposal.

PRONOMES RELATIVOS INVARIÁVEIS
INVARIABLE RELATIVE PRONOUNS

onde	where
que	that
quem	whom

- *quem* refers to people. It is preceded by a preposition:

A pessoa com quem falei era simpática.
The person with whom I spoke was nice.

- *que* refers to people, things and places:

O relatório que eu li ontem é interessante.
The report that I read yesterday is interesting.

- *onde* refers to places:

A empresa onde eu trabalhei em 2009 é americana.
The company where I worked in 2009 is American.

DISCURSO INDIRETO
REPORTED SPEECH

Mudanças nos tempos verbais
Changes in verb tenses

DIRECT SPEECH	REPORTED SPEECH
Presente	Pretérito imperfeito
"Tenho um diretor novo." *"I have a new director."*	Ele disse que tinha um diretor novo. *He said that he had a new director.*
Pretérito perfeito simples	Pretérito mais-que--perfeito composto
"Vocês já tiveram a reunião?" *"Have you already had the meeting?"*	Ele perguntou se nós já tínhamos tido a reunião. *He asked if we had already had the meeting.*

Outras mudanças
Other changes

DIRECT SPEECH	REPORTED SPEECH
ontem	no dia anterior
hoje	nesse / naquele dia
amanhã	no dia seguinte
este / esse	aquele
isto / isso	aquilo

UNIDADE 14
GOSTARIAS DE CONHECER OUTROS PAÍSES LUSÓFONOS?

FUTURO DO PRETÉRITO

VERBOS REGULARES
REGULAR VERBS

eu	viajar**ia**
tu	viajar**ias**
você	comer**ia**
ele/ela	partir**ia**
nós	voar**íamos**
vocês	gostar**iam**
eles/elas	escrever**iam**

VERBOS IRREGULARES
IRREGULAR VERBS

DIZER	FAZER	TRAZER
diria	faria	traria
dirias	farias	trarias
diria	faria	traria
diríamos	faríamos	traríamos
diriam	fariam	trariam

- **Use this tense to:**

1. **Talk about hypothetical actions:**

   Eu visitaria as cidades mais importantes.
   I would visit the most important cities.

2. **Express wishes:**

   Gostaria de ir a Portugal.
   I would like to go to Portugal.

3. **Make requests:**

   Você poderia falar com a Ana, por favor?
   Could you talk to Ana, please?

EUROPEAN PORTUGUESE

ARTIGOS + NOMES DE PESSOAS
ARTICLES + NAMES OF PEOPLE

- **Use the definite article before names of people:**

  Onde foi o Pedro?
  Where did Pedro go?

ADJETIVOS
ADJECTIVES

- **You can use *menor* as well as *mais pequeno*.**

  A minha casa é menor / mais pequena do que a sua.
  My house is smaller than yours.

PRONOUNS
PRONOMES

- **When the reflexive, direct and indirect pronouns are placed after the verb they are attached to it with a hyphen.**

  Chamo-me Ana.
  My name is Ana.

  Nós levantamo-nos cedo.
  We get up early.

- **Use *te* in informal contexts.**

  Levo-te a casa.
  I take you home.

Tu levantas-te cedo?
Do you get up early?

- Use *vosso(s)* and *vossa(s)* to address a group of people.

    Onde é o vosso hotel?
    Where is your hotel?

    Como foi a vossa viagem?
    How was your trip?

    Ainda não vi as vossas fotografias.
    I have not seen your pictures yet.

    Vocês gostam dos vossos livros?
    Do you like your books?

ORDEM DAS PALAVRAS
WORD ORDER

- The reflexive and object pronouns are placed according to the norm. They go before the verb in the following situations:

1. In questions introduced by question words (*como; quem; que; onde; porque; quando*):

    Onde é que o viste?
    Where did you see him?

2. In negative sentences (*não; nunca; ainda não; também não; ninguém; nada*):

    Eu não o conheço.
    I do not know him.

    Ninguém se apresentou.
    Nobody introduced himself.

3. In sentences with prepositions (*até; de; em; para; por; sem*):

    Tenho algo para te mostrar.
    I have something to show you.

4. With some adverbs (*ainda, também, só, talvez*):

    Eu também me esqueci da morada.
    I also forgot the address.

5. In relative clauses:

    O livro que me deste é muito interessante.
    The book that you gave me is very interesting.

6. With some conjunctions (*quando, que, se*):

    Quando o vi, ele estava contente.
    When I saw him, he was happy.

    Se te sentes cansado, ficamos em casa.
    If you feel tired, we stay home.

- In questions introduced by question words the subject may come after or before the verb:

1. Question word + verb + subject:

    Onde moram eles?
    Where do they live?

2. Question word + *é que* + subject + verb:

    Onde é que eles moram?
    Where do they live?

PREPOSIÇÕES + PRONOMES
PREPOSITIONS + PRONOUNS

- Use *contigo* in informal situations and *convosco* when addressing more than one person in very formal contexts.

    Nós vamos contigo a Lisboa.
    We are going with you to Lisbon.

    Gostaríamos de falar convosco sobre a viagem.
    We would like to talk to you about the trip.

VERBOS
VERBS

- Use the second person singular in informal contexts.

    Tu estudas Português?
    Do you study Portuguese?

    Gostas de Coimbra?
    Do you like Coimbra?

    Tu tens estudado ultimamente?
    Have you been studying lately?

    Tu já tinhas estado aqui?
    Had you already been here?

- The first person plural of the *pretérito perfeito simples* carries an accent:

    Nós alugámos um carro esta manhã.
    We rented a car this morning.

- Use *estar* + *a* + infinitive to talk about actions in progress in the present or in the past:

    O que é que estás a fazer?
    What are you doing?

    Quando o João chegou, eu estava a estudar.
    When João arrived, I was studying.

- Use *precisar* + *de* + infinitive to express need:

    Eu preciso de enviar um postal.
    I need to send a postcard.

Apêndice Lexical

A

a *the, to, her, it*
(o) abacaxi *pineapple*
abaixo *below*
(o) abdômen *abdomen*
abdominal *abdominal*
(o) abismo *abyss*
(o) abraço *hug*
abril *April*
(a) academia *gym*
acadêmico / a *academic*
(o) acelerador *accelerator*
(o) acerto *correction, settlement*
(o) acessório *accessory*
acima *above*
acolhedor / a *welcoming*
(o) acompanhamento *monitoring*
aconchegante *cozy*
acordado / a *awake*
(o) acordo *agreement*
(o) açougue *butcher shop*
(a) acrobacia *acrobatics*
(a) acupuntura *acupuncture*
(o) açúcar *sugar*
(o / a) adepto / a *supporter, follower, fan*
(o / a) advogado / a *lawyer*
(o) aeroporto *airport*
(o) agasalho *warm clothes*
(a) adaptação *adaptation*
(o) adaptador *adaptor*
adequado / a *adequate*
administrativo / a *administrative*
(a) admissão *admission, admittance*
(a) adolescência *adolescence*
(o / a) adulto / a *adult*
aérea *aerial*
aeróbico *aerobic*
afro-brasileiro *Afro-Brazilian*
(a) agência *agency*
(a) agência de viagens *travel agent*
(a) agência imobiliária *real estate agent*
(a) agenda *planner*
agosto *August*
agradável *pleasant*
agropecuário *agriculture*
(a) água *water*
(a) água de coco *coconut water*
ainda *still, yet*
ainda não *not yet*
(o) alagamento *flood*
(o) albergue *shelter, hostel*
(o) álcool *alcohol*
(o) alecrim *rosemary*
alegre *cheerful, joyful*
(a) alegria *joy*
(a) alergia *allergy*
(a) alface *lettuce*
algo *something*
alguém *someone*

algum(a) *some, any*
alguma coisa *something*
(o) alho *garlic*
alemão / alemã *German*
ali *there*
(a) alimentação *diet*
alimentar *food, dietary*
(o) alimento *food*
(a) alma *soul*
(o) almoço *lunch*
(o) aluguel *rent*
(o / a) aluno / a *pupil*
(a) alternativa *alternative*
(a) altitude *altitude*
alto / a *high, tall*
(a) altura *height*
amanhã *tomorrow*
amarelo / a *yellow*
(o / a) amante *lover*
(o) ambiente *environment*
(a) ambulância *ambulance*
ameno / a *mild*
americano / a *American*
(o / a) amigo / a *friend*
(a) amora *blackberry*
(o) analgésico *painkiller*
(o) andar *floor*
angolano / a *Angolan*
animado / a *lively*
(o) animal *animal*
(o) aniversário *anniversary, birthday*
(o) ano *year*
(a) ansiedade *anxiety*
(a) antecedência *beforehand*
anterior *earlier, previous*
(o) antibiótico *antibiotic*
(a) antiguidade *antique*
anual *annual*
(o) anúncio *advertisement*
antes *before*
antigamente *in the past, previously*
antipático / a *unpleasant*
(o) aparelho *equipment*
(o) apartamento *flat, apartment*
(o) apelido *nickname*
apenas *only*
apertado / a *tight*
(o) apetite *appetite*
(o) apontador *pointer*
após *after*
(a) aprendizagem *learning*
aproximadamente *approximately*
aquela *that*
aquelas *those*
aquele *that*
aqueles *those*
aquilo *that*
(o) arco *arc, arch*
(o) ar-condicionado *air conditioning*
(a) arara *macaw*

(a) área *area*
(a) área de lazer *recreation room*
(a) área útil *usable area*
(a) área verde *green zone*
(a) areia *sand*
(o / a) argentino / a *Argentinean*
(o) armário *cabinet*
(o) arquipélago *archipelago*
(o / a) arquiteto / a *architect*
(a) arquitetura *architecture*
(os) arredores *surroundings*
arrogante *arrogant*
(o) arroz *rice*
(a) arrumação *storage area*
(a) arte *art*
(a) arte marcial *martial art*
(o) artesanato *handicraft*
(a) articulação *joint*
(o) artista *artist*
(a) asa delta *hang-gliding*
(a) asma *asthma*
assado / a *roast, baked*
(a) assistência *assistance, audience / crowd (at an event)*
(o / a) assistente *assistant*
assustado / a *scared*
até *until*
(o) atletismo *athleticism*
atrás de *behind*
atraso *delay*
atual *current*
atualmente *currently*
(a) aula *lesson*
(o) autocarro (PE) *bus*
(a) ave *bird*
(a) avenida *avenue*
aventureiro / a *adventurous*
(o) avião *plane*
(a) avó *grandmother*
(o) avô *grandfather*
(o) azeite de dendê *palm oil*
(o) azulejo *tile*

B

(a) babá *nanny*
(a) baía *bay*
baiano / a *from Bahia*
(o) bairro *neighborhood*
baixo / a *short, low*
(o) bagageiro *trunk*
(a) bagagem *baggage*
(a) bala *candy*
(a) balança *scale*
(a) balsa *ferry*
(a) banana *banana*
(a) banca de jornais *newspaper stand, news stand*
(o) banco *bank*
(o) banco *bench*
(a) banheira *bathtub*

(o) banheiro *bathroom*
(o) bar *bar*
barato / a *cheap*
(a) barba *beard*
(o) barco *boat*
(a) barraca *stall*
(a) barriga *stomach, belly*
(a) base *base*
(o) basquetebol *basketball*
bastante *enough, very*
(a) batata *potato*
(a) batedeira *blender*
(o) batom *lipstick*
(a) baunilha *vanilla*
(o) bebê *baby*
(a) bebida *drink*
(o) beijo *kiss*
beira-mar *seashore, seaside, waterfront*
(a) beleza *beauty*
belga *Belgian*
(o) beliche *bunkbed*
bem *well*
(o) benefício *benefit*
(o) berimbau *berimbau*
(a) bermuda *bermuda, shorts*
(a) biblioteca *library*
(a) bicicleta *bicycle*
(o) bigode *moustache*
(a) bijuteria *costume jewelry*
(o) bilhete *ticket*
(o) biquíni *bikini*
(o) biscoito *biscuit*
(o) blogue *blog*
boa *good*
(a) boca *mouth*
(a) bola *ball*
(a) bolacha *cookie*
(a) bolha *bubble*
(a) bolsa *handbag, purse*
(a) bolsa de estudos *scholarship*
(o) bolso *pocket*
bom *good*
bonito / a *pretty (f), handsome (m)*
borboleta *butterfly (swimming style)*
(a) borracha *rubber*
(o) braço *arm*
brasileiro / a *Brazilian*
branco / a *white*

C

(a) cabaça *name of a musical instrument made from a calabash*
(a) cabeça *head*
(o) cabeleireiro *hairdresser*
(o) cabelo *hair*
(a) cabine telefónica (PE) *phone booth*
(o) cabo *cable*
(a) cachaça *sugar cane brandy*
(o) cachecol *scarf*

257

(o) cacho *bunch*	(a) carona *lift / ride*
(a) cachoeira *waterfall, cataract*	(a) carreira *career*
(o) cachorro *puppy, dog*	(o) carrinho de bebê *stroller*
(o / a) caçula *the youngest child*	(o) carro *car*
cada *each*	(o) cartão *card*
(a) cadeira *chair*	(o) cartão de crédito *credit card*
(o) caderno *notebook*	(o) cartão telefônico *telephone card*
(o) café *coffee*	(a) carteira *wallet*
(o) café da manhã *breakfast*	(a) casa de banho (PE) *bathroom*
(a) cafeteira *coffee pot*	(o) casaco *coat*
(a) cafeteria *coffee shop*	casado / a *married*
(a) caixa *box*	(o) casal *couple*
(o) caixa eletrônico *ATM*	(o) casamento *wedding*
(o) calafrio *chill*	(o) casarão *manor*
(o) calcanhar *heel*	(a) cascata *waterfall, cascade*
(o) calção *shorts*	caseiro / a *home-made*
(as) calças *pants*	(o) caso *case*
(a) calda *sauce*	(o) cassino *casino*
calmo / a *calm*	castanho / a *brown*
(o) calor *heat*	(a) catedral *cathedral*
(a) caloria *calorie*	(a) cavalgada *horseback riding*
caloroso *warm*	(a) cebola *onion*
(a) cama *bed*	cedo *early*
(o) camarão *shrimp*	(o) celular *cell phone*
(o) câmbio *exchange*	central *central*
(a) caminhada *walk, hike*	(o) centro *center, downtown*
(a) camisa *shirt*	(o) centro comercial *shopping mall*
(a) camiseta *T-shirt*	cerca de *around, about*
(a) camomila *camomile*	cercado / a *around, about*
(a) campanha *campaign*	(o) cereal *cereal*
(a) campeã *champion (female)*	certamente *certainly*
(o) campeão *champion (male)*	(a) certeza *certainty*
(o) campeonato *championship*	certo / a *correct, certain*
(o) campismo *camping*	(a) cerveja *beer*
(o) campo de golfe *golf course*	(a) cervejaria *pub, bar*
canadense *Canadian*	(o) céu *sky*
(o) canal de compras *purchase channel*	(o) chá *tea*
(a) canção *song*	(a) chácara *farm*
(o) candidato *candidate*	(a) chaleira *kettle*
(a) caneta *pen*	(a) chamada *call*
(a) canga *sarong*	(a) chance *chance*
cansado / a *tired*	(o) chão *floor*
cansativo / a *tiring*	(o) chapéu *hat*
(a) cantina *canteen*	(a) chávena (PE) *cup*
(o / a) cantor / a *singer*	charmoso / a *charming*
caótico / a *chaotic*	chato / a *annoying*
capaz *able*	(a) chave *key*
(a) capital *capital*	(o / a) chefe *boss*
(a) cápsula *capsule*	(a) chegada *arrival*
(o) cara *guy (slang)*	(a) cheia *flood*
(a) característica *characteristic*	cheio / a *full*
(o) cardápio *menu*	(o) cheque *check*
(o / a) cardiologista *cardiologist*	chileno / a *Chilean*
(o) cargo *position*	(o) chimarrão *chimarrão (a kind of tea)*
careca *bald*	(o) chinelo *flip-flop*
(a) caricatura *caricature*	(o) chocolate *chocolate*
carioca *from Rio de Janeiro*	(o) chouriço *chorizo*
(o) Carnaval *Carnival*	(o) churrasco *barbecue*
(a) carne *meat*	(a) churrasqueira *grill (appliance)*
caro / a *expensive*	(o) chute *kick*

(a) chuva *rain*	compulsivo / a *compulsive*
(o) chuveiro *shower*	(o) computador *computer*
(o) ciclismo *cycling*	comum *common*
(o) ciclista *cyclist*	(a) comunicação *communication*
(o) ciclo *cycle*	(o) condomínio *condominium*
(a) cidade *city*	confortável *comfortable*
científico / a *scientific*	(o) conforto *comfort*
(o / a) cientista *scientist*	conhecido / a *known*
(o) cigarro *cigarette*	conosco *with us*
(o) cinema *cinema*	(o) conselho *advice*
(o) cinto *belt*	consoante *in line with, depending on*
(a) cintura *waist*	(a) construção *construction*
cinza *grey*	(a) consulta *appointment*
(a) circulação *circulation*	(o) consultório *clinic*
(o) cirurgião *surgeon (male)*	(o / a) consumidor / a *consumer*
(a) cirurgiã *surgeon (female)*	(o) consumo *consumption*
claro / a *clear, light (colour)*	(a) conta *bill*
(o) classificado *advertisement*	(o) contato *contact*
(a) claustrofobia *claustrophobia*	contente *content, happy*
(o / a) cliente *customer*	(o) contexto *context*
(o) clima *climate*	(o) continente *continent*
(a) clínica *clinic*	contra *against*
(o) clube *club*	(o) contrato *contract*
(a) cobertura *penthouse*	(o) controle *control*
(a) coceira *itch*	(o) convento *convent*
(o) coco *coconuts*	(a) convivência *socializing*
(o) código *code*	(a) coordenação *coordination*
(o) coentro *coriander*	(o) copo *glass*
(o) colar *necklace*	(o) coquetel *cocktail*
(a) coleção *collection*	cor-de-rosa *pink*
(o / a) colega *colleague, workmate*	(o) coração *heart*
(o) colégio *school*	(a) corda *string*
(o) colesterol *cholesterol*	(a) cordialidade *cordiality*
coletivo / a *collective*	(o) corpo *body*
(a) colher *spoon*	corporal *bodily*
(a) cólica *colic*	(o) corredor *corridor*
(a) colina *hill*	(o) correio *post, mail*
colonial *colonial*	correto / a *correct*
(a) colonização *colonization*	(o /a) corretor / a *broker*
colorido / a *colorful*	(o) corte *cut*
(a) coluna *column*	cosmopolita *cosmopolitan*
com *with*	(as) costas *back*
(o) combustível *fuel*	costas *backstroke (swimming style)*
(o) comércio *trade*	(a) cotação *quote, price*
(a) comida *food*	(a) couve *collard greens*
comigo *with me*	(a) coxa *thigh*
(o / a) comissário / a de bordo *flight attendant*	(a) cozinha *kitchen*
como *how, what, as*	(o / a) cozinheiro / a *chef*
(a) cômoda *dresser*	(o) crédito *credit*
(a) comodidade *convenience*	(o) creme *cream*
(o) cômodo *room*	crespo / a *curly*
(a) companhia *company*	(o) criado-mudo *bedside table, nightstand*
compatível *compatible*	(a) criança *child*
completo / a *complete*	cristalino / a *crystalline, crystal clear*
(o) comprador *purchaser, buyer*	(a) cruz *cross*
(as) compras *purchases*	(o) cruzeiro *cruiser, cruise*
compreensivo / a *understanding*	cuidado *care*
comprido / a *long*	(a) cultura *culture*
(o) comprimido *pill*	cultural *cultural*
comprovado / a *proven*	(a) cunhada *sister-in-law*

(o) **cunhado** brother-in-law
(o) **curativo** healing
(o) **currículo** curriculum
(o) **curso** course
curto / a short

D

(os) **dados** data
(a) **danceteria** nightclub
(a) **data** date
de of, from
(o) **débito** debit
(a) **decisão** decision
(o / a) **decorador / a** decorator
dedicado / a dedicated
(o) **dedo** finger
(o) **degrau** step
dela her, hers
delas their, theirs
dele his
deles their, theirs
(a) **delegacia** police station
(a) **delícia** delicacy
delicioso / a delicious
demais too much
(o) **dente** tooth
(o / a) **dentista** dentist
dentro de inside
(o) **depoimento** statement
depois after
(a) **depressão** depression
(o / a) **dermatologista** dermatologist
(o) **desafio** challenge
(o) **descanso** rest
(o / a) **descendente** descendent
(a) **descoberta** discovery
(o) **desconto** discount
descontraído / a laid-back
(a) **descrição** description
(a) **desculpa** excuse
desde since
desejável desirable
(o) **desempenho** performance
(o / a) **desempregado / a** unemployed person
(o / a) **desenhista** designer
deserto / a deserted
(o) **deserto** desert
(o) **desfiladeiro** canyon
(o) **desfile** parade
(a) **desidratação** dehydration
desligado / a aloof
(o) **deslocamento** displacement
deslumbrante amazing
(a) **despedida** farewell
despedido / a dismissed
(o) **despedimento** dismissal
(a) **despensa** pantry
(o) **despertador** alarm clock
(o) **destaque** highlight

(o) **destino** destination
(o) **detalhe** detail
(a) **devolução** return
dezembro December
(a) **dezena** ten
(o) **dia** day
(a) **diabetes** diabetes
(o) **diagnóstico** diagnosis
(o) **diagrama** diagram
(a) **diária** diary, per diem
diariamente everyday
diário / a daily, per diem
(a) **dica** tip
(o) **dicionário** dictionary
(a) **diferença** difference
diferente different
difícil difficult
(a) **dificuldade** difficulty
(o) **dígito** digit
(a) **dimensão** dimension
(o) **dinheiro** money
(a) **direção** direction
direito right
(o / a) **diretor / a** director, manager
(a) **discoteca** night club
(a) **disponibilidade** availability
disponível available
(a) **distância** distance
distinto / a different
(a) **diversidade** diversity
diverso / a diverse
divertido / a fun
(a) **divisa** border, currency
(a) **divisória** division
divorciado / a divorced
(o) **doce** sweet
(o) **documento** document
(a) **doença** illness
doente ill
(a) **dor** pain
(o) **dormitório** bedroom
(a) **dose** dose
(a) **duna** dune
duplo / a double
durante during
duro / a hard
(a) **dúvida** doubt
(a) **dúzia** dozen

E

e and
eclético / a eclectic
econômico / a economic
(o / a) **economista** economist
(o) **ecossistema** ecosystem
(o) **ecoturismo** ecotourism
(a) **educação** politeness, education
(o) **efeito** effect
eficiente efficient

egoísta *selfish*
ela *she*
ele *he*
(a) elegância *elegance*
elegante *elegant*
(o) elemento *member, element*
(o / a) eletricista *electrician*
elétrico / a *electric*
(o) eletrodoméstico *electric appliance*
eletrônico / a *electronic*
em *at, in, on*
embaixo de *under*
em cima de *on, on top of*
em caso de *in case of*
em frente de *in front of*
em geral *in general*
(a) embreagem *clutch*
emocionante *exciting*
(o) emplastro *plaster*
(o / a) empregado / a *employee*
(o) emprego *job*
(a) empresa *company*
(o / a) empresário / a *businessman / woman, agent*
(o) empréstimo *loan*
(o) encanador *plumber*
(o) encanamento *piping*
(o) endereço *address*
(a) endorfina *endorphin*
(a) energia *energy*
(o / a) enfermeiro / a *nurse*
(o / a) engenheiro / a *engineer*
enjoado / a *nauseoted*
(o) enjoo *nausea*
enquanto *while*
ensolarado *sunny*
(a) entrada *entrance*
entre *between, among*
(a) entrega *delivery*
(o) entretenimento *entertainment*
(a) entrevista *interview*
(a) época *season*
(o) equilíbrio *balance*
equipado / a *equipped*
(o) equipamento *equipment*
(a) equipe *team*
(o) erro *mistake*
erudito / a *erudite*
(a) escada *stairs*
(a) escadaria *staircase*
(a) escola *school*
(o / a) escravo / a *slave*
(o) escritório *office*
(a) escultura *sculpture*
escuro / a *dark*
(o) espaço *space*
espaçoso / a *spacious*
(o) espaguete *spaghetti*
espanhol / a *Spanish*
especial *special*
(a) especialidade *speciality*

(o) especialista *specialist*
(a) especialização *specialization*
especializado / a *specialized*
especialmente *especially*
(a) espécie *species, type, cash*
(o) espelho *mirror*
(o) espelho retrovisor *rear-view mirror*
espetacular *spectacular*
(o) espeto *skewer*
(o) espinafre *spinach*
(a) esplanada (PE) *patio (of café / restaurant)*
esporádico / a *sporadic*
(o) esporte *sport*
(a) esposa *wife*
(o) espremedor *squeezer*
esquerda *left*
(a) esquina *corner*
essa *that*
essas *those*
esse *that*
esses *those*
(o) estabelecimento *establishment*
(a) estação do ano *season of the year*
(a) estação do metrô *metro station*
(o) estacionamento *parking lot*
(a) estadia *accommodation*
(o) estádio de futebol *soccer stadium*
(o) estado *state*
(o / a) estagiário / a *trainee*
(a) estância *resort*
(a) estante *bookcase*
(a) estátua *statue*
este *this*
(o) estilo *style*
(o) estômago *stomach*
(a) estrada *road*
(a) estratégia *strategy*
estratégico / a *strategic*
(a) estrela *star*
(o) estresse *stress*
(o / a) estudante *student*
estudioso / a *studious*
(o) evento *event*
evidente *evident*
(o) exame *exam*
excelente *excellent*
exclusivo / a *exclusive*
(o) expediente *expedient*
(o) exemplar *sample, copy*
(o) exemplo *example*
(o) exercício *exercise*
(a) exibição *exhibition*
exótico / a *exotic*
(a) expectativa *expectation*
(a) expedição *expedition*
(a) experiência *experience*
experiente *experienced*
(a) exposição *exhibition*
(o) expositor *exhibitor*
(a) extensão *scope, length*

extenso / a *long*
exterior *outdoor, outside, exterior*
(a) extinção *extinction*
extrovertido / a *outgoing, extroverted*
exuberante *exuberant*

F

(o / a) fã *fan*
(a) faca *knife*
(a) fachada *façade*
fácil *easy*
(a) facilidade *easiness*
(a) faculdade *faculty, college*
(a) faixa *lane, strip*
(o / a) falante *speaker*
(a) falta *lack, absence*
(a) família *family*
famoso / a *famous*
(a) fantasia *fantasy*
(a) farinha *flour*
(a) farmácia *pharmacy*
(a) farofa *manioc flour toasted in butter, olive oil or cooking oil*
fascinante *fascinating*
(a) fatia *slice*
(o) fato *fact*
(o) fato (PE) *suit*
(a) fauna *fauna*
(a) favela *slum*
favorito / a *favorite*
(a) faxina *cleaning*
(o / a) faxineiro / a *cleaner*
(a) fazenda *ranch*
(a) febre *fever*
(o) feijão *bean*
(a) feijoada *bean stew*
feio / a *ugly*
(a) feira *fair*
feliz *happy*
(o) feriado *holiday*
(as) férias *vacation*
fervido / a *boiled*
(a) festa *party*
(o) festival *festival*
fevereiro *February*
fiel *faithful*
(o / a) fiador / a *guarantor*
(o) fígado *liver*
(o) filé *steak, fillet*
(a) filha *daughter*
(o) filho *son*
(a) filial *branch*
(o) filme *film*
filtrado / a *filtered*
(o) fim *end*
fino / a *fine, elegant*
(o) final *end*
(o) final de semana *weekend*
(o) financiamento *financing, funding*

(o) fio *thread*
(a) firma *firm*
fixo / a *fixed*
(a) flexibilidade *flexibility*
flexível *flexible*
(a) flora *flora*
(a) floresta *forest*
(a) floricultura *flower store*
fluente *fluent*
Fluminense *name of a football club from Rio de Janeiro*
(a) flutuação *fluctuation*
(o) foco *focus*
(o) fogão *stove*
(a) folha *leaf, page*
(o) folheto *leaflet*
(a) fome *hunger*
(o) fone de ouvido *headphones*
(a) força *strength*
(a) forma *form*
(a) formação *training*
(o) formulário *form*
(o) forno *oven*
forte *strong*
(o) fórum *forum*
(a) fotografia *photograph*
(o) fotógrafo *photographer*
fraco / a *weak*
(o) frango *chicken*
(a) frase *sentence*
(o) freio *brake*
(a) frequência *frequency*
frequente *frequent*
fresco / a *fresh*
(o) frigobar *minibar*
frio / a *cold*
(os) frios *frozen goods*
(a) fruta *fruit*
(os) frutos do mar *seafood*
(a) função *function*
(o) funcionamento *functioning*
(o) funcionário *employee*
fundamental *fundamental*
fundo / a *deep*
(o) fuso horário *time zone*
(o) futebol *soccer*
(o) futuro *future*

G

(a) galeria de arte *art gallery*
(a) garagem *garage*
(o) garçom *waiter, server*
(a) garçonete *waitress, server*
(o) garfo *fork*
(a) garganta *throat*
(o) garoto *boy*
(a) garrafa *bottle*
gastador / a *spender*
(os) gastos *expenditure*

(a) **gastrite** *gastritis*
(o / a) **gastroenterologista** *gastroenterologist*
(a) **gastronomia** *gastronomy*
(o / a) **gato / a** *cat; very pretty, handsome (slang)*
gaúcho / a *from Rio Grande do Sul*
(a) **geada** *frost*
(a) **geladeira** *refrigerator*
(o) **gelado (PE)** *ice cream*
gelado / a *very cold*
(a) **geleia** *jelly*
(o) **gelo** *ice*
(o) **gênero** *gender*
generoso / a *generous*
(o) **gengibre** *ginger*
(o) **genro** *son-in-law*
(a) **gente** *people*
geral *general*
geralmente *generally*
(o / a) **gerente** *manager*
(a) **gestante** *pregnant woman*
(a) **gestão** *management*
(a) **ginástica** *gymnastics*
(o / a) **ginecologista** *gynecologist*
(o) **glúten** *gluten*
(a) **goiaba** *guava*
(o) **gol** *goal*
(o) **golfe** *golf*
(o) **golpe** *strike*
gordo / a *fat*
(as) **gorduras** *fats*
(o) **gorro** *hat*
(o) **gosto** *taste*
gostoso / a *tasty*
(a) **gota** *drop*
(o) **governador** *governor*
graduado / a *graduate*
(o) **grama** *gram*
(a) **grama** *lawn*
(a) **gramática** *grammar*
(o) **grampeador** *stapler*
grande *big*
grátis *free*
gratuito / a *free*
(o) **grau** *degree*
(a) **gravidez** *pregnancy*
grego / a *Greek*
grelhado / a *barbecued*
gripado / a *ill*
(a) **gripe** *flu*
(o) **grupo** *group*
(o) **guarda-roupa** *wardrobe*
(o) **guia** *guide (person)*
guiado / a *guided*

H

(a) **habilidade** *skill*
(a) **habitação** *residence, housing, house*
(o / a) **habitante** *inhabitant*
(o) **hábito** *habit*

(o) **hambúrguer** *hamburger*
(a) **herança** *inheritance*
(a) **hipertensão** *hypertension, high blood pressure*
(a) **história** *history, story*
histórico / a *historical*
hoje *today*
(o) **homem** *man*
(a) **hora** *time, hour*
(o) **horário** *timetable, schedule*
(o) **horário de atendimento** *office hours*
(a) **hortelã** *mint*
(a) **hospedagem** *lodging*
(o / a) **hóspede** *guest*
(o) **hospital** *hospital*
humano / a *humane*

I

(a) **idade** *age*
ideal *ideal*
(a) **ideia** *idea*
(o) **idioma** *language*
(o / a) **idoso / a** *elderly*
(a) **igreja** *church*
(a) **ilha** *island*
(a) **imagem** *image*
(a) **imaginação** *imagination*
imaginável *imaginable*
(a) **imersão** *immersion*
(o) **imóvel** *property*
imperdível *unmissable*
importante *important*
(a) **importância** *importance*
(o) **imposto** *tax*
impressionado / a *impressed*
incluído / a *included*
inclusive *inclusive*
inconstante *inconstant*
incrível *incredible*
indeciso / a *indecisive*
indefinido / a *undefined, indefinite*
indígena *native*
(a) **indigestão** *indigestion*
(o) **índio** *Indian*
individual *individual*
inesquecível *unforgettable*
(a) **infância** *childhood*
(a) **infecção** *infection*
infeccioso / a *infectious*
infeliz *unhappy*
inferior *inferior*
infiel *unfaithful*
(o) **inflamatório** *inflammatory*
(a) **influência** *influence*
(a) **informação** *information*
(a) **informática** *computer science*
informativo / a *informative*
(a) **infraestrutura** *infrastructure*
inglês / inglesa *English*
(o) **ingresso** *ticket, entrance fee*

(o) início start
(a) injeção injection
inovador / a innovative
(o) inquérito survey, inquiry
(o) inseto insect
(a) insônia insomnia
(a) inspiração inspiration
(a) instalação installation
instantâneo / a instantaneous
(a) instrução instruction
(o) instrumento instrument
integral integral
inteiro / a entire, whole
intensivo / a intensive
intenso / a intense
(a) interação interaction
interativo / a interactive
(o / a) interessado / a interested
interessante interesting
(o) interesse interest
(o) interior indoors, interior
internacional international
(o) internauta internet user
(o / a) intérprete interpreter
interurbano / a interurban
intocado / a untouched
(a) inundação inundation, flood
(o) inverno winter
(o) iogurte yogurt
(a) irmã sister
(o) irmão brother
irritado / a irritated
isolado / a isolated
isso that
isto this
italiano / a Italian
(o) itinerário itinerary

J

já already, right away, now
já não no longer
(o) jacaré alligator
janeiro January
(a) janela window
(o) jantar dinner
japonês / japonesa Japanese
(a) jaqueta jacket
(o) jardim garden
(o) jeito knack
(a) joalheria jewelry store
(o) joelho knee
(o / a) jogador / a player
(o) jogo game
(os) Jogos Olímpicos Olympic Games
(o) jornal newspaper
(o) jornalismo journalism
(o / a) jornalista journalist
jovem young, youngster
(o) judô judo

(o) juiz judge
julho July
junho June
juntos together
(o) juro interest rate

L

lá there
(o) lado side
(a) lagoa lagoon
(a) lancha speedboat
(o) lanche snack
(a) lanchonete snack bar
(a) lanterna lantern
(o) lápis pencil
(o) lar home
(a) laranja orange
(a) lareira fireplace
largo / a wide
(a) lata tin, can
(o) lavabo toilet
(o) lavatório sink
(o) lazer leisure
leal faithful, loyal
(o) legado legacy
legal legal, cool (slang)
(a) legenda caption, subtitle
(o) legume vegetable
(o) leite milk
(o) leite de coco coconut milk
(o) lema slogan, motto
leste east
(a) letra letter, lyrics, handwriting
leve light (weight)
lexical lexical
lhe to / for you, him, her, it
lhes to / for you, them
liberal liberal
(a) libertação release
(a) lição lesson
(a) licença licence
(o) licor liquor
(a) ligação connection
(o) limão lemon
(a) limitação limitation
(a) limpeza cleanliness
lindo / a beautiful (f), handsome (m)
(a) língua language
(a) linguiça sausage
(a) linha line
(o) líquido liquid
liso / a plain, smooth
(a) lista list
listrado / a striped
(a) literatura literature
(o) litoral coastal
(o) litro liter
(a) livraria bookstore
livremente freely

localizado / a *located*
logo *later, soon*
loiro / a *blond*
(a) loja *store*
(a) loja de calçados *shoe store*
(a) loja de conveniência *convenience store*
(a) loja de produtos eletrônicos *computer store*
(a) loja de roupa *clothing store*
longe *far*
longe de *far from*
(a) lotação *capacity*
lotado / a *full*
(a) louça *dishware*
(o) lugar *place*
(a) luminária *lamp*
(a) luva *glove*
(o) luxo *luxury*

M

(a) maçã *apple*
(o) macarrão *macaroni*
(o) maço *pack, bundle*
(a) madeira *wood*
(a) mãe *mother*
magro / a *thin*
(a) maioria *majority*
maio *May*
mais *more*
mal *badly, hardly*
(a) mala *suitcase*
(a) malhação *doing exercise*
(a) mamografia *mammogram*
(a) manchete *headline*
(a) mandioca *cassava*
(a) manhã *morning*
(a) manobra *maneuver*
(a) mansão *mansion*
(a) manta *blanket*
(a) manteiga *butter*
(a) mão *hand*
(o) mapa *map*
(a) máquina fotográfica *camera*
(o) mar *sea*
(o) maracujá *passion fruit*
(a) maratona *marathon*
maravilhoso / a *marvelous*
(a) marca *brand*
março *March*
(a) margarina *margarine*
(a) margem *margin, river bank*
(o) marido *husband*
marrom *brown*
mas *but*
(a) máscara *mask*
(a) massa *pasta*
(a) massagem *massage*
(o / a) massagista *masseur*
(a) maternidade *maternity*
máximo *maximum*

me *me, for me, to me*
(a) medalha *medal*
(o) medicamento *medicine*
(o / a) médico / a *doctor, physician*
médio / a *medium*
(a) meia *half*
(o) mel *honey*
(a) memória *memory*
menos *less*
(a) mensagem (PE) *message, text message*
mensal *monthly*
(a) mensalidade *monthly payment*
(a) mente *mind*
(a) mentira *lie*
mentiroso / a *liar*
(o) mercado *market*
(o) mergulho *dive*
(o) mês *month*
(a) mesa *table*
(a) mesa de centro *center table*
(a) mesa de jantar *dinner table*
mesmo / a *same*
(o) metro *meter*
(o) metrô *metro, underground, subway*
(a) metrópole *metropolis*
meu(s) *my, mine*
(o) micro-ondas *microwave*
mínimo *minimum*
minha(s) *my, mine*
(a) minoria *minority*
(o) minuto *minute*
(o) mirante *observation deck*
(o) mistério *mystery*
(a) mistura *mixture*
(o) mobiliário *furniture*
(a) mochila *book pack, backpack*
(o / a) moço / a *boy / girl*
(a) moda *fashion*
(a) modalidade *type*
(o / a) modelo *model*
moderado / a *moderate*
moderno / a *modern*
(o) modo *way*
(a) moeda *coin, currency*
(a) moeda corrente *local currency*
mole *soft*
(o) molho *sauce*
(o) momento *moment*
(a) montanha *mountain*
(o) montanhismo *mountaineering, mountain climbing*
(o) monumento *monument*
(o) morador *resident*
(o) morango *strawberry*
moreno / a *dark (hair / skin)*
(o) morro *hill, slum*
(o) mosquito *mosquito*
motivado / a *motivated*
(a) moto *motorbike*
(o) motorista *driver*

(o) móvel *piece of furniture*
movimentado / a *busy, bustling*
(a) mudança *change*
muito *very*
muito(s) / muitas(s) *many, a lot, much*
(a) mulher *woman*
(a) multa *fine*
multicultural *multicultural*
multinacional *multinational*
mundial *worldwide*
(o) mundo *world*
municipal *municipal*
(o) muro *wall*
(a) musculação *body building*
(o) músculo *muscle*
muscular *muscular*
musculoso / a *muscular (body)*
(o) museu *museum*
(a) música *music*

N

nacional *national*
(a) nacionalidade *nationality*
nada *nothing*
(a) nadadeira *fin*
(o / a) nadador *swimmer*
nado livre *freestyle*
(o) nado sincronizado *synchronized swimming*
(o) namorado *boyfriend*
(a) namorada *girlfriend*
não *no*
(o) nariz *nose*
nasal *nasal*
(a) nascente *spring, east*
(a) natação *swimming*
(o) Natal *Christmas*
natural *natural*
(a) natureza *nature*
(as) náuseas *nausea*
necessário / a *necessary*
negativo / a *negative*
(o) negócio *business*
nenhum / a *none*
(o) nervosismo *nervousness*
nervoso / a *nervous*
(a) neta *granddaughter*
(o) neto *grandson*
(o / a) neurologista *neurologist*
(a) neve *snow*
ninguém *nobody*
(a) noite *night*
(o) nome *name*
(a) nora *daughter-in-law*
nordeste *northeast*
normalmente *usually*
norte *north*
nosso / a *our, ours*
nos *us, for/to us*
nós *we*

(a) nota *note*
noturno / a *nocturnal*
novamente *again*
(a) novela *soap opera*
novembro *November*
(a) novidade *news*
novo / a *new*
nublado / a *cloudy*
(o) número *number*
nunca *never*
(o / a) nutricionista *nutritionist*
(a) nuvem *cloud*

O

o *the, you, him, it*
(a) obesidade *obesity*
obeso / a *obese*
(o) objeto *object*
(a) obra *work*
obrigatório / a *compulsory, mandatory*
(o / a) obstetra *obstetrician*
(a) ocasião *occasion*
ocasionalmente *occasionally*
(os) óculos *(eye) glasses*
(o / a) odontologista *dentist*
oeste *west*
(a) oferta *gift, offer*
oficial *official*
(o / a) oftalmologista *ophthalmologist*
(o) óleo *oil*
(o) olho *eye*
(a) olimpíada *Olympiad*
olímpico / a *Olympic*
(o) ombro *shoulder*
(a) onda *wave*
onde *where*
(o) ônibus *bus*
ontem *yesterday*
(a) opção *option*
(a) ópera *opera*
(a) operação *operation*
(a) operadora *operator*
(a) opinião *opinion*
(a) oportunidade *opportunity*
(o) oposto *opposite*
(a) ordem *order*
organizado / a *organized*
(o) organograma *organizational chart*
(o) orelhão *phone booth*
(a) origem *origin*
(a) orla *rim*
(o / a) ortopedista *orthopaedist*
(a) osteoporose *osteoporosis*
ótico *optical*
otimista *optimistic*
(o / a) otorrinolaringologista *ear-nose-and-throat doctor*
(o) outono *Autumn*
outro / a *other*

outubro October
(o) ovo egg

P

(a) paciência patience
(o) paciente patient
(o) pacote package
(a) padaria bakery
(o) padrão pattern
(o) pagamento payment
(o) pai father
(o) paio thick cured sausage
(o) país country
(o) palácio palace
(a) palavra word
(a) palpitação palpitation
(a) panela pan
pantaneiro / a related to the Pantanal region of Brazil
(o) pão bread
(o) pão na chapa toast
(o) papagaio parrot
(o) papel paper
(o) par pair
para for, to
(o) para-brisas windshield
(a) paragem de autocarro (PE) bus stop
(o) paraíso paradise
paralela parallel
(o) paredão high river bank
(a) parede wall
(o / a) parente family member, relative
(o) parque park
particular private, particular
(a) partida start, match
(o) passado past
(a) passagem ticket
(o) pássaro bird
(o) passe pass
(o) passeio walk, trip
(o) pastel pastry
(o) patrão boss (male), owner, employer
(a) patroa boss (female)
(o) patrimônio property, heritage
paulistano / a from São Paulo city
(a) pauta agenda (of a meeting)
(a) paz peace
(o) pé foot
(a) peça piece
(o) pedal pedal
(o) pedido request
(a) pedra stone
(o) pedreiro stonemason
(o) peito chest, breast
(o) peixe fish
(a) pensão guesthouse, pension
pequeno / a small
(o) pequeno-almoço (PE) breakfast
(a) perda loss

perfeccionista perfectionist
perfeito / a perfect
(o) perfil profile
(a) perfumaria perfumery store
(o) período period
(a) permanência permanence
(a) perna leg
perpendicular perpendicular
perto near
perto de near
pesado / a heavy
(o) pescoço neck
(o) peso weight
(a) pesquisa research
pessimista pessimist
(a) pessoa person
pessoal personal
(a) petição petition
(o) petisco snack
(a) pia basin
(o) pimentão red pepper
(a) pintura painting
pioneiro / a pioneer
(o) pires saucer
(a) piscina swimming pool
(a) pista track, runway, clue
(a) pista de corrida athletics track
pitoresco / a picturesque
(a) pizza pizza
(a) pizzeria pizzeria
(o) planejamento planning
(o) plano plan
(a) planta plant
(o) pneu tyre
pois because
(o) pólen pollen
(o / a) policial policeman / woman
(o) policiamento policing
(a) política politics
(a) polpa pulp
polonês / polonesa Polish
(a) poltrona armchair
(a) pomada cream
(a) ponta point, end
(a) pontada twinge
(o) ponto comercial shopping district
(o) ponto do ônibus bus stop
(o) ponto de táxi taxi stand
(o) ponto de venda point-of-sale
pontual punctual
(a) população population
popular popular
populoso / a populous
por by, for, through
(o) pôr do sol sunset
por que why
por quê why
por volta de around
(a) porcentagem percentage
(o) porco pig

porque *because*
(a) porta *door*
portador / a *bearer*
português / portuguesa *Portuguese*
pós-graduado / a *post-graduate*
(a) posição *position*
positivo / a *positive*
(a) posologia *dosage*
possível *possible*
(o) posto *post*
(o) posto de gasolina *gas station*
(o) posto de saúde *health center*
(o) posto de vacinação *vaccination center*
(a) postura *posture*
(o) potencial *potential*
pouco *few, little*
(a) pousada *guesthouse*
(o) povo *people*
(a) praça *square*
(a) praça de alimentação *food court*
(a) praia *beach*
(a) prática *practice*
(o) prato *dish, plate*
(o) prato fundo *soup plate*
(o) prato raso *dinner plate*
(o) preço *price*
(o) prédio *building*
(a) prefeitura *city hall*
(a) preferência *preference*
preferido / a *favorite*
preguiçoso / a *lazy*
prejudicial *harmful*
(o) prêmio *award, premium, prize*
preocupado / a *worried*
(o) presente *present, gift*
preservado / a *preserved*
(o / a) presidente *president*
(a) pressão *pressure*
prestativo / a *helpful*
(o) presunto *smoked ham*
(a) pretensão *intention*
preto / a *black*
previdente *provident*
(a) previsão *forecast*
(a) primavera *spring*
(o) primo *cousin*
principal *main*
principalmente *mainly*
prioritário *priority*
privado / a *private, personal*
privativo / a *private*
(o) problema *problem*
(o) processo *process*
(o) produto *product*
(o) produtor *producer*
(o / a) professor / a *teacher, professor*
(a) profissão *profession*
profissional *professional*
(o) programa *programme*
(a) programação *programming*

(o) progresso *progress*
proibido / a *forbidden*
(o) projeto *project*
(a) promoção *promotion*
(o) pronto-socorro *urgent care facility*
próprio / a *own*
(a) prorrogação *extension*
(a) proteção *protection*
(o) protetor solar *sunscreen*
(o) proveito *profit*
próximo *next*
(o / a) psicólogo / a *psychologist*
publicitário / a *advertiser*
público / a *public*
(o) pudim *pudding*
(a) pulseira *bracelet*
(o) pulso *wrist*

Q

(a) quadra esportiva *sports pitch / court*
(a) quadra de tênis *tennis court*
(o) quadro *blackboard, painting, board*
qual *what, which*
(a) qualidade *quality*
qualquer *any*
quando *when*
quanto / a *how much, how many*
(a) quarta-feira *Wednesday*
(o) quarteirão *block*
(o) quarto *room*
quase *almost*
que *what, that*
(a) queda d'água *waterfall*
(o) queijo *cheese*
(a) queixa *complaint*
quem *who*
quente *warm, hot*
(o) questionário *questionnaire*
(o) quilo *kilo*
(a) quilometragem *mileage*
(o) quilômetro *kilometer*
(a) quinta-feira *Thursday*
(a) quinquilharia *hardware*
(o) quintal *backyard*
(a) quitinete *studio apartment*

R

(o) raio-x *x-ray*
(a) raiz *root*
rápido / a *fast, quick*
(a) raquete *racket*
raramente *rarely*
real *real, Brazilian currency*
(a) realidade *reality*
(o) rebuçado (PE) *candy, drop*
(a) receita *recipe, prescription*
recente *recent*
(a) recepção *reception*

(a) reclamação *complaint*	**(o) sal** *salt*
reclinável *reclinable*	**(a) sala** *room*
(o) recorde *record*	**(a) sala de aula** *classroom*
(a) rede *net*	**(a) sala de estar** *living room*
(a) refeição *meal*	**(a) sala de ginástica** *fitness room*
(a) referência *reference*	**(a) sala de jantar** *dining room*
referente *referring*	**(a) salada** *salad*
(o) refogado *braise*	**(o) salão de festas** *festival hall, ballroom*
(a) reforma *renovation*	**(o) salário** *salary*
(o) refrigerante *soft drink*	**(a) sandália** *sandal*
(a) região *region*	**(a) sandes (PE)** *sandwich*
(a) regra *rule*	**(o) sanduíche** *sandwich*
regular *regular*	**(o) sangue** *blood*
regularmente *regularly*	**sanguíneo / a** *bloody*
(a) relação *relationship*	**(o) santuário** *sanctuary*
(o) relâmpago *lightning*	**são / sã** *healthy*
(o) relatório *report*	**(o) sapato** *shoe*
relaxante *relaxing*	**(o) saque** *withdrawal*
(a) religião *religion*	**satisfeito / a** *satisfied*
(o) relógio *watch, clock*	**saudável** *healthy*
(o) remédio *remedy*	**(a) saúde** *health*
(a) reportagem *report*	**se** *if, herself, himself, themselves*
(a) represa *dam*	**seco / a** *dry*
(o) réptil *reptile*	**(a) secretária** *secretary*
(a) requisição *request*	**secundário** *secundary*
(o) requisito *requisite*	**(a) sede** *headquarters*
(o) resfriado *cold*	**sedentário / a** *sedentary*
(a) residência *residence*	**seguinte** *next*
residencial *residential*	**(a) segunda-feira** *Monday*
(o) respeito *respect*	**segundo** *according to*
(a) respiração *respiration*	**segundo / a** *second*
restante *remaining*	**(a) segurança** *safety, security*
(o) restaurante *restaurant*	**(o) seguro** *insurance*
(o) resultado *result*	**seguro / a** *safe*
(o) retorno *return*	**(a) seleção** *selection*
(o) retrovisor *rear-view mirror*	**(a) selva** *jungle*
(a) reunião *meeting*	**sem** *without*
(a) revista *magazine*	**(o) semáforo** *traffic light*
rigoroso / a *rigorous*	**(a) semana** *week*
(o) rio *river*	**semanal** *weekly*
(o) ritmo *rhythm*	**sempre** *always*
(o) ritual *ritual*	**(a) sensação** *sensation*
(a) roda *wheel*	**(a) sentença** *sentence*
(a) rodela *slice*	**(a) serra** *mountain*
rodoviário / a *road*	**(o) serviço** *service*
romântico / a *romantic*	**(a) sessão** *session*
(a) rotina *routine*	**setembro** *September*
(a) roupa *clothes*	**(o) setor** *sector*
(a) rouquidão *hoarseness*	**seu (s)** *your, yours, his, her, their*
(a) rua *street*	**(a) sexta-feira** *Friday*
ruim *bad*	**(o) significado** *meaning*
ruivo / a *red-headed, red-haired*	**sim** *yes*
russo / a *Russian*	**(o) símbolo** *symbol*
rústico / a *rustic*	**(a) simpatia** *kindness*
	simpático / a *kind*
S	**simplesmente** *simply*
	(a) simplicidade *simplicity*
(o) sábado *Saturday*	**simplificado / a** *simplified*
(a) saia *skirt*	**(o) sinal** *signal*
(a) saída *exit*	**(a) sinceridade** *sincerity*

(o) sintoma *symptom*	te *you, to / for you*
(a) sinusite *sinusitis*	(o) teatro *theater*
(o) sistema *system*	(o) tecido *fabric*
(a) situação *situation*	(a) tela *screen*
situado / a *located*	(o) teleférico *cable car*
sob *under*	(o) telefone *telephone*
(o) sobrado *villa*	(o) telejornal *TV news*
sobre *over, about*	(o) telemóvel (PE) *cellphone*
(a) sobremesa *dessert*	(a) televisão *television*
(o) sobrenome *surname*	(o) tema *topic*
sobretudo *above all, mainly*	(a) temperatura *temperature*
(a) sobrinha *niece*	(o) tempo *time, weather*
(o) sobrinho *nephew*	(a) temporada *season*
sociável *sociable*	temporário / a *temporary*
(o) sofá *sofa*	(a) tenda *tent*
sofisticado / a *sophisticated*	(o) tendão *tendon*
(a) sogra *mother-in-law*	(o) tênis *tennis*
(o) sogro *father-in-law*	(o) tênis de mesa *table tennis*
(o) sol *sun*	(o / a) tenista *tennis player*
solidário / a *supportive*	(o / a) terapeuta *therapist*
solteiro / a *single*	(a) terça-feira *Tuesday*
(o) som *sound*	(o) terminal de ônibus *bus station*
(o) sonho *dream*	(o) termômetro *thermometer*
(a) sopa *soup*	(o) terno *suit*
(o) soro *serum*	(a) terra *earth, land*
(o) sorriso *smile*	(o) terraço *terrace*
(a) sorte *luck*	térreo / a *ground floor*
(o) sorvete *ice cream*	terrestre *ground*
sossegado / a *quiet*	(o) território *territory, land*
sozinho / a *alone*	(o) tesouro *treasure*
sua(s) *your, his, her, their*	(o) texto *text*
suave *smooth*	(a) tia *aunt*
(o) sucesso *success*	(o) time *team*
(o) suco *juice*	tímido / a *timid, shy*
(a) sacada *balcony*	(o) tio *uncle*
(o) sudeste *southeast*	típico / a *typical*
sugestivo / a *suggestive*	(o) tipo *type*
(a) suíte *master bedroom*	(o) título *title*
(o) sul *south*	(a) toalha *towel*
(o) sumo (PE) *juice*	(o) tocador *(music) player*
(o) supermercado *supermarket*	todo(s) / toda(s) *all, whole*
(o) surfe *surf*	(a) tomada *socket*
(o / a) surfista *surfer*	(o) tomate *tomato*
surpreendente *surprising*	tonto / a *dizzy*
(a) surpresa *surprise*	(a) tontura *dizziness*
	(o) tópico *topic*
	(o) topo *top*

T

(a) taça *cup*	(o / a) torcedor / a *supporter, fan*
(o) tamanho *size*	(o) torcicolo *stiff neck*
também *also, as well*	(a) torcida *supporters*
(o) tanque de combustível *gas tank*	tornozelo *ankle*
tão *so, such*	(o) torpedo *text message (slang)*
(a) tapeçaria *tapestry*	(a) torrada (PE) *toast*
(o) tapete *mat, carpet*	(a) torradeira *toaster*
(a) taquicardia *rapid heartbeat*	(a) tosse *cough*
tarde *afternoon*	(o) total *total*
(a) tarefa *task*	(o) trabalho *job*
(a) tarifa *tariff*	(o / a)trabalhador / a *worker*
(o) táxi *taxi*	trabalhador / a *hardworker*
	tradicional *traditional*

(o) **tráfego** *traffic*
(o) **trajeto** *trajectory, course, path*
(a) **transcrição** *transcription*
transitável *passable*
(o) **trânsito** *traffic*
(a) **transparência** *transparency*
(o) **transporte** *transport*
(a) **trave** *beam, bar*
(o) **travesseiro** *pillow*
(a) **travessia** *passage*
(o) **trecho** *stretch*
(o) **treinador** *coach, trainer*
(o) **treinamento** *training*
(o) **trem** *train*
(o) **tribunal** *court*
(a) **trilha** *hiking trail, path, track*
triste *sad*
(o) **troco** *change*
tropical *tropical*
(o) **tubarão** *shark*
tudo *everything*
(o) **turismo** *tourism*
turístico / a *touristic*
turvo / a *blurred (vision)*

U

ultimamente *lately*
último / a *last, most recente*
um *a, one*
úmido / a *humid, damp*
(a) **unha** *nail*
(a) **urgência** *emergency*
(a) **urina** *urine*
(o / a) **urologista** *urologist*
útil *useful*
(a) **uva** *grape*

V

(a) **vacina** *vaccine*
(a) **vaga** *vacancy*
(o) **vagão** *wagon*
(o) **vale** *valley*
(o) **valor** *value*
valorizado / a *valued*
(a) **vantagem** *advantage*
vantajoso / a *advantageous*
(a) **varanda** *balcony*
variado / a *varied*
(a) **variante** *variant*
(a) **variedade** *variety*
vários *various*
vascular *vascular*
(o) **vaso** *vase, vein*
(o) **vaso sanitário** *toilet*
vazio / a *empty*
(a) **vegetação** *vegetation*
vegetariano / a *vegetarian*
(o) **veículo** *vehicle*

velho / a *old*
(a) **velocidade** *speed*
(o) **velocímetro** *speedometer*
(a) **venda** *blindfold*
(o / a) **vendedor / a** *salesman, saleswoman*
(a) **ventania** *windstorm*
ventilado / a *ventilated*
(o) **vento** *wind*
(o) **verão** *summer*
(a) **verdade** *truth*
verdadeiro / a *truthful*
verde *green*
(as) **verduras** *greens*
vermelho / a *red*
(a) **viagem** *journey*
viciado / a *addicted*
(a) **vigilância** *surveillance*
(o) **vinagrete** *vinaigrette*
(o) **vinho** *wine*
(o) **vírus** *virus*
(a) **vista** *view*
visual *visual, look*
(a) **vitória** *victory*
(o / a) **vizinho / a** *neighbor*
(o) **vocabulário** *vocabulary*
(o) **volante** *steering wheel*
(o) **vôlei** *volleyball*
(o) **vômito** *vomit*

X

(o) **xarope** *syrup*
(a) **xícara** *cup*

VERBOS

abrigar *shelter*
abrir *open*
acabar *finish*
acampar *camp*
aceitar *accept*
acelerar *accelerate*
acertar *hit, settle*
acessar *access*
achar *find, think*
acontecer *happen*
acordar *wake up*
acostumar(-se) *get used to*
acrescentar *add*
adiantar *advance*
adivinhar *guess*
admirar *admire*
adoçar *sweeten*
adorar *adore*
agradecer *thank*
aguentar *bear, withstand*
ajudar *help*
ajustar *adjust*
alcançar *reach*
aliviar *alleviate*

almoçar *lunch*	**comemorar** *commemorate*
alugar *rent*	**comentar** *comment*
amanhecer *dawn*	**comer** *eat*
amar *love*	**comparar** *compare*
amarrar *fasten, tie*	**compartilhar** *share*
analisar *analyze*	**completar** *complete*
andar *walk*	**compor** *write, compose*
anoitecer *become night*	**comprar** *buy*
anotar *note down*	**compreender** *understand*
antecipar *anticipate*	**concentrar-se** *concentrate*
apagar *delete*	**concordar** *agree*
apanhar (PE) *take*	**conduzir** *drive*
aparecer *appear*	**conferir** *check*
aplicar *apply*	**confirmar** *confirm*
apostar *gamble, bet*	**conhecer** *know, meet*
aprender *learn*	**conquistar** *conquer*
apresentar *present*	**conseguir** *manage, achieve*
apresentar(-se) *introduce (oneself)*	**considerar** *consider*
aproveitar *enjoy, take advantage*	**consistir** *consist*
arear *scrub (e.g. a pan)*	**construir** *build*
arrepender-se *regret*	**consultar** *consult*
arrumar *clean up*	**consumir** *consume*
assar *roast, bake*	**contactar** *contact*
assinalar *mark*	**contar** *tell, count*
assinar *sign*	**contratar** *hire*
assistir *assist, attend*	**contribuir** *contribute*
associar *associate*	**controlar** *control*
atender *serve*	**conversar** *talk*
aterrar (PE) *land*	**convidar** *invite*
aterrissar *land*	**conviver** *socialize*
atrair *attract*	**correr** *run*
atrasar-se *be late*	**corresponder** *correspond, match*
atravessar *cross*	**corrigir** *correct*
aumentar *increase*	**cortar** *cut*
auxiliar *help*	**costumar** *accustom, be used to*
avariar *break*	**cozinhar** *cook*
baixar *lower*	**criar** *create*
bater *hit*	**criticar** *criticize*
beber *drink*	**cruzar** *cross*
beliscar *nibble*	**cuidar** *take care*
bloquear *block*	**cumprimentar** *greet*
brincar *play*	**curtir** *enjoy*
cair *fall*	**custar** *cost*
calibrar *calibrate*	**dançar** *dance*
cancelar *cancel*	**dar** *give*
cansar *tire*	**decidir** *decide*
carregar *carry*	**decorar** *decorate, memorize*
casar *marry*	**deitar-se** *lie down*
celebrar *celebrate*	**deixar** *leave, let*
cercar *surround*	**demitir** *fire*
chamar-se *be called*	**demorar** *take time*
checar *check*	**descansar** *rest*
chegar *arrive*	**descarregar** *download*
chover *rain*	**descascar** *peel, skin*
circular *circulate*	**descobrir** *discover*
clarificar *clarify*	**descrever** *describe*
classificar *classify*	**desculpar** *apologize*
clicar *click*	**desejar** *desire*
colocar *put*	**desfrutar** *enjoy*
combater *fight*	**desligar** *switch off*
combinar *combine*	**despejar** *pour out*
começar *start*	**despir** *undress*

destacar *highlight*	**excluir** *exclude*
detestar *hate*	**exibir** *exhibit*
dever *shall, must, ought to*	**existir** *exist*
devolver *return*	**experimentar** *experiment, try*
diagnosticar *diagnose*	**explorar** *explore*
digitar *type, scan*	**expressar** *express*
diluir *dilute*	**facilitar** *facilitate*
diminuir *diminish*	**falar** *speak, talk*
dirigir *manage / drive*	**faltar** *miss*
discar *dial*	**favorecer** *favor*
discordar *disagree*	**fazer** *make, do*
discutir *discuss*	**fechar** *close*
dissolver *dissolve*	**ferver** *boil*
divertir-se *have fun*	**ficar** *stay, be*
dividir *divide*	**fixar** *fix*
divorciar-se *divorce*	**flexionar** *stretch, bend*
divulgar *disclose*	**formar-se** *educate (oneself)*
dizer *say*	**fortalecer** *strengthen*
doer *hurt*	**fotografar** *photograph*
dormir *sleep*	**frear** *brake*
economizar *save, economize*	**frequentar** *attend*
editar *edit*	**fugir** *escape*
elogiar *praise*	**fumar** *smoke*
emagrecer *lose weight*	**funcionar** *function, work*
empatar *draw*	**ganhar** *win*
encaminhar *direct*	**garantir** *guarantee*
encher *fill*	**gastar** *spend*
encomendar *order*	**golpear** *hit*
encontrar *find*	**gostar** *like*
encurtar *shorten*	**graduar-se** *graduate*
enfeitar *embellish*	**gravar** *save*
enfrentar *confront, face*	**guiar** *guide*
englobar *encompass*	**haver** *exist*
engolir *swallow*	**hospedar** *accommodate, host*
engordar *fatten*	**identificar** *identify*
enjoar *become seasick*	**ignorar** *ignore*
ensinar *teach*	**imaginar** *imagine*
entender *understand*	**inaugurar** *inaugurate*
entrar *enter*	**incluir** *include*
entregar *deliver*	**incomodar** *bother, disturb*
entrevistar *interview*	**indicar** *indicate*
enviar *send*	**iniciar** *start*
enxugar *dry*	**inscrever** *register, enroll, sign-up*
errar *make a mistake*	**inserir** *insert*
escalar *climb up*	**insistir** *insist*
escolher *choose*	**interessar-se** *take an interest*
esconder *hide*	**inverter** *reverse*
escovar *brush*	**ir** *go*
escrever *write*	**jantar** *dine*
escutar *listen*	**jogar** *play*
esforçar-se *make an effort*	**jurar** *swear (an oath)*
esfriar *cool down*	**justificar** *justify*
esperar *wait*	**lançar** *throw, launch*
esquecer *forget*	**largar** *let go, release*
esquentar *heat up*	**lavar** *wash*
estacionar *park*	**legendar** *caption, subtitle*
estar *be*	**lembrar-se** *remember*
esticar *stretch*	**ler** *read*
estimular *stimulate*	**levantar** *lift*
estudar *study*	**levantar-se** *get up*
evitar *avoid*	**levar** *take*
examinar *examine*	**liberar** *release*

Apêndice Lexical

ligar *switch on, connect, call*	**prender** *arrest, tie up*
limpar *clean*	**preocupar-se** *worry*
localizar *locate*	**preparar** *prepare*
machucar *hurt*	**pressionar** *press, pressure*
mandar *order*	**pretender** *intend, want*
manter *maintain, keep*	**prevalecer** *prevail*
marcar *mark, book*	**prevenir** *prevent*
medir *measure*	**procurar** *search, look for*
melhorar *improve*	**promover** *promote*
merecer *deserve*	**pronunciar** *pronounce*
mergulhar *dive*	**provar** *prove, try*
misturar *mix*	**quebrar** *break*
morar *live*	**querer** *want*
morrer *die*	**realizar** *carry out, take place*
mostrar *show*	**reaparecer** *reappear*
mover *move*	**receber** *receive*
mudar *change*	**receitar** *prescribe*
nadar *swim*	**reclamar** *complain*
namorar *go out with*	**recomendar** *recommend*
nascer *be born*	**reconhecer** *recognize*
nevar *snow*	**recorrer** *appeal*
numerar *number*	**recuperar** *recover*
obedecer *obey*	**recusar** *refuse*
ocupar *occupy*	**referir** *refer*
odiar *hate*	**reformar** *retire*
oferecer *give*	**registrar** *register*
olhar *look*	**relacionar** *list, relate*
organizar *organize*	**relampejar** *flash*
ouvir *listen*	**relaxar** *relax*
pagar *pay*	**remediar** *remedy*
parar *stop*	**reparar** *repair*
parecer *seem, resemble*	**repetir** *repeat*
participar *participate*	**representar** *act, represent*
partilhar *share*	**reservar** *reserve*
passar *pass*	**respeitar** *respect*
passear *walk, go on a trip*	**respirar** *breathe*
pedalar *cycle*	**responder** *respond, answer*
pedir *ask*	**reter** *retain*
pegar *hold, grab*	**retirar** *withdraw, take*
pensar *think*	**retornar** *return*
perceber *understand*	**reunir** *meet*
percorrer *go through*	**rever** *review*
perder *lose*	**saber** *know*
perguntar *question, ask*	**sacar** *withdraw*
permanecer *remain*	**sediar** *base*
permitir *allow*	**seguir** *follow*
pernoitar *spend the night*	**segurar** *hold*
pertencer *belong*	**selecionar** *select*
pescar *fish*	**sentar(-se)** *sit down*
pesquisar *research*	**sentir(-se)** *feel*
pintar *paint*	**separar** *separate*
piorar *worsen*	**ser** *be*
pisar *step on*	**servir** *serve*
planear (PE) *plan*	**significar** *mean*
planejar *plan*	**simular** *simulate*
poder *be able to*	**socar** *crush*
pôr *put*	**sofrer** *suffer*
possuir *possess*	**sonhar** *dream*
poupar *save*	**subir** *rise, climb*
praticar *practice*	**sublinhar** *underline*
precisar *need*	**substituir** *replace*
preencher *fill in*	**sugerir** *suggest*

sumir *vanish*
surfar *surf*
teclar *type*
telefonar *telephone, call*
temperar *season*
tentar *try*
ter *have*
terminar *terminate, finish*
tirar *take*
tocar *touch, play (a musical instrument)*
tomar *take*
tonificar *tone*
torcer *support*
trabalhar *work*
traduzir *translate*
transcrever *transcribe*
transferir *transfer*
transformar *transform*
transmitir *transmit*
tratar *treat*
trazer *bring*
treinar *train*
trocar *exchange, switch*
ultrapassar *overtake, get over*
unir *unite*
usar *use*
variar *vary*
varrer *sweep*
vencer *win*
vender *sell*
ventar *to be windy*
ver *see*
verificar *check*
vestir *dress*
viajar *travel*
vibrar *be excited*
vir *come*
virar *turn*
visitar *visit*
viver *live*
voar *fly*

EXPRESSÕES E LOCUÇÕES

à beira-mar *by the sea*
à direita *to the right*
à distância *from a distance*
à esquerda *to the left*
a pé *on foot*
acertar na trave *hit the bar*
adeus *goodbye*
além da conta *too much*
além de *besides*
além disso *besides, moreover*
algo mais? *anything else?*
alô? *Hello?*
ao ar livre *outdoors*
ao contrário *on the contrary*
ao mesmo tempo *at the same time*
ao vivo *live (as in live show)*

(a) assistência médica *medical help*
até amanhã *see you tomorrow*
até já *see you later*
até mais *see you soon*
à vontade *at ease*
bem caprichado *well prepared*
bem-vindo *welcome*
bater papo *to chat*
bater pênalti *take a penalty*
boa estadia *good stay*
boa ideia *good idea*
boa noite *good night*
boa tarde *good afternoon*
boa viagem *have a good trip*
bom astral *positive attitude*
bom dia *good morning*
cair no gosto *be in good graces*
campeão de vendas *top seller*
cartão de crédito *credit card*
cartão de débito *debit card*
certamente *for sure*
chegar a um acordo *reach an agreement*
cheque pré-datado *pre-dated check*
claro *of course*
com certeza *certainly*
com juros *with interest*
combinado *agreed*
como um todo *as a whole*
Como não? *Why not?*
Como quiser *As you like*
Como vai? *How are you doing?*
conquistar um título *win a trophy*
(a) Copa do Mundo *World Cup*
cuidar da saúde *take care of one's health*
(a) data de pagamento *payment date*
dar uma mãozinha *give a hand*
dar uma olhada *have a look over*
dar valor a *give value to*
de agora em diante *from now onwards*
de cortar a respiração *breathtaking*
dia sim, dia não *every other day*
em ação *in action*
em dinheiro *in cash*
em exibição *now showing*
em seguida *next*
emitir um cheque *write a check*
estar a fim de *feel like*
estar cansado de *be tired of*
estar com *be with*
estar em cima da hora *run out of time*
estar em forma *be in good shape*
estar morrendo de *be dying for*
Falou! *Okay!*
fazer calor *be hot*
fazer amigos *make friends*
fazer compras *go shopping*
fazer divisa com *border*
fazer a limpeza *clean up*
fazer falta *miss*
fazer um desconto *give a discount*

fazer parte de *be part of*	**Posso ajudar?** *Can I help you?*
fazer questão de *make a point of*	**Que bom!** *Great!*
fazer sucesso em *make a success of*	**Que legal!** *That's fantastic!*
fazer um passe *pass*	**Que lindo!** *How beautiful!*
fazer uma cesta *score a basket (in basketball)*	**Que neblina!** *What a foggy day!*
(a) festa de despedida *going away party*	**Que pena** *What a pity*
(a) fiança bancária *bank guarantee*	**Que tal…?** *How about…?*
ficar bem *be well*	**Que ventania!** *What a wind!*
ficar com *stay with*	**por sua vez** *in turn*
ficar de olho *be careful (with something or someone)*	**prazer em conhecê-lo** *pleased to meet you*
ficar doente *fall ill*	**prestar atenção a** *pay attention to*
(o) final de ano *end of year*	**pretensão salarial** *wage demand*
(a) galera *the crowd / the guys*	**prós e contras** *pros and cons*
ir para a balada *go out at night*	**qualidade de vida** *standard of living*
Jura? *Really?*	**ser um / a gato / a** *be very good-looking*
Lar doce lar *Home sweet home*	**ser viciado em** *be addicted to*
Legal! *Fantastic!*	**serviço de atendimento** *costumer service*
levar uma hora *take an hour*	**serviço de venda** *costumer service*
levar tempo *take time*	**talvez outro dia** *maybe another day*
levar um susto *get a fright*	**taxa de câmbio** *exchange rate*
(a) loja de grife *luxury brand store*	**tempo de entrega** *delivery time*
(a) linha de chegada *finish line*	**tenha um bom dia** *have a nice day*
(a) licença-maternidade *maternity leave*	**ter bom astral** *have a positive attitude*
marcar uma consulta *make an appointment*	**ter coração mole** *have a soft heart*
marcar gol *score a goal*	**ter à mão** *have within reach*
material de primeira *top quality*	**ter cuidado com** *be careful with*
Meu Deus do céu! *My God!*	**ter direito a** *have the right to*
morrer de saudades de *desperately missing someone/something*	**ter vontade de** *want to*
mosaico cultural *melting pot*	**tirar a mesa** *clear the table*
mudar de assunto *change the subject*	**tirar férias** *take a vacation*
muito prazer *pleased to meet you*	**tirar o pé do chão** *dance*
não dar *not possible*	**tirar proveito de** *take advantage of*
não tem problema *no problem*	**todo o lado** *everywhere*
negócio fechado *it's a deal*	**tomar banho** *have a bath / shower*
Nossa! *Oh my!*	**tomar café da manhã** *have breakfast*
O que vai ser? *Are you ready to order?*	**tomar um chope** *drink a beer*
oba *Great!*	**torcer por** *root for (support – as a soccer fan)*
obrigado / a *thank you*	**tratar de tudo** *take care of everything*
oi *hi*	**tudo bem?** *Is everything okay?*
(a) pancada de chuva *downpour*	**valer a pena** *be worth it*
pagar à vista *pay in full*	**vamos nessa!** *Let's do it!*
pagar em parcelas *pay in installments*	**vibrar com** *be excited by*
pagar uma nota preta *pay a lot for*	**vida dura** *hard life*
palavra a palavra *word by word*	**visita guiada** *guided tour*
parabéns *congratulations*	**você está brincando** *you're kidding*
pedir em casamento *propose to*	**vou levando** *I'm so-so*
pedir um empréstimo *ask for a loan*	**zona nobre** *wealthy neighborhood*
pegar o ônibus *catch the bus*	
pela frente *ahead*	
pequeno varejo *small stores*	
perda de tempo *waste of time*	
perder a hora *be late*	
pessoa de sorte *lucky guy*	
pode ser *okay*	
Pois não? *May I help?*	
pôr o despertador *set the alarm clock*	
pôr a mesa *set the table*	
por favor *please*	

LISTA DE FAIXAS ÁUDIO

UNIDADE 0

Faixa 1
Exercício 2 A-C — Pág. 12

Faixa 2
Exercício 5 — Pág. 13

Faixa 3
Exercício 6 — Pág. 13

Faixa 4
Exercício 7 — Pág. 13

Faixa 5
Exercício 8 — Pág. 14

Faixa 6
Exercício 10 — Pág. 15

Faixa 7
Exercício 11 — Pág. 16

Faixa 8
Exercício 14 — Pág. 17

Faixa 9
Exercício 17 — Pág. 18

UNIDADE 1

Faixa 10 – Vamos Lá?
Exercício 1 — Pág. 19

Faixa 11 – Descobrindo
Exercício 1A — Pág. 20

Faixa 12
Exercício 2A — Pág. 21

Faixa 13
Exercício 2D — Pág. 21

Faixa 14
Exercício 3B — Pág. 22

Faixa 15 – Pronunciando e escrevendo
Exercício A — Pág. 23

Faixa 16
Exercício B — Pág. 23

Faixa 17
Exercício D — Pág. 23

Faixa 18 – 1, 2, 3...Ação!
Exercício 1 A/C — Pág. 28/29

Faixa 19
Exercício 1E — Pág. 29

UNIDADE 2

Faixa 20 – Descobrindo
Exercício 1B — Pág. 32

Faixa 21
Exercício 2C — Pág. 34

Faixa 22
Exercício 2D — Pág. 34

Faixa 23 – Pronunciando e escrevendo
Letra *a* — Pág. 35

Faixa 24 – 1, 2, 3...Ação!
Exercício 2A — Pág. 41

UNIDADE 3

Faixa 25 – Vamos Lá?
Exercício 1A — Pág. 43

Faixa 26 – Descobrindo
Exercício 1D — Pág. 45

Faixa 27
Exercício 2D — Pág. 47

Faixa 28
Exercício 2E — Pág. 47

Faixa 29 – Pronunciando e escrevendo
Letra *e* — Pág. 47

Faixa 30 – 1, 2, 3...Ação!
Exercício 1B — Pág. 52

UNIDADE 4

Faixa 31 – Descobrindo
Exercício 1A — Pág. 56

Faixa 32
Exercício 2A — Pág. 57

Faixa 33
Exercício 3B — Pág. 59

Faixa 34 – Pronunciando e escrevendo
Letra *i* — Pág. 59

Faixa 35 – 1, 2, 3...Ação!
Exercício 1C — Pág. 65

UNIDADE 5

Faixa 36 – Vamos Lá?
Exercício 1B — Pág. 67

Faixa 37 – Descobrindo
Exercício 1B — Pág. 68

Faixa 38
Exercício 2B/C — Pág. 69/70

Faixa 39
Exercício 2E — Pág. 70

Faixa 40
Exercício 3A — Pág. 71

Faixa 41 – Pronunciando e escrevendo
Sons nasais — Pág. 71

Faixa 42 – 1, 2, 3...Ação!
Exercício 1B — Pág. 76

UNIDADE 6

Faixa 43 – Descobrindo
Exercício 1A — Pág. 80

Faixa 44
Exercício 1B — Pág. 80

Faixa 45
Exercício 1C — Pág. 81

Faixa 46
Exercício 2A — Pág. 82

Faixa 47
Exercício 2C — Pág. 82

Faixa 48 – Pronunciando e escrevendo
Letra *u* — Pág. 83

Faixa 49 – 1, 2, 3...Ação!
Exercício 1A — Pág. 88

UNIDADE 7

Faixa 50 – Descobrindo
Exercício 2A — Pág. 93

Faixa 51
Exercício 2C — Pág. 93

Faixa 52
Exercício 3A — Pág. 94

Faixa 53
Exercício 3B — Pág. 94

Faixa 54
Exercício 4A — Pág. 95

Faixa 55 – Pronunciando e escrevendo
Letra *o* — Pág. 95

UNIDADE 8

Faixa 56 – Descobrindo
Exercício 1A — Pág. 104

Faixa 57
Exercício 1B — Pág. 104

Faixa 58
Exercício 1C — Pág. 104

Faixa 59
Exercício 2B — Pág. 106

Faixa 60 – Pronunciando e escrevendo
Letra *h* — Pág. 107

Faixa 61 – 1, 2, 3...Ação!
Exercício 1B — Pág. 113

Faixa 62 – Dica do Dia
Exercício 1B — Pág. 114

UNIDADE 9

Faixa 63 – Descobrindo
Exercício 1A — Pág. 116

Faixa 64
Exercício 2A — Pág. 118

Faixa 65
Exercício 2B — Pág. 118

Faixa 66
Exercício 2E — Pág. 119

Faixa 67 – Pronunciando e escrevendo
Ditongos orais — Pág. 119

Faixa 68 – 1, 2, 3...Ação!
Exercício 2A — Pág. 125

UNIDADE 10

Faixa 69 – Descobrindo
Exercício 1A — Pág. 128

Faixa 70
Exercício 2A — Pág. 130

Faixa 71
Exercício 2B — Pág. 131

Faixa 72
Exercício 2D — Pág. 131

Faixa 73 – Pronunciando e escrevendo
Letras *c* e *ç* — Pág. 131

Faixa 74 – 1, 2, 3...Ação!
Exercício 2A — Pág. 137

UNIDADE 11

Faixa 75 – Vamos Lá?
Exercício 1B — Pág. 139

Faixa 76 – Descobrindo
Exercício 1A — Pág. 140

Faixa 77
Exercício 2A — Pág. 141

Faixa 78
Exercício 2B — Pág. 141

Faixa 79
Exercício 3B — Pág. 143

Faixa 80
Exercício 3C — Pág. 143

Faixa 81 – Pronunciando e escrevendo
Letra *q* — Pág. 143

Faixa 82 – 1, 2, 3...Ação!
Exercício 1A — Pág. 148

UNIDADE 12

Faixa 83 – Descobrindo
Exercício 2A — Pág. 153

Faixa 84
Exercício 3A — Pág. 154

Faixa 85
Exercício 3B — Pág. 154

Faixa 86 – Pronunciando e escrevendo
Letra *l* — Pág. 155

Faixa 87 – 1, 2, 3...Ação!
Exercício 2A — Pág. 161

UNIDADE 13

Faixa 88 – Descobrindo
Exercício 1B — Pág. 164

Faixa 89
Exercício 1D — Pág. 165

Faixa 90
Exercício 2A — Pág. 166

Faixa 91 – Pronunciando e escrevendo
Letra *s* — Pág. 167

Faixa 92 – 1, 2, 3...Ação!
Exercício 1A — Pág. 172

UNIDADE 14

Faixa 93 – Vamos Lá?
Exercício 1A — Pág. 175

Faixa 94 – Descobrindo
Exercício 1A — Pág. 176

Faixa 95
Exercício 2A — Pág. 177

Faixa 96
Exercício 2B — Pág. 177

Faixa 97 – Pronunciando e escrevendo
Português europeu — Pág. 179

CRÉDITOS DAS FOTOGRAFIAS

página 11	© swisshippo - Fotolia.com, © boscorelli - Fotolia.com, © Roman Shiyanov - Fotolia.com, © zentilia - Fotolia.com, © bit24 - Fotolia.com, © luchino - Fotolia.com
página 12	© Sergey Ilin - Fotolia.com
página 13	© Hemeroskopion - Fotolia.com, © Victor Soares - Fotolia.com
página 15	© carlosseller - Fotolia.com, © Andres Rodriguez - Fotolia.com
página 16	© goodluz - Fotolia.com, © Syda Productions - Fotolia.com, © goodluz - Fotolia.com
página 17	© Texelart - Fotolia.com, © coramax - Fotolia.com, © coramax - Fotolia.com, © coramax - Fotolia.com, © Anatoly Maslennikov - Fotolia.com, © coramax - Fotolia.com, © Anatoly Maslennikov - Fotolia.com, © coramax - Fotolia.com, © Anatoly Maslennikov, © coramax - Fotolia.com, © Anatoly Maslennikov , © coramax - Fotolia.com, © coramax - Fotolia.com
página 18	© auremar - Fotolia.com
página 19	© Scott Griessel - Fotolia.com, © diego cervo - Fotolia.com, © diego cervo - Fotolia.com, © bst2012 - Fotolia.com
página 20	© Andres Rodriguez - Fotolia.com, © Kurhan - Fotolia.com
página 21	© Scott Griessel - Fotolia.com
página 22	© Rido - Fotolia.com, © Lvnel - Fotolia.com, © goodluz - Fotolia.com
página 23	© Scott Griessel - Fotolia.com
página 24	© chuck - Fotolia.com, © vinz89 - Fotolia.com, © vinz89 - Fotolia.com, © chuck - Fotolia.com, © niroworld - Fotolia.com, © vinz89 - Fotolia.com, © vinz89 - Fotolia.com, © vinz89 - Fotolia.com
página 26	© Comugnero Silvana - Fotolia.com, © Zdenka Darula - Fotolia.com, © Minerva Studio - Fotolia.com, © yanlev - Fotolia.com, © Andres Rodriguez - Fotolia.com, © Monkey Business - Fotolia.com
página 28	© Lisa F. Young - Fotolia.com, © mimagephotos - Fotolia.com, © paffy - Fotolia.com, © michaeljung - Fotolia.com
página 30	© vinz89 - Fotolia.com
página 31	© sattriani - Fotolia.com, Pedro Santos
página 32	© Iryna Volina - Fotolia.com, © Comugnero Silvana - Fotolia.com, © J BOY - Fotolia.com, caipiri, © Steve Young - Fotolia.com, © spinetta - Fotolia.com, © matamu - Fotolia.com, © Luigi Fernandi - Fotolia.com, © ExQuisine - Fotolia.com
página 33	Pedro Santos, © Andres Rodriguez - Fotolia.com, © Ariwasabi - Fotolia.com, © FotolEdhar - Fotolia.com
página 34	© sattriani - Fotolia.com, © Jens Hilberger - Fotolia.com
página 35	© Yul - Fotolia.com, © only4denn - Fotolia.com
página 36	© Maridav - Fotolia.com
página 39	© Davi Sales - Fotolia.com, © Davi Sales - Fotolia.com, © Davi Sales - Fotolia.com
página 41	© Celso Pupo - Fotolia.com, © sfmthd - Fotolia.com, © Sergio J Lievano - Fotolia.com
página 42	© tanawatpontchour - Fotolia.com
página 43	© diego cervo - Fotolia.com, © spotmatikphoto - Fotolia.com
página 44	© Andres Rodriguez
página 45	© Andres Rodriguez - Fotolia.com, © diego cervo - Fotolia.com, © Andres Rodriguez - Fotolia.com
página 46	© mrgarry - Fotolia.com, © Yael Weiss - Fotolia.com, © Yael Weiss - Fotolia.com, © Yael Weiss - Fotolia.com, © Yael Weiss - Fotolia.com
página 47	© auremar - Fotolia.com
página 48	© denis_pc - Fotolia.com
página 49	© denis_pc - Fotolia.com, © examphotos - Fotolia.com
página 50	© tpx - Fotolia.com, © Andres Rodriguez - Fotolia.com, © Frank Boston - Fotolia.com, © Eric Isselée - Fotolia.com, © Rob Stark - Fotolia.com, © Dark Vectorangel - Fotolia.com, © Africa Studio - Fotolia.com
página 51	© WavebreakmediaMicro - Fotolia.com
página 52	© denis_pc - Fotolia.com
página 53	© kreazioni - Fotolia.com, © kreazioni - Fotolia.com, © Katrina Brown - Fotolia.com
página 54	© iko - Fotolia.com
página 55	© Africa Studio - Fotolia.com, Pedro Santos
página 56	© Andres Rodriguez - Fotolia.com, © Arpad Nagy-Bagoly - Fotolia.com
página 57	© jacekbieniek - Fotolia.com, © Abstractus Designus - Fotolia.com
página 58	© Africa Studio - Fotolia.com, © Africa Studio - Fotolia.com, © Ariwasabi - Fotolia.com, © Africa Studio - Fotolia.com, © Africa Studio - Fotolia.com©, Africa Studio - Fotolia.com, © Africa Studio - Fotolia.com, © CandyBox Images - Fotolia.com, © Africa Studio - Fotolia.com, © Africa Studio - Fotolia.com, © Africa Studio - Fotolia.com, © Africa Studio - Fotolia.com
página 60	© Andy Dean - Fotolia.com
página 61	© Monkey Business - Fotolia.com
página 62	© eteimaging - Fotolia.com
página 63	© Davi Sales - Fotolia.com
página 64	© denis_pc - Fotolia.com
página 66	Pedro Santos
página 67	© bst2012 - Fotolia.com, © Marzia Giacobbe - Fotolia.com
página 68	© moonkin - Fotolia.com; © red2000 - Fotolia.com
página 70	© M.studio - Fotolia.com, © Andy Dean - Fotolia.com, © Jacek Chabraszewski - Fotolia.com, © Alfonso de Tomás - Fotolia.com
página 71	© auremar - Fotolia.com
página 72	© Parato - Fotolia.com
página 73	© bst2012 - Fotolia.com
página 75	© ExQuisine - Fotolia.com
página 77	© Oleh Tokarev - Fotolia.com
página 78	© sattriani - Fotolia.com, © maho - Fotolia.com, © paul_brighton - Fotolia.com
página 79	© goodluz - Fotolia.com, © Artco - Fotolia.com
página 80	© casaltamoiola - Fotolia.com
página 81	© freshidea - Fotolia.com
página 82	© goodluz - Fotolia.com
página 84	© bluedarkat - Fotolia.com, © Texelart - Fotolia.com, © Texelart - Fotolia.com, © Texelart - Fotolia.com, © Texelart - Fotolia.com, © Texelart - Fotolia.com
página 88	© Winne - Fotolia.com
página 91	© Comugnero Silvana - Fotolia.com, © Texelart - Fotolia.com
página 92	© Piumadaquila - Fotolia.com
página 93	© Comugnero Silvana - Fotolia.com
página 94	© adisa - Fotolia.com
página 96	© Ariwasabi - Fotolia.com
página 97	© anna Filitova - Fotolia.com, © anna Filitova - Fotolia.com, © anna Filitova - Fotolia.com, © anna Filitova - Fotolia.com, © anna Filitova - Fotolia.com, © anna Filitova - Fotolia.com
página 98	© miloushek374 - Fotolia.com
página 101	© yuriya - Fotolia.com, © Sylwia Nowik - Fotolia.com, © Sylwia Nowik - Fotolia.com
página 103	© bertys30 - Fotolia.com, © vektorisiert - Fotolia.com
página 104	© bertys30 - Fotolia.com
página 105	Pedro Santos
página 106	© dedMazay - Fotolia.com
página 107	© Oleh Tokarev - Fotolia.com, © Oleh Tokarev - Fotolia.com
página 109	© denis_pc - Fotolia.com
página 110	© Logovski - Fotolia.com
página 112	© jon11 - Fotolia.com, © Anton Gvozdikov - Fotolia.com

página 113	© kolopach - Fotolia.com
página 114	Pedro Santos
página 115	© sattriani - Fotolia.com, © kolopach - Fotolia.com, © kolopach - Fotolia.com, © Fredy Sujono - Fotolia.com
página 117	© dietwalther - Fotolia.com, © Eli Coory - Fotolia.com, © sattriani - Fotolia.com, © DWP - Fotolia.com
página 118	© Nesta - Fotolia.com, © .shock - Fotolia.com, © Andres Rodriguez - Fotolia.com
página 120	© denis_pc - Fotolia.com
página 121	© Maridav - Fotolia.com
página 124	© Frank Boston - Fotolia.com
página 126	© cdownie - Fotolia.com, © lisandrotrarbach - Fotolia.com, © swisshippo - Fotolia.com, © Krzysztof Wiktor - Fotolia.com, © michaklootwijk - Fotolia.com
página 127	© sattriani - Fotolia.com, © angelha - Fotolia.com
página 128	© Oleksandr Moroz - Fotolia.com
página 131	© Nesta - Fotolia.com, © Oleh Tokarev - Fotolia.com
página 132	© krooogle - Fotolia.com
página 133	© Ion Popa - Fotolia.com
página 134	© Maridav - Fotolia.com
página 137	© Spectral-Design - Fotolia.com
página 138	© Elô Martins - Fotolia.com
página 139	© Minerva Studio - Fotolia.com, © abdulsatarid - Fotolia.com
página 140	© spotmatikphoto - Fotolia.com
página 141	© Kzenon - Fotolia.com, © Andres Rodriguez - Fotolia.com
página 142	© abdulsatarid - Fotolia.com
página 143	© Logovski - Fotolia.com
página 144	© Maridav - Fotolia.com
página 146	© Minerva Studio - Fotolia.com, © Maridav - Fotolia.com
página 148	© nali - Fotolia.com, © Sergey Nivens - Fotolia.com, © István Hájas - Fotolia.com
página 149	© cienpiesnf - Fotolia.com
página 150	© Scott Griessel - Fotolia.com
página 151	© Andrei Tsalko - Fotolia.com, © Andres Rodriguez - Fotolia.com
página 152	© Davi Sales - Fotolia.com
página 153	© gcpics - Fotolia.com
página 154	© WavebreakmediaMicro - Fotolia.com
página 156	© Andrei Tsalko - Fotolia.com, © Sergey - Fotolia.com, © Scott Van Blarcom - Fotolia.com, © drubig-photo - Fotolia.com, © drubig-photo - Fotolia.com
página 157	© Ariwasabi - Fotolia.com
página 159	© Zdenka Darula - Fotolia.com
página 160	© tribalium81 - Fotolia.com, © Texelart - Fotolia. com, © Salome - Fotolia. com
página 163	© pressmaster - Fotolia.com, © pressmaster - Fotolia.com
página 164	© pressmaster - Fotolia.com, © pressmaster - Fotolia.com
página 166	© pressmaster - Fotolia.com, © pressmaster - Fotolia.com
página 167	© Sergey Nivens - Fotolia.com
página 168	© pressmaster - Fotolia.com
página 169	© pressmaster - Fotolia.com
página 170	© contrastwerkstatt - Fotolia.com
página 171	© Ljupco Smokovski - Fotolia.com, © Yuri Arcurs - Fotolia.com
página 172	© Andres Rodriguez - Fotolia.com
página 173	© pressmaster - Fotolia.com
página 174	© Andres Rodriguez - Fotolia.com
página 175	© Serge Horta - Fotolia.com, © Cobalt - Fotolia.com
página 176	© Kirill Kedrinski - Fotolia.com
página 177	© Iryna Volina - Fotolia.com
página 178	© Cobalt - Fotolia.com, © virginievanos - Fotolia.com, © erichon - Fotolia.com, © TravelPhotography - Fotolia.com, © Maridav - Fotolia.com
página 180	© Yael Weiss - Fotolia.com
página 181	© tpx - Fotolia.com
página 183	© M.studio - Fotolia.com, © fotovika - Fotolia.com, © Dark Vectorangel - Fotolia.com
página 184	© christophe BOISSON - Fotolia.com
página 186	© carlosgardel - Fotolia.com
página 187	Clip Art
página 188	© Victor Soares - Fotolia.com
página 189	© ecco - Fotolia.com
página 191	© kontur-vid - Fotolia.com
página 193	© kontur-vid - Fotolia.com
página 194	© Andres Rodriguez - Fotolia.com
página 195	© dedMazay - Fotolia.com, © kontur-vid - Fotolia.com
página 197	© jojje11 - Fotolia.com, © kontur-vid - Fotolia.com
página 198	© Africa Studio - Fotolia.com
página 199	© kontur-vid - Fotolia.com
página 201	© kontur-vid - Fotolia.com
página 202	© yuriya - Fotolia.com
página 203	© kontur-vid - Fotolia.com
página 204	© JiSign - Fotolia.com
página 205	© kontur-vid - Fotolia.com
página 206	© 3Dmask - Fotolia.com
página 207	© kontur-vid - Fotolia.com
página 208	© Nataliya Yakovleva - Fotolia.com
página 209	© kontur-vid - Fotolia.com
página 210	© Africa Studio - Fotolia.com
página 211	© kontur-vid - Fotolia.com
página 212	© volod2943 - Fotolia.com
página 213	© kontur-vid - Fotolia.com
página 215	© kontur-vid - Fotolia.com
página 216	© Mikhail Mishchenko - Fotolia.com, © kontur-vid - Fotolia.com
página 217	Clip Art
página 223	Clip Art
página 227	© anna Filitova - Fotolia.com, © anna Filitova - Fotolia.com, © anna Filitova - Fotolia.com, © anna Filitova - Fotolia.com, © anna Filitova - Fotolia.com, Pedro Santos
página 228	Pedro Santos
página 231	© Iryna Volina - Fotolia.com
página 235	Clip Art
página 236	© Sergey Ilin - Fotolia.com
página 240	© Sergio J Lievano - Fotolia.com
página 242	© mrgarry - Fotolia.com
página 243	© jacekbieniek - Fotolia.com
página 255	Clip Art